Michelle Icard

[美] 米歇尔·伊卡德 著　薛玮 译

青春期关键对话

如何与你的孩子无话不谈

THE ESSENTIAL CONVERSATIONS
YOU NEED TO HAVE WITH YOUR KIDS
BEFORE THEY START HIGH SCHOOL

上海社会科学院出版社
SHANGHAI ACADEMY OF SOCIAL SCIENCES PRESS

国内大咖推荐

青春期是青少年继婴幼儿期之后，又一次也是最后一次大脑发育。这个阶段，孩子的行为、动机和关注点都与少儿期完全不同，他们正在为成年后的独立生活做准备。处于青春期的孩子不需要家长呵护有加，他们最需要的是遇见"关键人物""关键事件"和"关键书籍"，成为其在自主选择和自我决策过程中的导航。庆幸，《青春期关键对话》巧妙地融合了三者——米歇尔·伊卡德是值得一遇的关键人物，14场关键对话是青少年成长中最应该去讨论的关键事件，而这本书是指引家长、老师和孩子相互理解、共同成长的关键书籍。本书无论是对家长，还是对老师，都是及时雨。

——沈祖芸（中国新学校研究会副会长，得到全球教育年度报告主理人）

父母常常认为青春期的孩子无法沟通。方法是有的，只是很多父母不愿意承认：同一个孩子在儿童时期的养育经验并不能照搬到青春期，父母必须从头学起。这本书就是很好的教材，不但教给父母谈哪些话题，还示范了谈话的方式。如果你做好了学习的准备，它会帮助你建立完全不同的亲子关系。

——李松蔚（临床心理学博士，家庭咨询师）

青春期是人生的重要阶段，父母在这一时期的责任尤为重要，如何在有效引领孩子的同时和孩子建立信任的亲密关系，是每个父母都应该学习的。这本书教给我很多有用的工具，能帮助我更加出色地做母亲，引导孩子的健康成长，帮助他们成年又成人。

——康妮（哈佛商学院MBA，著有《如何结交比你更优秀的人》）

在很多父母眼中，青春期往往意味着叛逆，但若稍稍理解青少年的成长心理，就会明白，所谓青春期的叛逆，无非是在寻找并展现自我。本书中，以BRIEF原则为指导的亲子对话，能真正帮助到我们每个家庭，帮助到我们的孩子。关键对话的关键就在于，它重新开启了彼此信任的大门，让孩子成为健康而自由的个体，也让家庭关系回归和谐。

——蔡朝阳（儿童阅读推广人，白鱼文化创始人）

原版赞誉

本书极富见解和启发,但读起来一点也不枯燥,全无说教意味,如同一位睿智的朋友,总能给出很好的答案,又不会嫌弃你笨……当孩子的需求、面对的困难和情感发生变化时,手头有这么一本书能帮上不少忙。

——《芝加哥论坛报》

这本书真是独一无二的。为了培养健康的、富有心理弹性的孩子,父母在漫长的养育过程中要和孩子进行数百次谈话。作者米歇尔·伊卡德考虑得非常周到,不仅告诉家长们应该跟孩子聊些什么,同时也深入地探讨了亲子对话的方式,给父母们以信心和勇气。而且这本书读起来也非常有趣味性。

——卡拉·纳特森(Cara Natterson),医学博士,《解读男孩:新科学的启示》
(Decoding Boys: New Science Behind the Subtle Art of Raising Sons)的作者

伊卡德在书中清晰地告诉读者,如何与青少年开始关键性的对话,如何让对话深入,有哪些错误的做法会导致孩子拒绝与父母沟通。这本书是送给父母和青少年的礼物。

——丽莎·达摩尔(Lisa Damour),博士,《纽约时报》
《少女心事解码》(Untangled: Guiding Teenage Girls Through the Seven
Transitions into Adulthood)作者

米歇尔·伊卡德真的很有跟孩子对话的天赋,知道如何避免亲子冲突和冷战。如果你还在苦恼不知道如何跟孩子好好谈话,那不如试试伊卡德在书中所阐述的直接、客观、坦诚的对话方式,相信它能帮助你和孩子更好地沟通。

——迈克尔·汤普森(Michael Thompson),博士,
《养育该隐》(Raising Cain)的合著者

作者不仅非常理解初中生和紧张过度的家长们，同时也为他们提供了很多新的思路。伊卡德认为，这个年龄段的亲子谈话关系重大，家长们不应该回避与孩子对话。这本书正是我们所需要的。

——德沃拉·海特纳（Devorah Heitner），博士，《孩子，别玩手机了：触屏时代的七个教育关键》（Screenwise: Helping Kids Thrive (and Survive) in Their Digital World）作者

这本书既有理有据，也有一定的深度，且诙谐幽默。米歇尔·伊卡德提出的建议充满智慧，对于天下所有的父母而言，这本书都是本宝藏之书。

——罗莎琳德·怀斯曼（Rosalind Wiseman），《纽约时报》畅销书《女王蜂与跟屁虫》（Queen Bees and Wannabees）作者

有些问题虽然棘手，却必须得跟孩子谈，因为它们很重要——米歇尔·伊卡德在本书中提出的 BRIEF 亲子对话模式既巧妙又有效。每个家长都应该翻开书看看应该谈什么，怎么谈！

——艾米·迈克雷迪（Amy McCready），积极养育方式网络学习社群的创建者，《手把手教你如何养育能干又懂得感恩的孩子》（A Step-by-Step Guide to Raising Capable, Grateful Kids in an Over-Entitled World）作者

米歇尔·伊卡德能通过贴近生活的例子让家长们学会一些容易记住的技巧，有效地帮助家长们克服恐惧和焦虑。米歇尔·伊卡德的专业建议会让你和你的孩子受益匪浅。

——约翰·达菲（John Duffy），心理学博士，《在焦虑的年代如何养育青少年》（Parenting the New Teen in the Age of Anxiety）作者

这本书简单易懂，读起来毫不费力，是一本很好的指南书。所有的青少年家长都应该读读这本书，它跟读者们分享了很多有用的技巧，帮助家长们学会如何跟进入青春期的孩子对话，如何保持愉快又健康的亲子关系。

——专业图书杂志《书单》

谨以此书献给特拉维斯（Travis）

　　从来没人能像你这样，为我提供那么多有趣的对话素材，让我知道那么多有意思的人。感谢你在过去的 26 年中，一直跟我对话，有让我欲罢不能的对话，有让我难堪的对话，有意义深刻的对话，也有让我捧腹的对话。跟你再聊上 100 万次我都不嫌多。

　　同时献给艾拉（Ella）和迪克兰（Declan）

　　我爱你们。想聊天时一定要来找我，我随时恭候，还附赠小食哦。

前　言

和你的青春期孩子好好谈谈

你会读到这本书，很可能是因为你面对家里十一二岁的孩子[1]时常常觉得无话可说，孩子也不大乐意听你说话、跟你交流。

我写这本书就是要请你放宽心。

你或许会好奇，我凭什么可以信心满满地跟家长们说"别着急""一切都会好的""虽然人们对青春期孩子的印象就是冷漠，脾气差，让人觉得沮丧，难以忍受，但我们总有办法跟他们好好对话"？

那我就来介绍一下自己。在过去的16年中，我的工作就是跟初中生和初中生的父母打交道。我给初中生开设领导力训练营，给家长和孩子做讲座，我创建的在线讨论小组有6000多名初中生。在书中我会跟读者分享我的工作案例，当然，出于个人隐私的考虑，我在文中用的都是假名，同时也隐去了重要的身份标识性信息。我还是几家全国性报纸的撰稿人，

---

[1] 原文用词为"tweens"，意思是"9-12岁的孩子"，出于文字简洁及方便读者阅读两方面考虑，该词在本书中统一翻译为"十一二岁的孩子"。
（*本书页下注均为译者注）

i

我的处女作《初中的蜕变：如何让家长和孩子更好地度过这三年》（*Middle School Makeover: Improving the Way You and Your Child Experience the Middle School Years*）是一本不错的入门书，它能让渐渐步入中年的你更好地理解同一屋檐下进入中学的孩子们经历的社会环境的变化和情感的变化。

这就是我的简历，不过更重要的一点是，这份工作之所以会吸引我，是因为我至今还能清楚地记得自己上初中时的感受。

我多希望我那会儿是个时髦漂亮、大方得体、学习又拔尖的姑娘啊，但实际上我是什么样呢？脸上罩着一副大大的眼镜，头发被我妈三下五除二地搞得像男孩子一样，两边短、后面长，参差不齐，牙齿也乱糟糟的，我太需要整整牙了。同龄人打扮得都挺时髦的，有学麦当娜的，有学嘻哈乐队 DMC 的，而我的穿搭还是六七十年代碧翠丝·亚瑟的老土风格。

也就是说，我选择这份工作是因为我知道边缘化的滋味，所有的青少年，无论他（她）看起来有多自信，或者多受人欢迎，都有过被边缘化的感受。大人也一样，那些在社交媒体上看起来最幸福的父母，也会抱怨孩子有时对他们就像陌生人一样。

而且，我也喜欢钻研。从上初中那会儿开始——也就是我感觉跟同龄人和家人最疏离的时候——我就喜欢研究人和人是如何联系的。我如饥似渴般地把有关青少年的研究都读了一遍，同时也关注工作中接触到的孩子、我自己的孩子、他们的朋友、我的朋友、电视中的角色、商店里的陌生人，从各种各样的社交场合中汲取微妙的沟通经验。

我把自己学到的有关亲子沟通的知识都凝聚到了这本书里。这本书能帮助家长学会如何从孩子十一二岁开始跟他们讨论一些重要的话题，帮助他们成长为勇敢自信、充满爱心、善于解决问题、品行端正的少年、青年、成年人，这也是每一代人对下一代人的期望。

前 言 和你的青春期孩子好好谈谈

自我介绍到此结束……下面来介绍一下这本书

我在本书中选择了14个话题。为什么是这14个对话呢？因为这14个对话的每个主题都能帮助孩子培养一种宽泛的素质、技能，帮助他们理解父母对于孩子的普遍需求。我们应该未雨绸缪，在孩子没上高中、没接触到更广阔的环境和更让人眼花缭乱的干扰之前，早点跟孩子谈论这些话题，为他们能够成长为善良、健康、勤奋、富有创造力和同理心的个体打下基础。

这本书中没有任何一章是专门用来讲各种热点话题，比如色情短信、电子烟、社交媒体的滥用等。这是因为我认为如果父母把对话看作是对孩子的警告，那双方都不会很愉快，我希望这本书能让亲子对话变得更有乐趣、更有成效。

我知道很多父母拿到这本书时想要解决的都是些火烧眉毛的具体问题。"孩子会上网搜索色情片，我该怎么跟他说这事？快帮帮我啊！"孩子有问题、有毛病，父母当然要跟他谈，我也绝不会"袖手旁观""见死不救"。在每一个宽泛的话题中，我会选择一些家庭生活中常见的、具体的场景为切入点，以说明更深刻的道理。举个例子，在《谈论性》这一章中除了会讲到有关色情片的问题，还会通过对话示例告诉家长应该如何跟孩子谈论约会这件事，并跟孩子强调凡事都必须建立在双方同意的基础上；在《谈论冲动》这一章，读者们会看到两个对话示例——兄弟姐妹一时冲动、大吵大闹后家长应该如何引导孩子；孩子心血来潮纹了半永久的纹身后家长应该怎么处理。我把孩子要面对的不同形式的挑战分散到14个章节中去，每一章都涵盖了一些父母希望孩子能明白的基本道理、能遵守的基本原则。

想要说服一个初中生听你的话真的会把人气到七窍生烟，这一点我太能理解了。家长们经常会觉得最好的策略就是闭嘴、别讲话。我见过很多父母等孩子上了初中后，就不再跟他们聊些重要的事了，因为他们不知道怎么聊才能达到效果；我也见过很多父母和孩子长时间不沟通，最后只能劳神费力地重新开启对话。我听过许多父母感慨孩子上初中后他们有多痛苦，因为这个年龄段的孩子开始疏远家人，开始思考独立于父母之外自己想成为怎样的人；我也听过许多高中生的父母们说他们担心孩子眼看就要成年了，却缺乏明智选择的能力，而一个错误的决定很可能会让他们后悔终生。别着急。这本书能帮助父母们衔接好这两个阶段，让你用一种全新的语言和孩子保持联结。

说到语言，我又想到了一个词汇的难题：究竟应该怎么称呼跟我们同住在一个屋檐下的小家伙们？少年、青少年、年轻人还是孩子？答案是都可以。10岁到14岁是一个跳跃、反复的成长阶段。我们以为成长是一个线性的过程，孩子应该一直在进步，变得更成熟、更有责任心，但实际情况是孩子每进一步就有可能退两步。今天他们能冲着你大吼大叫，让你赶紧离开房间，不要打扰他跟暗恋对象短信聊天，第二天却又要求跟你睡一个房间。所以说我们没法给这个年龄段的孩子贴标签，在这本书中我会把他们称作"初中生""青少年""十一二岁的孩子"等，对他们很难定义是这个年龄段孩子的特点，我最喜欢这一点。

在你阅读这本书之前，我还有件事想交代。你打过壁球吗？一开始你会觉得非常紧张、非常恐慌——球飞速从墙面反弹回来，你完全摸不清球的方向，满头大汗地来回奔跑着，运动鞋踩在球场地板上发出吱吱呀呀的声响。对于初学者而言，没接到球会觉得自己又蠢又笨、十分丢人，不过这已经算是好的了，被球砸到，疼得龇牙咧嘴那才叫惨。但只要勤加练习，你会觉得壁球很好玩，因为壁球有四面墙。你不妨把亲子对话想象成打壁球，不要害怕谈话会失控，放心大胆地让球弹回来，因为其他墙面总能让球继续反弹下去。你的"对话之墙"是什么呢？显然我并不知道，不过我可以告诉你我的保障是什么。

从孩子很小的时候开始，我就非常注重四件事：睡眠、自主选择、无条件的爱与尊严，我认为只有保证了这四样，家才是个安全的地方。睡眠自不必说，一个人要想精神焕发，充足的睡眠是基础。我并不是特别严厉的家长，但对于孩子的睡眠我管得非常严格，关系紧张的时候，我会跟孩子说，"今天先睡觉吧，我们明天再聊"，这办法总能奏效。我认为孩子拥有自主选择权也很重要。多数情况下，我会让孩子自己做决定，这能锻炼孩子的自主思维能力，即便我不赞同他们的选择，我也会感到欣慰，因为这是个学习的过程。我的责任不是要让孩子跟我（其他人）想的一样或者做的一样，而是要教会他们独立思考，按自己的意愿行事。我的第三个保障是无条件的爱，我告诉孩子，无论遇到什么情况，我都会无条件地支持他们、爱他们，哪怕他们做出了糟糕的选择或是犯了错。最后，我经常跟孩子讲，所有人，不仅仅是家人，都有其固有的价值，我们应该通过思维和行动来认可别人的价值。有了这四面墙作保障，我就能比较游刃有余。每个家庭都有着不同的保障，我建议你花些时间思考一下，跟家人讲讲这些保障的意义所在。

如何阅读这本书

你当然知道怎么阅读一本书，从前往后就行了，不是吗？这确实是最常见的方法。但如果你的孩子 10 岁出头，你翻开这本书多半是因为孩子让你陷入了一种惴惴不安、困惑混乱的状态。多数读者会直接翻开目录，看看具体哪一章的内容正是自己需要的，然后从中间开始读起。我挺支持这种非传统的阅读方法的，现代人的时间那么宝贵，有那么多任务等着完成，有时候我们确实得快速找到问题的答案。但我还是有个小小的请求：你最好能腾出足够的时间把第一部分的前三章读完，然后再跳到具体的章节。第一部分的篇幅并不长，却是第二部分必不可少的铺垫，也为读者们提供了亲子对话这个难题的解决之道。

到了本书的第二部分，怎么读、从哪里开始读就完全由你来决定了，哪一章的内容与你的家庭关联最大，你就从哪一章读起。当然，要是孩子没有什么迫在眉睫的问题，最简单可行的办法还是从头慢慢看，因为14个话题是按照由易到难的顺序排列的，你可以从最简单的对话开始锻炼，渐渐过渡到更敏感的话题。准备好了吗？让球弹起来吧！

目 录

前言　和你的青春期孩子好好谈谈　　i

第一部分　谈话前要准备好

第1章　学习一门新的语言　　3

第2章　锦囊妙计　　19

第3章　谈话终结者　　31

第二部分　14个关键对话

第4章　谈论你们的亲子关系　　43

第5章　谈论独立　　59

第6章　谈论友谊　　81

第7章　谈论创造力　　97

第8章　谈论照顾好自己　　117

第9章　谈论公平　　141

第10章　谈论电子产品　　158

CONTENTS

第 11 章　谈论批评　178

第 12 章　谈论努力　196

第 13 章　谈论金钱　213

第 14 章　谈论性　229

第 15 章　谈论声誉　246

第 16 章　谈论冲动　266

第 17 章　谈论帮助别人　285

最后：接下来干什么？　302

附录：闲聊小对话　304

致谢　307

FOURTEEN TALKS
BY AGE FOURTEEN

第一部分

谈话前要准备好

Getting Ready to Talk

THE ESSENTIAL CONVERSATIONS
YOU NEED TO HAVE WITH YOUR KIDS BEFORE
THEY START HIGH SCHOOL

面对无动于衷的孩子,父母们只能一遍又一遍地重复着同样的话,语速越来越慢,嗓门越来越高。"我——说了——放下——iPad!"可不管父母的嗓门有多大,语速有多慢,也无论来回说了多少遍,孩子就是听不进去,简直是对牛弹琴,这让大人们觉得毫无头绪。

第 1 章

学习一门新的语言

每个父母和孩子之间都有一种特殊的语言。而父母之所以能从哭声中判断出孩子的需求，正是得益于这种特殊的语言，我们听了婴儿的哭声，就知道他[1]在说"我饿了"或者"我要换尿布了"。宝宝一声奇奇怪怪的尖叫，爷爷奶奶或者临时保姆听了或许会一头雾水，但父母亲立刻就能反应过来，两岁的女儿是在要她的毛绒玩具小狗呢。从孩子呱呱坠地的那一刻起，你和孩子就在一刻不停地开发着一种语言，属于你们的共同语言……直到孩子上初中。

到了 11 岁左右，孩子逐渐开始和父母分离，这是成长的必经之路，是很正常的发展阶段。在走向成年的漫漫长路上，十一二岁的孩子迈出了第一步，他们的首要任务就是确立自己的身份。简而言之，就是他们要弄明白，一旦离开了父母，自己是谁。

---

[1] 原文的婴儿或孩子并未指明性别，本应译为"他（她）"，出于文字简洁考虑，本书统一译为"他"。

如果说语言的功能是为了把父母与子女紧密联系在一起，那么十一二岁的孩子要做的则是割断这种紧密的联系。尽管这个过程很痛苦，但是如果一个个体在青春期未能确立其独立性，那么在成年后就很难与他人建立起健康的亲密关系。要想避免在亲密关系中给双方造成伤害，不过于依赖对方，关键是两方都得有非常独立的自我意识。那么如何帮助个

> 如果说语言的功能是为了把父母与子女紧密联系在一起，那么十一二岁的孩子要做的则是割断这种紧密的联系。

体形成独立的自我意识呢？唯一的办法就是要允许青少年通过摸索，明确自己的态度、价值观、爱好和信仰。这个阶段的孩子经常会无缘无故地冲着父母发脾气，或者跟父母对着干，虽然我们也知道，这样的分离行为是正常的成长过程，但难免还是会有一种被拒之门外的感觉。假如孩子正跃跃欲试地拓宽自己的探索范围，而这样的探索又可能会给孩子带来危险的话，父母就更加束手无策。毕竟，父母都想保护孩子，帮助孩子，这是自然而然的事情。

但给这个年龄段的孩子提供保护和帮助几乎是不现实的，因为他们通常第一反应就是拒绝沟通。父母觉得自己一片好心却被当成了驴肝肺，万般无奈之下，只能提高嗓门跟孩子讲话。这时候的他们就像外国来的观光客，十分费力想搞明白怎么跟当地人交流。你有没有亲眼看见过，深受打击的成年人是如何声嘶力竭地想跟一个12岁的孩子说明白自己的意思？面对无动于衷的孩子，他们只能一遍又一遍地重复着同样的话，语速越来越慢，嗓门越来越高。"我——说了——放下——iPad！"可不管父母的嗓门有多大，语速有多慢，也无论来回说了多少遍，孩子就是听不进去，简直是对牛弹琴，这让大人们觉得毫无头绪。

孩子需要与父母分离，而父母又希望能保证孩子的安全，与他们保持

沟通，毕竟这也是他们的责任，那么如何调和这两者之间的矛盾呢？我们需要学习一门新的语言。这种语言不能说很简单，但是肯定比你想的容易。而这本书就是你的学习导师，是你和孩子之间的翻译官。

由于工作的原因，我一直跟十一二岁的孩子还有他们的父母打交道，从最开始接触他们到现在，时代一直在发生很大的变化。2005年还没有社交媒体，那时候孩子能接触到的最好玩的电子产品也就是iPod touch。从2000年至今，（美国的）自杀率激增了30%，其中10到14岁女孩自杀率的增幅最大。大约30%的未满15岁的青少年至少饮过一次酒。2018年，吸食过电子烟的中学生人数增长了48%。2005年，被确诊患有抑郁症的青少年人数增长了37%。校园枪击事件已经算不上什么爆炸性新闻了，限制孩子的活动也已经成了家长的常规操作。但有句话说得好，万变不离其宗。尽管青少年的生活似乎比以前更复杂了，但其实帮助他们的方法并没有变——那就是跟他们说话，这个方法简单有效又切实可行。注意，不是训斥责备，也不能置他们的感受于不顾，而是用心地跟孩子交谈。

我之前接触过的孩子们告诉过我，他们很希望能跟父母谈谈这些问题。可究竟是什么阻止了父母们这么做呢？很显然，他们并不是不愿意。

下面我给大家举个例子——我的朋友索妮娅有自己的工作，她和女儿埃莱娜的关系非常亲密，这让她很自豪。母女俩有说不完的悄悄话，周末还会享受"闺蜜时间"，聊起天来就像相识多年的老友，无论是一起坐车，还是在学校晚会上，她们都聊得很开心。可自从埃莱娜上了七年级之后，她开始有意躲开索妮娅，和家人待在一起的时间也少了，妈妈跟她开玩笑，她也不愿意搭理了。埃莱娜在家吃饭时总是匆匆忙忙的，坐车时一直戴着耳机，妈妈喊她周末一起做美甲，她也会找理由拒绝。索妮娅开始担心了。"我好心提议一起做些她喜欢的事情，就跟以前一样。可她这也不肯，那也不愿意。后来我又建议她邀请朋友来家里一起玩，但她还是拒绝了。"索妮娅不愿意轻易放弃和女儿建立的亲密关系，后来只能央求她。最后，索妮娅的丈夫是这么评价她的，"我看倒是她像个初中生，迫切地想博得班上最受欢迎的女孩的青睐。"

　　女儿有意疏远自己，这让索尼娅很焦虑，她甚至在埃莱娜的手机里安装了监控软件，以便查阅女儿的短信和社交媒体的聊天记录。她偷偷地翻阅了埃莱娜的日记，发现有一个比埃莱娜高一年级的男生要她把没穿上衣的半身照发给他，而埃莱娜则有些犹豫不决，她似乎不知道该怎么办。索妮娅陷入了两难的境地——她得想办法让埃莱娜明白，自己已经知道了这件事，同时又不能让她瞧出一点蛛丝马迹，那样她会彻底地失去女儿的信任。于是，不知所措的索妮娅只好向我求助，希望我能给她一些建议。

　　再比如单身父亲汉克，他独自抚养一个儿子和一个女儿，他来找我是因为他也遇上了麻烦——13岁的儿子伊利亚在派对上喝酒被大人发现了。是开派对的孩子的父母打电话告诉他的，当时他感觉自己像是被人当头打了一棒。在这之前，汉克曾开诚布公地跟孩子们谈过他们家族酗酒的历史以及酒精的危害，还把遗传因素可能带来的负面影响也告诉了孩子们。汉克本以为伊利亚对喝酒这事一定会非常慎重——而且他年龄还那么小——虽然他毫不隐瞒地给孩子们讲了家族成员与酒精的抗争史，但这对伊利亚没起到丝毫的警醒作用。面对酒精的诱惑，伊利亚丧失了理智，于是汉克不打算跟他进一步谈话，而是对他实施了严厉的惩罚——四个月内，伊利亚不得自由外出，他想这下儿子一定能长点记性——酒精害人。

　　对于上面两个例子中家长的心情，很多人都能感同身受。先是被人拒之门外，然后感到焦虑，接着陷入了一场与孩子角力的猫鼠游戏，我们不知道该采取什么策略才能走出困境。索妮娅和汉克不仅有强烈的欲望要跟孩子建立联结，他们想和孩子分享的信息也很有价值。可一旦沟通失败，两位父母就立刻改变方式，他们认为当务之急是要保证孩子的安全，于是索性放弃谈话，转而严密监视孩子的一举一动。汉克不允许儿子出门，密切地关注着他的行踪；索妮娅则跟踪女儿的聊天记录，偷看女儿的日记，这是不折不扣的暗中监视。

有时候，缩小孩子的活动范围是保障他们安全的最好办法。界限和约束固然重要，但有些父母之所以会选择"关停"，是因为他们想不出其他切实可行的方法。他们不信任自己的孩子，认为他们能力欠缺，不能够明智地决策，于是索性剥夺了他们做决定的一切机会。讽刺的是，如果孩子连实践的机会都没有，又怎么可能做出明智的决策呢？孩子的成长离不开经验，而经验没有好坏之分，父母能做的最有益的事情就是帮助他们评估、处理和反思，哪些方法可行，哪些方法不可行，而这一切的前提是良好的亲子沟通。

简而言之，经验+对话=高效学习。

这本书会告诉你如何与孩子对话，即便你的孩子已经到了逆反的年龄，书里的方法同样适用。实际上，逆反行为正是一个标志，它提醒我们，在这个阶段与孩子进行有意义的对话比以往任何时期都重要。我在工作中会听到不同的声音，特别是有些父母会跟我说，"我的任务不是当孩子的朋友，我的任务是保障他们的安全。"这种思路和专制型的教养方式往往是相关联的。满足孩子的好奇心和无底线地让步是两码事，理解孩子、与孩子共情也并不是非得去赞扬，我们千万不能搞混。研究和常

> 研究和常识告诉我们，如果孩子能无忧无虑地同关爱自己的父母讨论自己的问题，那么他们会更健康，更幸福，遇到挫折时更有韧性，未来成功的可能性也更大。

识告诉我们，如果孩子能无忧无虑地同关爱自己的父母讨论自己的问题，那么他们会更健康，更幸福，遇到挫折时更有韧性，未来成功的可能性也更大。

通过本书，你将学会如何克服与十一二岁的孩子对话时最常见的一些障碍：哪些对话最有意义；对话该如何开始才不会惹恼孩子或把孩子吓跑；哪些话该说，哪些话不能说；怎么说孩子才肯听；怎么说才能让孩子感兴趣，有进一步交谈的意愿。要想保证孩子的安全，我们必须在合适的时间，恰到好处地跟孩子对话。

凯伦是一个全职妈妈，她会定期来参加一个月举办一次的"米歇尔见面会"（这个活动是我组织的，每次见面会前，家长可以匿名提问），凯伦是通过高质量对话教育子女的亲身实践者。她有三个孩子，年龄从8岁到16岁不等，起初她参加这个活动是因为她和老大的相处遇到了一些问题。老大阿迪恩很害羞，凯伦跟他一直不是很亲近，不像跟其他两个孩子那样。阿迪恩小的时候跟凯伦几乎没什么共同爱好，她经常觉得自己只是阿迪恩的司机或者厨师，而不是同伴或知心好友。

凯伦后来明白了，有意义的谈话并不一定非得像她跟另外两个孩子的谈话那样，这让她如释重负。她和阿迪恩吃饭时不会聊个没完，也不会边吃汉堡薯条边有说有笑，她并没有发自内心地感到快乐。彻底改变他们关系的是短对话。她先是用短信跟阿迪恩聊天，什么都聊，从学习成绩到和家人的关系，虽然是压缩版的对话，但好在也算是有始有终。慢慢地，阿迪恩熟悉了这种聊天模式，接受了短信对话的方式，他还发现，凯伦不会动辄就对他评头论足，不会唠叨个不停，也不会带有强烈的主观情绪。

于是他慢慢地向母亲敞开了心扉，现在他们用手机聊的内容甚至比坐在餐桌旁聊的还要多。

阿迪恩现在已经上高二了，凯伦觉得自己那几年为了培养亲子对话技能所付出的努力、所打下的基础没有白费。"阿迪恩现在有很多话想跟我说。他跟我讲了很多他朋友的事情，他这么信任我，我很高兴。"有了这份信任，相信阿迪恩将来愿意跟妈妈分享的不仅仅是别人的经历，当他遇上自己无法解决的困难，需要大人指点迷津时，很可能会向通情达理的妈妈求助，他跟妈妈谈起自己的情况时，也一定会很轻松自在。

以 BRIEF 为指导原则的对话模式

还记得国际知名儿童教养专家托马斯·费伦的《魔法教养 1-2-3》这本书吗？这本书改变了我们的生活，书中为我们呈现了学步期儿童把大人逼到近乎崩溃的各种场景，然后提出了一种简单的操作模式，作者认为只要用了这个办法，孩子一定会听大人的话。如果孩子不听大人的指令，大人可以先"从 1 数到 3"制止孩子的行为，假使孩子仍然不听，就要进行惩戒，我们几乎很难想象一整本书居然都是围绕着这个方法展开的，而且同样的方法居然能适用于我们生活中每天都能遇到的各种场景（"不，你不能吃那根巧克力棒""我说了得穿鞋""不要碰弟弟"），这说明对于那些最考验父母耐心的棘手问题，都有一个共同的解决方法，而且这个方法并不难。

同理，跟十一二岁的孩子交谈时，无论主题是什么，色情、电子烟、特权问题或是社会排斥，都有现成可用的方法，家长完全没必要再劳神费力地去琢磨怎么办，直接把这个方法拿来用就可以了。你只需记住一个简短的首字母缩写词"BRIEF"，它是与青少年交谈的指导原则。字母 B 指的是心平气和地开始对话（begin peacefully）；字母 R 意为共情（relate）；

9

字母 I 是说在对话过程中，我（I）是主动提出问题的人；字母 E 提醒父母要重复所听到的话（echo）；字母 F 指的是父母要给出反馈（feedback）。尽管不同的家庭谈论的话题不尽相同，但只要能把这五个准则应用到谈话中去，总能让那些遇到棘手问题无从下手，或者不知该如何结束谈话的父母们多少轻松一点。

还有一点必须要说明的是，家长往往意识不到选择合适的谈话时机也很重要。谈话不是做讲座，它离不开两方或者多方的参与。你可以强迫对方听讲座，但你无法强迫对方专心地跟你谈话。以"BRIEF"为指导原则的对话模式能够促进双方有意义的讨论，其目的就是要拆除父母

> 谈话不是做讲座，它离不开两方或者多方的参与。

与孩子之间的障碍，鼓励孩子积极参与，随着双方投入的时间越来越久，相互的信任和经验越来越多，这个目的就能逐步实现。你或许会觉得书里的一些对话示例太简单了，或者会感到纳闷，孩子并没有表现得很抗拒吗？其实我这是有意为之，简单的对话才能服务于我们的目的；如果孩子表现出排斥，说明那不是对话的好时机。

下面我们就把 BRIEF 原则应用到具体的问题中去——设想某位家长发现自己家十一二岁的孩子考试成绩很差，却瞒着不告诉大人。

B：心平气和地开始对话

我在网络上也建了个育儿学习小组，最近我问组里的家长们，跟上中学的孩子沟通重要问题时，哪一步最困难。结果大家的答案如出一辙：开头最难！孩子很可能要么立刻请你打住，要么对你说的话不屑一顾，或者干脆连连点头，敷衍了事，他们心里巴不得谈话能早点结束，完全领会不

到大人的良苦用心。

父母往往很在意孩子的反应，遇到麻烦的问题时，有些父母会事先准备一下，说服自己硬着头皮跟孩子对话，有的则是在没有任何计划的情况下直接开始对话。我的建议是要心平气和地开始对话。真正操作起来就是说父母不能用主观情绪去判断孩子。假使你发现孩子考得很差却故意瞒着大人，那么对话应该以客观的陈述开始："成绩单好像已经发下来了——你的成绩跟我们预想的不太一样。"

我们也可以主动询问孩子，看看孩子的想法是怎样的，"你的成绩跟我们预想的不太一样。跟你自己预想的有没有差异？有什么话想跟我们说吗？"

也可以预先跟孩子商量好谈话的时间，以免他们会觉得措手不及。"成绩单今天发下来了，我看我们得聊聊。你看是晚饭前合适，还是晚饭后？"

我经常听到父母们对我的意见表示反对，"我是家长。凭什么让我去迁就孩子？"没错，在某些场合，父母的确可以，也应该更直接一些，更强势一些，但就亲子对话而言，那意味着不愉快的开始。父母越是委婉含蓄，孩子越是会打起精神，放下手机，认真地对待谈话。这个方法在大人生气的时候特别管用。委婉而不露锋芒的开头不仅能让你把话说清楚，孩子也不那么排斥，他会觉得听听也无妨，再者，既然你已经打破了沉默，下面的对话可以慢慢推进，这比一上来就火力全开要轻松多了。

所以，我们应该心平气和地开始对话，然后静静地等待孩子说出自己的想法。

R：与孩子共情

除了那些爱吵架的网络喷子，我想没人愿意跟一张嘴就带着敌对情绪的人说话。十一二岁的孩子一般都有防卫心理，而且多数这个年龄段的孩子无法精准地解读人的面部表情和说话的语气，因此他们常常误以为大人生气了。要想避免这种误会，有一个最简单的向孩子示好的办法：从孩子的经验和视角看问题，尽管这对于父母而言并不容易。

假如孩子瞒着不告诉大人成绩，你脑海里蹦出来的很可能是"撒谎""品格有问题""懒惰""禁足一周"这样武断的评判或决定。但你绝不能这么做，先深呼吸，冷静一下。孩子既然知道如何欺瞒家长，说明他并不笨，那么他肯定也明白纸终归是包不住火的，等成绩单发下来，总归是要家长签字的。到时他们多半会觉得害怕、焦虑和惭愧。"真是胆大包天，居然敢骗我，我凭什么要同情他？"——你不能纠结于这种思路。你应该更多地考虑长远的结果。父母的责任是要教会孩子在今后能做得更好，而当孩子被恐惧、焦虑和羞愧所包围的时候，怎么可能从错误中学到教训呢？

下面这些具体的语句能让你与孩子产生共情，让他们乐意与你继续对话。

- "你最后肯跟妈妈说实话，一定是拿出了很大的勇气，妈妈是愿意帮助你的人，不再瞒着妈妈感觉是不是要好一些。"
- "这确实挺难的。你现在心里的滋味一定很复杂。不过别担心，我们可以一起想办法啊。"
- "记得以前我上学的时候，有那么几次成绩也下滑得厉害，落在后面可真不好受。你如果想把成绩再提上去，不努力肯定不行，我觉得有了爸爸妈妈的支持和关注，你一定能做到。"

I：提出问题，收集信息

正如人们常说的，每个故事都有三个版本：以"你"的视角讲述的，以"我"的视角讲述的，还有真实的故事。父母应该更好地去理解孩子从他的视角所体验到的真实感受，这样他们才更愿意敞开心扉，因为他已经认可了你所确立的身份——你是他的盟友，或者至少是一个跟他有共鸣的权威人物，这时你才能问孩子那些敏感的问题。注意，你不能立刻揭穿他的谎言，也不能急于要求他从中学到教训。提问时应保持一种中立的态度，要像一个不偏不倚的法官一样，抽丝剥茧般地去发现事实，最好能有一种置身事外的态度——尽管这个案子不是自己全权负责，但是仍然需要从多方面收集信息。

- "你什么时候发现自己成绩开始下滑的？"
- "你觉得导致成绩下滑最重要的原因有哪些？"
- "你想过要跟妈妈聊聊这事吗？"
- "你觉得爸爸拿到成绩单时会是什么反应？"

E：重复听到的话

BRIEF 原则中的每一步都是以前一个步骤为基础，慢慢过渡到最后一个阶段，也是最重要的阶段——家长给出反馈，作为过来人我们都知道，反馈往往没那么顺利。而对孩子所说的话表示赞同既是对他的认可，实际上也是在帮助开启孩子的大脑，让他们在下一个阶段能听得进我们的反馈——建议（或要求）；从另一方面来看，它对大人也是一种检测，确保我们已经完全明白了孩子的想法，避免出现理解的偏差。你可以这么对孩子的观点表示赞同：

- 使用"听起来……"或"我听你说……"这样的表达："听起来你的意思是，你知道自己成绩下滑了，但你觉得这事自己能处理好。"
- 概括关键部分："我明白了，你本以为这段时间自己的成绩应该挺稳的，拿到成绩你也很惊讶。"
- 不妨用孩子说过的原话："你觉得成绩下滑老师要负很大的责任，是吗？"

F：家长给出反馈

这是父母们等待已久的一刻，终于可以给孩子提出建议和指导了，如果目前的状况亟待改变，家长还可以制定新的规则。我发现，如果家长能先征求孩子的意见，那么孩子更乐意接受家长的建议和指导；但我们不能指望孩子在任何情况下都能无条件地配合家长，有时我们也得清晰地划清边界——不用征询孩子的意见，直接说清楚规则。

家长在提问和重复孩子的话这两个环节会发现一些问题，而反馈必须有的放矢，围绕着这些问题展开。绝不能把孩子的其他问题也拿出来数落一通，绝不能扩大问题的范围，比如"嗯，我看你不仅成绩下滑了，屋子里也乱得很，对妹妹还那么凶，也不知道尊重大人……"如此一来，大人越说越生气，很可能会让论战升级。为了证明自己是对的，孩子是错的，大人会把自己能想到的孩子的毛病统统数落一遍，这对孩子来说很不公平，而且最后的结果往往事与愿违。

现在我们设想一下，通过谈话，你发现孩子也意识到自己的成绩下降了，他本来以为这事自己能处理好，也在网上看了些数学的教学视频，可效果并不显著，慌乱之中，孩子干脆选择了隐瞒。你可以这样给孩子提出意见：

- 总结关键原因，向孩子说明下次应该如何避免类似的情况："你想自己处理好问题，妈妈非常欣赏你这一点，但要是你能早点请大人帮着想办法，或许就不会这样了。下次成绩再下滑的话，妈妈希望你能早点告诉我们，我们可以共同制定一个计划，不能等到问题越聚越多。这就像打篮球，与其等到下半场第四节再想办法扳回比分，还不如早点换个打法。"

- 先征询孩子的意见，问问他是否乐意听听父母的看法，然后再提出建议："你愿意听听我的想法吗？"然后停顿片刻。"好的，现在的重点就是要想办法把你的成绩提上去。我们一起制定个计划吧。你先说说，你觉得首先得怎么办，然后我来说说我的看法。"

- 如果你认为这件事情处理起来绝不能拖泥带水，态度必须果断坚决，你可以说："成绩的事你瞒了我那么久，就是怕爸爸妈妈惩罚你，对吗？不过现在你只能利用课余时间把成绩补上来。要是你能早点告诉我们，恐怕一个星期就能追上来了。可你看现在得多花上好几个星期做练习，上补习班。周末你也得待在家里，就在厨房的桌子上学习吧，这样我可以监督你，等落下的功课补上来了，成绩也上去了，周末才可以出去玩。"

注意：通过前面的几个步骤，父母和孩子可以达成一种默契，孩子也不再觉得拘束，他们一旦接受了这样的沟通方式，话可能会变得出乎意料

15

地多。长时间的交谈没问题，但我更倾向简短的对话。家长可以分多次跟孩子交流对于同一个问题的看法，这肯定要比冗长的对话好，因为孩子很容易不耐烦，等到下个星期你再提起这个问题时，他们很可能不愿意理你，或者干脆终止对话，因为他们害怕家长滔滔不绝的长篇大论。

该说的问题都说完后，应该迅速转换话题。"好了，这事以后再讲。对了，你今天下午都做什么了？""好，也讲得差不多了。你愿意跟我聊天，我很高兴。对了，漫威新出了一部电影，你看了预告片没有？"

BRIEF 对话实践得越多，你就会发现孩子们更愿意向你敞开心扉，也更信任你，变得无话不说。

为什么务必要在孩子 14 岁之前进行这些对话呢？

在过去的十年中，养育方式的最大的改变莫过于家长对电子产品已经到了谈虎色变的程度，甚至影响到了父母的决策。我们担心网络中潜伏的恋童癖，担心孩子会受到霸凌，担心孩子可能会低自尊，担心电子产品的过度使用造成孩子社交技能的退化。我们身为父母，往往是出于被动防御的状态，却没有形成积极有力的养育模式。孩子在家长所不了解的陌生环境中成长，这让我们感到畏惧，于是我们索性越俎代庖，时刻监控孩子们以保证他们的安全，抹杀了他们自我保护的能力。当然，监控和保护压根就不是一回事。为了不让孩子掉到洞里就一直站在他身边守着，那么你可能错过了无数个机会——让孩子明白下一次再毫无防备地遇到坑洞时，应该如何绕开的机会。安装最新的监控软件并不一定就能保证孩子的安全，它只会让你在孩子遇到麻烦时更慌张。事实是，在当今的电子时代，传统的、面对面的对话反而尤为重要。

有了孩子之后，我们会觉得时间过得很快。孩子 8 岁时的模样似乎还历历在目，一转眼他已经高中毕业了。父母应当有意识地做好规划，在孩子 14 岁之前把 14 个问题讲清楚，这样不仅能把握住稍纵即逝的时机，而且这 14 个问题确实非常重要，必须及早提上日程。我们应该把 14 岁当作 18 岁来看。很多父母在孩子高中上到一半的时候（大约 18 岁）

> 我们应该把 14 岁当作 18 岁来看。更理想的做法是家长能未雨绸缪，早做安排，通过教化而不是灌输去影响孩子。

开始觉得不放心，然后才想起来拼命给孩子灌输生活经验——如何保护自己，如何学着独立和承担责任，家务怎么做——比如衣服怎么洗不缩水。而且，在高中的最后一年，（美国的）孩子们疲于应付复杂的大学申请流程，会陷入一个倦怠期。所以，更理想的做法是家长能未雨绸缪，早做安排，通过教化而不是灌输去影响孩子。

不过最重要的原因是由孩子的大脑发育特点决定的。研究表明，14 岁是男性青年阶段最危险的年龄。一项以 9 到 35 岁的男性为对象的研究表明，14 岁男性采取冒险行为的几率最高，高达 14.38%。虽然目前还没有针对女性的同类研究，但我们都知道，女孩比男孩更早进入青春期，所以我们有理由怀疑，导致冲动和冒险行为的大脑活动影响女孩的时间比男孩还要早。而且，大概从 11 岁开始，青春期的大脑会自动过滤掉它认为多余的信息，大脑会把它认为没用的内容直接删减掉。这就意味着，父母应该尽早和孩子一起，培养理性对话、深度对话和冷静对话的技巧，让这种技巧深深地植根于孩子的大脑。最后，我们都知道，青春期的孩子会主动从父母身边抽离，踏上建构自己成年人身份的艰辛历程，初中的几年可以说是不可多得的机会，孩子们既没有离我们很遥远，也愿意倾听大人的看法。

初中阶段是实践 BRIEF 原则的黄金阶段，在这个原则的指导下，父母和孩子可以反复讨论重要的问题，反复讨论在不同的状况下如何做出明智的选择。你准备好了吗？来吧！让我们现在开始吧！一起学习吧！

让我们一起来学习一门新的语言！

第 2 章

锦囊妙计

跟十一二岁的孩子对话，和跟其他年龄段的孩子对话有很大区别。父母只是单纯地想关心下孩子一天的情况，结果孩子的反应却让他们茫然无措——他们会发火、恼怒或者对大人不屑一顾。这不全是孩子的错。正常情况下，孩子在十一二岁的时候会逐渐远离父母，我们应该主动学习如何同有独立意愿的孩子相处，而不能任由对立的情绪发酵。这是亲子良好沟通的关键。由于工作需要，我和这个年龄段的孩子已经相处了 14 年，因此在这个方面颇有些心得，也积累了很多锦囊妙计，这些方法能彻底改变家庭亲子对话的方式，现在我要把这些锦囊妙计交到读者的手中。无论和孩子谈论的是什么内容，你都可以使用这些技巧。

9个改善与青少年对话质量的方法

1. 扮演总经理助理的角色

多数父母都认为必须严加管束上初中的孩子，因为他们会接触到更广阔的世界，而更广阔的世界里往往隐藏着潜在的危险。的确，孩子确实会经历一些事情，让你觉得恐惧后怕、震惊错愕，甚至是大发雷霆，但这时候你一定要克制住冲动，绝不能上来就打压孩子。

孩子到了一个新的环境中，能小心谨慎、冷静理智地分析判断，同时好奇心和警惕心也能保持在一个合理的水平，而且对自己也有清醒的认识的话，这无疑是最理想的状态。但这些能力不是天生的，成长的过程不正是培养能力的过程吗？孩子一旦被剥夺了锻炼的机会，那他永远也学不会这些技能。

孩子到了大概11岁的时候，大脑会发生一些根本的改变，开始向成年人的大脑靠近，但是真正达到一个稳定态的成人大脑却要用上10到14年的时间。对于父母和孩子而言，最为关键的都是耐心。在这十几年的时间里，大脑的前额叶皮层——负责批判性思考、解决问题、解读面部表情和风险评估的区域，其实是在休息。我跟孩子们说，这有点像你最喜欢的那家商场的总经理趁中午下班时间去后台吃了个三明治，唯一的不同是吃一个三明治要不了十年的时间。经理其实还待在商场里，但他的注意力不会像上班时那么集中。结果呢？商场的安全性大大降低了，一旦有人来偷砸抢烧的话，更容易蒙受损失。

当经理（前额叶皮层）休息时，大脑的情绪中枢（杏仁核）则显得躁动不安，它想大展身手，成为行动的主宰者，它拼命挥舞着胳膊，大声喊道："选我！选我！"问题在于，杏仁核非常冲动，喜欢尝试新鲜事物，以冒险为乐，热衷于强烈的情感，它觉得做一个决策者超级刺激。我们都遇到过这样的经理，在他手下干活有时是挺有意思的，但多数情况下，他总是变幻莫测，太靠近危险的边缘，让人心神不宁、担惊受怕。

那么，当经理不在岗的时候，怎么解决商场无人管理的问题呢？

我们需要一个经理助理。我必须得强调"助理"这两个字，助理不是老板。经理助理只是老板的副手，只是多了双观察的眼睛和倾听的耳朵，只有在老板需要的时候才会伸出援手。一个踏实本分的助理总是在适当的时刻给予经理帮助，从不会想要取而代之。

现在我们不妨闭上眼睛，回忆一下你接触过的最差劲的经理。你们会如何描述他们呢？跟我定期见面的一些家长是这样描述的：

- 控制欲极强
- 沟通能力较差（说话含糊不清，重点不突出，前后矛盾）
- 给人以距离感
- 命令员工在休息时间加班，喜欢打探别人隐私
- 员工的晋升没有规章制度可循
- 不督促员工改正错误
- 过于情绪化
- 任人唯亲

大家一致讨厌的类型是：

- 事无巨细，什么都要插一手的经理

要是你问一个初中生为什么讨厌父母，他的答案跟上面所列的内容很可能完全一样。和十一二岁的孩子谈话时，要时刻记住，你只是多出来的一双眼睛和耳朵，你只是在他们需要的时候伸出援手，他们只有经过反复的实践，才会越来越有责任心，才能更好地决策，而这些是成为一名优秀的经理的基本素质。父母可以最大化地影响孩子的决策、价值观和个性，但说到底你……只是个助理。经理助理应该这么说话：

- "我能帮上你什么忙吗？"
- "想要达到目标的话，你还需要什么？"
- "你仔细考虑一下，我在这听着。"
- "你想听听我对这件事的看法吗？"
- "我可以跟你讨论一下这几种解决方案吗？"

2. 舒展眉头

哪种方法最能显著改善亲子关系呢？跟初中生父母打交道这么多年，我听到大家谈论得最多的办法就是跟孩子谈话时，不要皱着眉头。这个方法有实证研究的支撑——来自哈佛教学医院麦柯莱恩医院的黛博拉·约格伦－托特（Dr.Deborah Yurgelun-Todd）博士，也是该医院神经心理学和认知神经影像中心的主任，针对人们如何解读面部表情做了一项研究，虽然只是个小型研究，但该研究的结果却有着非常广泛的意义。

这项研究的实验对象是成人和青少年。首先，约格伦－托特给他们看人脸的照片，同时利用核磁共振成像技术观察他们的大脑。实验对象需要根据照片，判断出照片里的人的情绪。研究发现，成年人只要看照片，就能够准确无误地判断出他们的基本情绪，准确率达到100%。然后，约格伦－托特又重复了这些步骤，只不过这次她把成年人换成了青少年。结果会有怎样的差异呢？青少年识别情绪的正确率仅有50%。核磁共振脑成像技术显示，成年人在识别情绪时，调动的是大脑的前额叶层，而青少年调动的则是杏仁核，也就是产生情绪、识别情绪和对情绪做出反应的部分：当个体感到恐惧时，决定他是战斗、逃跑还是原地不动的，就是大脑的杏仁核。直到20岁出头，人的大脑才发育得足够成熟，才能用前额叶皮层来解读他人的面部表情。

那么这项研究的结果对于我们的实际生活有着怎样的指导意义呢？

因为无法准确解读人的面部表情，青少年只能凭感觉猜测对方的情绪。多数情况下，他们会把皱着的眉头误读为生气。但实际上，比如我自己跟孩子沟通的时候，皱眉头有很多原因，不一定是生气的缘故。有时皱眉头是在告诉孩子，我正在非常全神贯注地听他们说话；有时皱眉头是因为我得一边听他们讲事情，一边还要忙自己手头的活儿，怕又忘了把工作邮件发出去，因为之前已经忘了两次；有时皱眉头是为了表现出自己能感同身受；还有一个原因就是，我已经48岁了，眉头有皱纹在所难免啊。但不管我心里到底怎么想，孩子们一看到我皱眉头，就以为我生气了。

设想一下，孩子放学回到家，进门后把书包往地板上一扔，径直往电视跟前跑去。你高兴地喊住孩子，想问问他今天在学校过得怎么样。"欢迎回家！我说，今天数学考得怎么样？"（你还在心里暗暗得意，看我是多负责任的父母，连孩子今天考试都记得！）

"哼！分数还没出来呢！你干嘛这么烦？！"

好吧。你可没料到事情会闹成这个结果，觉得莫名其妙。但孩子的感受很可能是这样的：他抬起头来，看到你正微微皱着眉头（你自己或许并未意识到）。我们来换位思考一下：孩子白天在学校已经接受了七个小时的知识轰炸，和同学的相处也很耗神，因为他们会不由自主地在意同龄人的目光，毫无疑问，孩子回到家已经筋疲力尽了。看到你的表情，孩子瞬间的反应是，你之所以会这么问，要么是生气了，要么是想批评他。"我到底哪里做错了？我只是问了个问题而已啊？"我服务过很多家庭，在这些家庭里，父母们每天都会产生类似的疑问。

尽管十一二岁孩子的情绪相当复杂，但实际上，要想避免这种情况并不难。

家长要学着舒展眉头。在跟家里的初中生谈话之前，尤其是孩子告诉你的消息让你大吃一惊、措手不及或者心烦意乱时，我建议这个时候你不妨假装自己是晚间脱口秀节目上的明星，这个明星因为打了太多肉毒杆菌，眉毛已经完全动不了了。你觉得自己就像个机器人、一个百依百顺的父母，这样就对了，如果是像一只眼看着汽车就要撞过来的小鹿那样惊慌失措，那就错了。不要表现得很惊讶，得面无表情地装出一副若无其事的样子。

或许你会问，脸上没有表情是不是不太友好，但是对于十一二岁的孩子而言，这反而是一种解脱——因为你没在评判他。眉头越是舒展，孩子越愿意向你敞开心扉，因为他知道，你会营造出一个安全的中立地带，他可以随心所欲地讲话，想说什么就说什么。

这么做还有另外两条充分的理由。第一，脸上什么表情都没有，他们自然不会误读，以为你在生气。这并不是要剥夺你正常的感受或健康的情绪，实际上，愤怒有时也是不可或缺的健康情绪。这个方法的初衷是为了避免沟通中的误会，并非要扭曲人的本性。第二，它是一个很好的开头，有了这一步的铺垫，孩子才愿意继续听下去。试想一下，看到大人面红耳赤地高声咆哮着，孩子会作何反应呢？他一定会把你的话当作耳旁风，认为你大惊小怪。如果家长跟孩子说话时能不带任何表情，孩子就没理由不高兴听大人讲话。

3. 学会装傻

社交媒体上过一段时间就会流传着一则虚假小广告，它是这么呼吁青少年的：

"现在就行动起来！愚蠢的家长是不是让你们不胜其扰？趁着年轻什么都知道，离开他们，找份工作，自力更生！"

居然真有青少年相信了，是不是很可笑？同样真实的是，青少年虽然不像大人那样有丰富的经验和知识，但他们也有我们大人没有的东西：好奇的眼睛、无穷无尽的乐观精神、对自己能力十足的信心。

"管理政府的人都是白痴。老百姓没有钱，他们可以多印些钞票啊。你们怎么就没想到呢？"青少年信誓旦旦地要解决我们成人解决不了的问题，他们是如此幼稚可笑，如此大言不惭，总是高估自己的能力，俨然一副专家派头，你多半会对他们嗤之以鼻。你的孩子是不是以为自己一下子就能闯过忍者武士[1]的所有关卡？甚至都不需要提前训练？

既然孩子觉得自己什么都知道，我们索性就装作什么也不懂，那我们就不能像个律师一样，罗列各种证据以证明他们是错的，但我们可以保持好奇心，反过来问他们问题。比如问孩子一些探究性的问题：那是什么原理？它看起来会是什么样？那种感觉如何？你觉得最理想的结果是什么？最差的呢？忍者武士那一关足有六英尺宽，你两个手臂全张开也不过只有五英尺，你打算怎么闯过去？用什么办法能弥补两边各六英寸[2]的差距？

---

[1] 忍者武士是一种户外竞技障碍项目，对体能和身体素质的要求很高。

[2] 一英尺等于十二英寸。

4. 不要表现出过分的关注

或许你还记得孩子小时候的场景，你坐下来给自己倒杯热咖啡，拿起一本书，然后跟孩子惬意地聊天，就像跟朋友在一起……同理，如果你很随意和放松，十一二岁的孩子就会主动靠近你。所以，假如你想跟孩子多聊一会，最好不要表现出过分的关注。

场景 A：

我： 来……（拍拍沙发边上的位置）你在学校的研究项目怎么样了？快跟我讲讲，说仔细点啊！

孩子： 我现在不太想说话。我太累了。

场景 B：

我： 嘿！我挺想听听你的研究项目在班上的反响如何，不过现在没空。我得先发几封邮件……

孩子： 等等！你还是先听我讲完吧。

这一招虽然不是时时都管用，但一旦成功，你会觉得兴奋极了，那感觉就像《十一罗汉》[1]里的江洋大盗，略施小计就能得手，最后还能逍遥法外。

---

[1] 《十一罗汉》是由史蒂文·索德伯格执导的犯罪电影，影片讲述了超级大盗丹尼·奥申为了重新夺回妻子泰丝，一夜之间召集十一位行内好手抢劫情敌赌场的故事。

5. 不要搞突然袭击

初中生白天在学校疲于应付各种各样的事情——什么时候交作业，哪个老师提了哪些要求，吃午饭的时候坐在哪儿才能让大家注意到（或者注意不到）自己，总之，他们一天中要做很多决定。也难怪孩子回到家后需要自我减压的空间和时间。要是孩子一进门，家长就迎上来问这问那，孩子会觉得你可能是事先计划好要给他一个措手不及，他们的反应自然不会太友善。

我们得尽量表现得很随意，平心静气地跟孩子说话，要想达到最好的效果，你可以征询孩子的意见，问他等会儿愿不愿意跟你聊会天，约定好具体的时间，也可以更尊重孩子的想法，让他们自己决定时间。"我猜你现在肯定想歇一会。妈妈挺想听你说说今天学校里发生的事情，了解一下你最近的学习情况。吃完饭我们能聊个十分钟吗？要是你今天太累了，那就明天早饭时再说。你看呢？"

这么做不仅给孩子留出了足够的时间和空间进行自我减压，也充分尊重了孩子的自主权，让他自己计划安排时间，而这样的自主权是当今孩子极度缺乏的，这和第四个方法——不要表现出过分的关注是互为补充的。你越是不那么迫切和渴求，孩子越是不那么抗拒。

6. 慢慢来，别着急

十一二岁孩子的大脑很容易受到激烈情绪的刺激，不达目的不罢休的家长情绪失控，大喊大叫时，孩子大脑的某个区域反而会体验到强烈的满足感（同时也会直接忽视家长的观点！）。当你和孩子的冲突无可避免时，最好的办法就是等待。初中生和事情过了就忘的小孩子可不一样，事情发生后，即便大人没有当即做出反应，过段时间再跟孩子谈也未尝不可，因为他们仍然能从中吸取教训。正是因为这个年龄段的孩子比较容易冲动，我们更有必要教会他们如何放慢反应速度，不要意气用事。

举个例子，如果孩子气冲冲地指责你，说你给他午饭带的三明治没按他的要求来，你不妨这么回答，"嗯，我这会还没想好该怎么回答你。不如这样吧，我先想一会，过几个小时再跟你说。"孩子看到你没有当场发飙，而是一反常态地说你得思考一下下一步怎么处理，他一定会害怕，并且意识到自己刚刚的行为是多么自私。最后他多半会来跟你道歉，恳求你的原谅。你可以立刻接受孩子的道歉，也可以不慌不忙地告诉他，你要再考虑考虑——这取决于孩子犯相同错误的频率。如果你认为有必要凸显错误的严重性，需要略施惩戒，你还可以再加上一句，"我得慎重地考虑一下事情的后果。过会儿再跟你谈。"怎样才能让孩子放慢脚步，发现自己的错误呢？在我们最终下定论之前，给孩子设置一段留白的时间，这个方法最有效。

7. 边做事边聊天

或许是因为十一二岁的孩子不善于解读面部表情，也或许是因为他们过于情绪化，因此他们在谈到有些话题时会非常脆弱，跟父母对视只会让他们更拘谨。家长们经常说一边开车一边跟孩子聊天最为开心，至少，在没有智能手机和耳机的那个时代确实如此。如果你的家庭对于手机的使用制定了明确的规则，那你不妨禁止孩子坐车时用手机，鼓励孩子跟你多聊聊。孩子一边做其他事情，一边跟父母聊天会更加坦诚，比如坐车、玩电子游戏、骑车、和爸爸妈妈一起烹饪时。总体而言，如果家长跟孩子谈话时有直接的目光接触的话，他们的反应通常是点点头，顶多也就是简短地答应几句。这个规律在男孩身上似乎更明显，所以要想好好聊天，不如先给他们找点事做，让他们忙碌起来。

8. 书面交流

对于有些孩子来说，书面交流的效果比口头交流要好。这或许是因为他们是听觉型学习者，也可能是他们觉得书面交流留有足够的时间思考，与口头交流相比，他们不需要当即做出回应，所以也更保险稳妥些，或者是担心大人会误会自己的想法，也可能是因为他们确实就喜欢窝在床上，自己琢磨伤脑筋的问题。如果你的孩子是这种类型，借助其他方式也可以很好地交流。我所服务的一些家长会准备一个线圈活页本，家长先写下一些问题，比如"下一次你想看哪部电影？""你最近……的情况如何？"孩子写好答案后再交给父母，如此来回传递。还有些父母会借助电子产品，用社交软件和孩子聊天，既轻松有趣，也能了解孩子的想法。

9. 委托他人

最后我要说的是，跟孩子谈话不一定非得是父母。了解一个孩子需要多方面的力量，你也可以委托其他人去做这件事。如果有合适的机会，你可以拜托信得过的好朋友去跟孩子聊聊重要的问题。让孩子知道，如果有什么心事的话，不仅可以找你倾诉，凯茜阿姨和你最好的朋友乔伊也非常乐意分担他的喜怒哀乐。希尔维是我最好的朋友，她一听说我给孩子买了手机，就第一时间给他们发去短信："嘿！我是希尔维！快把我的号码存下来，以后要是遇到不顺心的事，记得发短信给我，我一定会去找你们的——无条件地关心你们！"这也是帮助孩子培养友谊、建立信任和拓展安全网络的好方法。

在这一章，我大致谈了谈和十一二岁的孩子交流的注意事项和方法，但每个孩子都有其自身的特点，有着细微的差别，我们绝对不能一概而论。或许有的孩子就是喜欢喜怒哀乐溢于言表的父母，或者更愿意坐下来跟父母一本正经地谈话，或者聊起天来就像竹筒倒豆子一样，恨不得把什么事儿都说给父母听。也有的孩子就是寡言少语，以至于家长都担心，是不是得等到哪天孩子因为干了坏事上了报纸，才知道他们到底发生了什么。虽然青少年研究的最新结果为我们指明了养育的大方向，但最了解孩子的人仍然是父母。我们应该选择适合孩子个性的方法，或者对现成的方法做出相应的调整。还需要注意的是，方法并不是一成不变的，同样的方法一个月前兴许管用，但一个月后或许孩子就不喜欢了，那就得换个对策；同胞兄弟姐妹的个性并不相同，也需要区别对待。经过几年的摸索实践，你也能成为一名亲子沟通导师。因材施教，活学活用，保持开放的学习心态，这才是任何情况下都能和孩子良好沟通的关键。

第 3 章

谈话终结者

我记得以前上大学时，教授反复跟我们强调，想要把一个新的概念讲清楚，指导老师必须从正反两个方面阐述，这样学生们才能知道如果一件事情做对了，对在哪里，做错了又错在哪里。在教孩子如何保护自己时，多数父母也会自然而然地这么做。"看，切东西时得这样拿刀，你那样不对。""准备击球时手应该放在上面，别放在底下。"我们给孩子做具体的身体示范时，总会下意识地告诉孩子哪样是正确的，哪样是错误的，可在解释复杂抽象的概念时，我们却往往忽略这关键性的一步，而这关键性的一步却是学习过程的重要组成部分。

在这一章，我会指出家长跟孩子谈话谈崩的几种常见方式，这样家长们不仅能了解到优质对话的关键因素，也能意识到哪些方法是错误的。那么，谈论不同的话题时，有什么具体的方法和措辞可以让谈话更成功呢？又有哪些禁忌呢？读者们会在这本书的第二部分找到问题的答案。现在我们还是先来看看，家长经常犯的错误有哪些，哪些结果把好心办成了坏事。

亲子沟通之12禁忌

1. 开头过于心急

大多数父母在谈话前心里都没什么底，不知道孩子会作何反应，所以常常沉不住气，一张口就像机关枪一样，巴望着能赶紧把头疼的问题说完，然后再审时度势，随机应变。结果呢？孩子只想拔腿就跑，跑到个能让自己耳根子清静的地方躲起来。我的建议是，不要一上来就直奔主题，不妨先探探孩子的口风。在引入敏感话题前，给自己，也给孩子一些时间，确保你们的节奏是同步的，或者说至少两个人心理上都有所准备。这感觉就像你和孩子并排坐在游泳池边上，孩子战战兢兢不敢下水，你得想办法说服他下去。你会怎么做呢？笑着鼓励他，分散他的注意力，或者给他一些支持？这些方法在对话中同样能起到很好的效果。

2. 主观臆断孩子的感受

十一二岁正是渴求独立的阶段，而情绪和感受是比较隐私的个人体验，因而家长的主观臆断对孩子来说是一种冒犯和侮辱。"等你长大了，你一定会后悔当初不该这么做"，孩子听了这话，要么只能被动地接受，要么会跟父母吵起来。糟糕的是，十一二岁的孩子特别喜欢与人争长论短，你可得做好心理准备。事实上，孩子们完全想象不出他们长大之后会有怎样不同的感受，父母其实更不知道，可他们却一口咬定孩子将来肯定会后悔，这显然是不公平的。十一二岁的孩子最无法忍受的就是家长们口口声声地说他们比他还了解自己。我们应该保持好奇开放的心态，不能臆断孩子的感受，问问题的态度要诚恳，孩子表达观点的时候也要专心听。

3. 表述模糊

十一二岁的孩子喜欢明确的表述。一方面，模糊的语言有很多种解读方式，常常会引起误会，会让对方有种受骗上当的感觉，觉得自己蠢极了。另一方面，这个年龄段的孩子很敏感，而父母都小心翼翼的，生怕一句话说错就把炸药桶给点着了，但其实你大可不必这样——我们得靠谋略取胜——用事实和数字说话，而不是被主观看法和情绪牵着鼻子走。也就是说，家长在谈话前得做足工作，比如搜集研究数据。你可以这么说，"新闻报道说吸食过电子烟的初中生人数上升了48%。你觉得这数字靠谱吗？"不能说，"我听说现在初中电子烟已经泛滥了，完全失控了。太吓人了！"

按照这个思路，等孩子上初中之后，你就不能再含糊其辞地跟孩子解释人体和人体功能了，当然也包括和青春期有关的知识和性知识。有的家长觉得讲这些内容太难堪，所以在和孩子谈到性和生殖系统的生理构造时总是支支吾吾，语焉不详，这么做实际上对孩子没有任何帮助，这还是最好的结果，而最坏的结果就是孩子不知道如何保护自己。而且，如果孩子从你这儿无法获得具体而准确的信息，他们就不会再来问你，他们完全可以自己在网上去搜索。

4. 说话太绝对

和说话太模糊相反，有些父母则走向了另一个极端——为了强调自己的想法有多重要，他们说话总是太绝对，一点余地都不留。这种方式其实体现出我们内心迫切地希望孩子能严肃对待我们所说的话，但过于绝对的措辞会给人一种黔驴技穷的感觉。"你从来不听我说话！"这是在指责孩子，会让对方觉得非常讨厌，尽管父母本意是想表达"我需要有人听我会说话"。"每个人""只有""完全""总是""就是""从来不"这样的词语会让对方火冒三丈，因为它们描述的并不是实情。如果孩子感觉到父母为了证明自己是对的而夸大其词，他们对这场谈话就不抱任何希望，因为他们认定了父母不能公允地对待自己。谈话到此结束。

5. 说话拐弯抹角

我们已经习惯了向别人暗示自己的需求，而不是直截了当地说出来，这或许是不好意思的缘故，也可能是因为从小到大没人告诉我们要勇敢地表达自己。来看看下面这句话，"你成天和朋友在一起，都没空待在家里。"这句话想表达什么？说话人有着怎样的诉求？再次强调，说话时不能留下过多的解读空间，以免造成误会。我们应该直接表达出自己的诉求，不要让对方以为你在抱怨指责他。"这周我们能一起做些什么嘛？我真想你！要是你周六不忙，我想跟你去户外掷球，或者玩其他的也行，一个小时你看行吗？"这样说才对。

6. 恐吓威胁

绝望的父母冲着不配合的孩子咆哮着最后的通牒，可孩子一副无所谓的样子，这样的场景你是不是亲眼见过很多次？"要是还不停下来，我现在就去收拾东西，你给我马上离开游泳池！"父母的如意算盘是只要把话说得够狠，恐吓得足够有力，孩子一定会听话的——而且效果是立竿见影！可他们心里却又清楚得很，一边收拾游泳包、毛巾和浮具，一边嚷嚷一个浑身湿答答，玩得正起劲，心情又难以捉摸的孩子回家，简直比登天还难。

孩子其实聪明得很。空头威胁只会给他更多胆量去试探你的底线，而不考虑结果。我很不喜欢空头威胁，当然，我也不喜欢真的去威胁孩子，威胁让人感到敌意，感到愤怒，产生报复的冲动。你可以清楚地告诉孩子后果，不要夹带任何负面情绪，因为你陈述的只是事实。或许每个人的喜好不太一样，但我认为注视着孩子，沉默片刻，然后轻声细语地告诉他后果，这个方法比声嘶力竭地吼叫要管用得多。"听我说，我已经告诉过你必须停止了，可你还是老样子。如果再踢弟弟，那你就得跟我一起坐在这边的椅子上，坐30分钟，这段时间里我可以看书，但你什么都不许做。"这种方式既强调了行为的后果，父母也不会觉得痛苦，甚至都不会动气，但孩子却实实在在地明白了如果不配合，后果有多严重。

还有一点我必须要提的是，有些父母告诉我，他们有时给孩子气得实在没办法了，就会威胁要带孩子去看心理医生，这个做法真令人忧心。"你要是再这样下去，我就带你去看心理医生！"这种威胁跟要带孩子去医院或者去看牙医没什么两样，把看医生当作是一种惩罚，这个做法后患无穷。

7. 消极攻击

这是我的致命弱点。你是不是跟我一样？有时也会因为孩子忽视了自己而感到失落，在懊丧无助时，也会说出消极攻击的话。事后冷静下来，我能意识到自己表现得就像一个无辜的受害者，大概是想通过这种方式来强迫别人关注我，拯救我吧。对我来说，感恩之心非常重要，要是自己所爱的人把我的付出不当一回事，我会本能地表现得很受伤，好让对方觉得内疚，觉得感动，然后回报我的付出。这种本能很糟糕，幸而我已经学会了如何不放纵自己的本能。现在我会直接表达自己的诉求，而不是故意装出受伤的样子，那样只会让关心我的人觉得莫名其妙，慢慢远离我。

下面几个例子是比较常见的消极攻击，我们做父母的应该尽量避免：

"你倒是高兴点啊。"

听到类似的话，对方都会以为你在暗示他是个不懂幽默的人。如果这个玩笑是善意的，也很有趣，人们自然会笑。反之则是说话人的问题，他或许应该换个方法开玩笑，而不应该抱怨对方没有幽默感。

"挺好。"

再比如"挺好，你爱怎样就怎样"或者"没事，我挺好"。这些句子听起来一点都不好。为什么要让别人猜测你的想法呢？如果你不太习惯说出自己的感受，那么你可以说，"我不太确定自己现在是什么感觉，我得想一会。"你也可以写日记或者利用手机 App 记录这两种方法来跟踪和探索自己的真实反应，了解自己的情绪和感受。

"别小题大做。"

这话说出来会让听的人觉得他没控制好情绪，太情绪化，太冲动。但这对别人很不公平，我们不应该这么说话。没错，按照我们大人情绪的强弱标准来看，十一二岁的孩子确实有时会小题大做。可按照青少年的情绪标准来看，那都是正常的。每个人对同一件事的反应也不一样。如果你希望孩子能略微收敛一下情绪的话，不妨这么说，"听起来你很难过，我猜那肯定不好受。我也讨厌那种感觉。你不如花上 20 分钟（哭一会，去跑会步，冲个澡，自己待会儿，或者写篇日记），然后再过来，我来泡壶茶，等会认真听你说，好吗？"

"随便你。"

注意，十一二岁的孩子只能理解字面意思。我们应该心里想什么，就说什么，否则走着瞧吧，有你好看的！记得小时候我晚上经常不按时回家，我的父母最后实在没办法了，气得挥着胳膊冲我喊道，"很好，我们不管你了。随便你吧。"他们以为我肯定高兴极了，因为他们把决定权交给了我，我是个大人了，他们相信我会改正错误的。你一定知道后来发生了什么，对吗？下一周的周六，我凌晨两点才到家，因为这事儿，有一段时间他们不准我随便出门。

"你没明白我的意思。"

我把这句话放在最后，因为这句话最让我恼火。我在网上经常看到这句话，我接触过的孩子们告诉我，他们的老师也有同样的不满，只不过换了个说法——"我已经解释过了，我可不想再重复一遍。"实际上，这些句子传递的是同一个意思——我已经说得再清楚不过了，你没明白只能说明你刚刚没认真听，或者是太笨了听不懂。问题在于，每个人处理或者理解信息的方式不尽相同。在你看来非常清楚的内容，在别人眼里或许并不明确——哪怕你解释得很细致。你的解释虽然很准确，但并未引起共鸣。

如果你希望别人能理解你的意思，那么在解释时就应该灵活变通。每个人都有过这样糟糕的体验，你打电话给客服，结果对方只会一遍又一遍地跟你"解释"你完全听不明白的条款，不是吗？

8. 未设置边界

我希望你能用开放的心态来跟我一起探讨下面的问题。上文我们讲过，跟孩子沟通时，有些情况就是得由父母说了算，对于有些问题，我们完全没必要诚恳地去跟孩子讨论事情的动机、具体的情况和结果。有时我们应该通过语言给孩子设置一扇安全门。没错，以 BRIEF 原则为指导的亲子对话能帮助孩子提高决策能力。但如果你想快刀斩乱麻，想给孩子设置清楚的边界，让他知道你的期待或事情的后果时，最好不要使用 BRIEF 对话模式。当孩子身体或情感上面临危险时，你必须设置安全门。而且，最好能开门见山地告诉孩子对谈话别期待太高。"今天我没打算跟你一起探讨这个问题，等以后我想清楚了再跟你仔细谈这事。现在我只是要告诉你，具体应该怎么办才能保障你的安全（或者不会受到进一步的伤害）。"

9. 总想证明自己

十一二岁的孩子会觉得跟人争论是件很刺激的事情，所以他们有时候会拉着你议论个没完。这个年龄段孩子的大脑思维方式开始从具体往抽象转变，他们总喜欢假设出各种情况。初中生天性上是个辩论家，蹩脚的辩论家。跟大人的意见发生分歧时，他们会先得出一个完全不合乎逻辑的结论，然后罗列出一大堆驴唇不对马嘴的证据来证明自己的结论，或者一直抨击你，迫于无奈的你只能捍卫自己的立场。等到你差不多无招架之力的时候，他们再来一轮猛烈攻击，把你逼得走投无路。孩子不断地纠缠肯定会让大人发毛，于是你就想找到证据来说服他们，让他们相信你是对的。你可千万别上他们的当。比如，9 点上床睡觉最合适——你不需要证明它的合理性，不如干脆利落地告诉孩子，"我知道你现在很不痛快，因为你想晚点睡。很抱歉，时间不能再往后拖了。如果有什么办法能让你高兴点，你不妨告诉我。"问题轻松搞定。

10. 别把自己当成主角

初中生是人尽皆知地以自我为中心，这其中有它的道理。离开父母，我是谁？搞清楚这个问题的答案，是年轻人在走向独立的旅程中关键的一步。父母越是想占据孩子成长过程中的中心位置，他们越是要把父母从身旁推开。到了初中，孩子开始与父母分离，你的本能反应或许是想把他们给拉回来（保证他们的安全！要重视家庭！），但帮助他们安全地成长，帮助他们和家人保持联结的最好方法是给予他们足够的探索空间，给他们一个温暖安全的归巢。把自己的角色凌驾于孩子之上，这会让他们觉得很拘束。举个例子，如果孩子告诉你，在学校有人对他很不友好，然后你回答说："哦，别人伤害了你，我也觉得受到了伤害"，或者"你难过，我也难过"，这就是把自己设置成跟孩子同等重要的角色。你的初衷是好的，想跟孩子共情，但孩子们不喜欢父母在他们的社交场合中出现。你可以换个说法，比如："听起来挺痛苦的。我能帮你什么嘛？"这同样能表达出你的同理心。安静地倾听孩子说话也是对他很好的支持。

11. 夸大其词

夸大其词就是夸张或者言过其实，它比传染病还可怕，这种错误咱们能不犯就坚决不犯。父母为了让自己说的话显得更有分量，往往会不由自主地夸大其词。遗憾的是，夸大其词只会适得其反，让孩子觉得你的话不可信。我经常听到父母拿孩子跟自己小时候比较。我们小时候都听过爷爷奶奶常在耳边唠叨，他们那时候上学怎么艰苦，要大雪天爬山之类。现在的父母只不过换了个说法，"我说，我小时候没有社交媒体，不也活下来了吗？你也能。"如果你打算严肃地跟孩子聊聊社交媒体的问题，让他知道哪些是允许的，哪些是不允许的，那千万别这么说话，这一句话就能把天给"聊死"。没有社交媒体孩子当然能活下来，可养孩子难道只是为了让他"活下来"吗？这个养育标准未免有点低。

父母会说，有时候夸大其词可以让谈话更轻松、更幽默啊，照我看，这只是父母一厢情愿的乐观想象。这种对话方式的本质是一种挖苦。听起来好像是在说,"你这孩子真是笨,居然不知道没有社交媒体,人照样能活下来。"它否定了孩子真实的情感——孩子想融入群体,想找到乐趣,想和同龄人沟通。或许你认为社交媒体没有这么大的作用,但孩子的感受却是真真切切的。父母那个年代的生活条件和社交媒体的出现是时代的走向,这是孩子无法控制的,我们为什么要归罪于孩子呢?"我小时候没有也活得很好啊,为什么你就非得要呢?"父母轻飘飘的一句自以为是的话,实际上是在批评孩子。注意,不要言过其实,结果会适得其反。

12. 喋喋不休

哪个更重要?是一定要把该叮嘱的都叮嘱完,反复重申自己的想法,还是见好就收,等孩子再有什么问题或想法的话回过头来找你?我们都知道,面对一个啰里啰唆的人,听者肯定会在心里暗暗发誓,以后有问题坚决不找他。你希望孩子能好好听你说话,却坚持最后要由自己说了算,只会让孩子对你敬而远之。如果你还有话没说完,不妨试试这么讲,"关于这个问题,我觉得我们好像还有几点要商量。不过今天就先讲到这儿,大家先放松放松,过几天再说吧?"然后把它记下来,以免忘记。

跟孩子交谈是门大学问,所以我们不能指望一下子问题都得到解决。学习一门新的语言,从根本上来说,确实是个艰难又让人觉得难堪的过程,尤其是刚开头跟母语人士交谈时无法领会对方的意思的那种尴尬常常存在。但你一定能做到。你需要的是时间和实践。在学习青少年语言的过程中,不要总因为那些失败的谈话而懊恼。每个人都有劳而无功的时候。别放弃,继续努力,你一定能学会如何跟孩子轻松地交谈。

FOURTEEN TALKS
BY AGE FOURTEEN

第二部分

14 个关键对话
The Fourteen Conversations

THE ESSENTIAL CONVERSATIONS
YOU NEED TO HAVE WITH YOUR KIDS BEFORE
THEY START HIGH SCHOOL

为什么是这 14 个对话呢？因为这些对话的每个主题都能帮助孩子培养一种宽泛的素质、技能，帮助他们理解父母对于孩子的普遍需求。我们早点跟孩子谈论这些话题，就能为他们成长为善良、健康、勤奋、富有创造力和同理心的个体打下坚实基础。

第 4 章

谈论你们的亲子关系

好的亲子对话的基础是孩子对父母的信任和融洽的亲子关系。父母怎样做，才能既让孩子对你感兴趣，又不会让孩子觉得你太黏人呢？和孩子分享自己的人生历程和感悟时，怎样才算把握好合适的度呢？在哪些情况下，孩子想听听你的看法？有什么巧妙的办法能让那些沉默寡言、不爱表达的孩子袒露心声呢？在这一章，你将找到这些问题的答案。

还记得孩子刚学会走路的时候，会爬到你的腿上，用胖乎乎的小手轻轻地捧着你的脸，好奇地盯着你的眼睛吗？很显然，十一二岁的孩子跟父母绝对不会那么亲昵，但是你心中仍然期望找到往日和孩子那种纯粹的、温柔的联结。可是在这样一个尴尬的年龄段——孩子听到你高声大笑会皱起眉头，轻拍孩子的肩膀他们就像触电一样，想实现这样的期望谈何容易？在这样一个关系紧张且疏离的阶段，如何才能跟孩子进行有意义的对话呢？

这确实不容易，但也不是完全不可能。只要能掌握好跟孩子互动的小窍门，亲子关系就会大大得到改善，既能满足孩子独立的欲望，也能满足父母对亲昵的渴求。

首先，我们得转换身份，从经理降成经理助理，有关内容我已经在第二章介绍过。这点非常重要，它能有效地改变你跟孩子相处时的心态。

接着，你要让孩子重新认识你。抛开父母的身份，你是一个有才能、有自己的兴趣爱好的实实在在的人。你可以利用自己的才能和兴趣爱好，来跟孩子建立感情的纽带。在这一章，你将学会如何先通过对话搭建起友好关系的桥梁，然后再过渡到重要的谈话。

当然，这并不是要你放弃父母的身份，把孩子当作朋友相处，而是建议你尝试着去调整亲子关系，这样双方才能以成年人的方式去了解对方。这有点像一直处于变化中的师生关系。幼儿园的师生关系和高中的师生关系其实有很大不同。虽然到了高中后，老师和学生仍然不是朋友关系，但两者的身份界限却模糊了许多。面对年龄大的学生，老师可以更多地分享他们的爱好，更幽默，更多地展现出自己的性格特点，乃至缺点。这能让学生认识到人性的脆弱与局限，从失败中寻求进步，而这是最有效的学习方式。

营造民主的家庭氛围

有些家长以为法式育儿[1]应该是这样的：孩子们听着大卫·鲍伊和披头士，跟父母一起共用美味的咖喱和辣味金枪鱼卷，彬彬有礼地听着父母跟朋友聊着时事动态，恰到好处地说补充两句父母感兴趣的话。在没生孩

---

1 法式育儿的主要理念是强调孩子的独立自主性，注重界限，以启迪启发为主。

子以前，多数父母都多多少少会抱有这样美好的幻想，可随着孩子年龄的增长，我们才发现自己被孩子绑架了。比方说，朋友们都说有家新开的饭店口味很不错，这天晚上，你好不容易抽出时间去品尝一下，结果在排队等座的30分钟时间里，孩子足足抱怨了29分钟，还坚决不吃20美元一份的奶酪意面，理由竟然是上面洒了面包屑。再比如，你开着车行驶在路上，愉快地哼着歌，过了好一会儿你才反应过来自己来回哼唱的居然是孩子平时爱听的、儿童重新翻唱的流行歌曲。我们被绑架了，只能迁就孩子的需求，把自己的需求束之高阁。

在孩子上初中之前，我们必须叫停孩子对我们的极权统治。我们应该从现在开始，逐步走向民主。这样做有两个意想不到的好处：首先，它能帮助十一二岁的孩子学会如何尊重别人，如何跟别人和睦相处，去人家做客怎么做才有礼貌，也能让他们接受别人不同的想法和体验。其次，他们会明白，地球并不是以他们为中心的，没人有义务一直迁就他们，这样他们就不会愤愤不平。相反，他们会觉得如释重负。一旦孩子放松了，他们会更愿意敞开心扉。下面我们来看看具体的原因。

孩子希望你去了解他，而不是依赖他

兰妮参加了我举办的青少年领袖成长夏令营，她悄悄告诉我，学校里的孩子基本上都不喜欢她。她跟我聊了聊同学们是怎么跟她相处的，以及为什么她觉得自己很失败。在过去的一年中，她觉得孤独又迷茫。我问兰妮，她的父母有没有考虑过把她转到其他学校，她说她没有告诉他们自己的事。我问她为什么要隐瞒，她回答道，"妈妈会很伤心的。她老是哭，我不想让她难受。"通过进一步的沟通，我才知道原来兰妮的妈妈超级欣赏自己的女儿，她几乎没什么朋友，婚姻也以失败收场，她内心深处有种强烈的需求——要让兰妮觉得自己很讨人喜爱，要让她觉得幸福。至少兰妮是这么感觉的。问题就出在这儿。

十一二岁的孩子希望父母是个内心幸福的独立个体，有自己的兴趣爱好，有自己的朋友，生活忙碌而充实。父母活得圆满了，孩子才愿意跟你分享他们的生活，因为这样他们不会担心要去承担额外的情感负担——除了自己的，还有父母的。如果父母的内心足够强大，无论孩子发生了什么，都能经受得住，都能坦然应对，那么孩子会有一种强烈的安全感，尤其是在十一二岁这样情绪特别不稳定的年龄段。而且，如果孩子的状态有一点起伏，大人就跟着提心吊胆的话，最后只会让自己心力交瘁。

小对话，大用途

最有收获的亲子对话不见得一定能教给孩子什么知识或者让孩子有所领悟。有时候没有明确目标的谈话也同样重要，漫无目的的随便聊聊也很好，都能让父母和孩子更愿意去多了解对方。跟孩子谈谈你日常工作生活中的琐事或者你过去的经历，能拉近你和孩子之间的距离。今天你们没有待在一起的时候，有什么事让你最开心吗？哪首歌能勾起你最难忘的回忆？哪本书对你的影响最大？这样的聊天能让孩子了解你的缺点和弱点。你的性格有哪些缺陷？什么会让你感到焦虑？

分享自己经历的首要目的是要让孩子愿意全方位地了解你，发展你们的亲子关系，从而让孩子认可你，在接下来艰难的青春期阶段，知道你是他值得信赖和依靠的人。这才是分享的意义。

什么让你感到害怕？分享自己经历的首要目的是要让孩子愿意全方位地了解你，发展你们的亲子关系，从而让孩子认可你，在接下来艰难的青春期阶段，知道你是他值得信赖和依靠的人。这才是分享的意义。当然，跟孩子谈论你自己还有两方面积极的"副作用"——孩子会觉得妈妈（爸爸）很厉害，你们也会更开心。

不要过度分享

或许你已经准备好要和孩子进行成年人之间的对话了，但心里又有点忐忑，不清楚跟这个年龄段的孩子哪些能讲，哪些不能讲。怎么样算是过度分享呢？这让我想起幼儿园老师为了阻止小朋友打小报告所使用的小技巧。他们是这么跟小孩子解释的，"如果你告诉老师的话会给其他小朋友带来麻烦，那就是打小报告；如果你告诉老师的话是为了保护其他小朋友不受伤害，那叫告知。"告知老师是为了帮助别人，打小报告可不是。我们要想借鉴这个区分方法，首先得判断自己的动机。如果说分享的目的是跟孩子建立联结，或者给孩子提供客观、中立的信息，以帮助他们在了解事实的基础上自己做决定，那你尽可去做；如果你打算用自己的情绪来左右孩子的决定（比如让孩子害怕或者操纵孩子），那我建议你还是立刻收手。下面的做法，家长必须避免：

不要试图恐吓孩子

"我高中有一回喝多了，结果醉得人事不省，醒来时发现自己吐了一地，躺在陌生人家的门廊里。爸爸是个过来人，我提醒你一定要小心，千万别跟我犯同样的错误。"这样的父母心里巴不得孩子能听自己的话——一旦出了什么差错，可能有意想不到的严重后果，这是他们的亲身体会。他们以为，如果孩子了解了父母犯下的错误，他们大概率会做出安全保险的决定，但实际上，这种说话方式几乎没有任何效果，甚至适得其反。十一二岁的孩子很可能会觉得爸爸的话无关痛痒，于是通过自己收集的信息对风险进行评估。"哦，可我看也没什么大不了的，你不是还好好的吗？"再者，这个年龄的孩子觉得自己跟父母不一样。他们听了你的故事往往会这么想，"这种事我一辈子也干不出来，我又不是你。"

不要试图哗众取宠

"有一次我跟朋友们在树林里开派对，后来警察来了，结果我被拘留了一个星期！"儿子，你看看，你老爸是不是也年轻过！我可不是只会报税的会计师。我年轻时候也很拉风的，怎么样，你听了之后是不是觉得老爸现在也有点酷啊！这个爸爸让人感觉像是为了进入私家会所，不得不花钱买通了门卫一样。在聊到棘手的话题时，我们没必要"装嫩"，没必要用自己的亲身经历向孩子证明，虽然我们已经不是小孩了，但很清楚他们会干些什么。

不要试图操控孩子

"想知道我为啥对你爸发火，是吗？那你应该去问问他干了什么好事，我绝对不会再相信他了。你以为他有多高尚吗？他可不是你想的那样。"千万不要跟孩子透露任何会让婚姻中另一方形象受损的隐私。这么做不但不会让孩子觉得你很有道德，还会让他觉得你心胸狭隘。

不要分享自己过去的隐私

梅丽莎·霍尔姆斯（Melisa Holmes）和崔西·哈奇森（Trish Hutchison）

博士共同创建了健康教育网站 Girlology.com，他们告诫父母，孩子对于自己亲密关系的决策，不需要以父母的性经历为参考。孩子或许会问，"你第一次 ____ 是什么时候？"霍尔姆斯和哈奇森博士一致认为，最好的回答是："我的责任是要帮助你自己做决定，你的决定不应该受到其他人的选择的影响。"对此我深表赞成，我的判断是，把隐私告诉孩子大概率会让孩子的思路更混乱，而不是更清晰。

那么……我能分享什么呢？

分享危险行为的客观后果

告诉孩子你犯过的错误并不能教会孩子如何保护自己。客观数据和科学研究的结果，还有心理医生的专业建议才是首选该告诉孩子的内容。在孩子小学阶段，家长得准备好要像一部真实可信的百科全书那样，各方面的客观信息都知道。别害怕，这不是说父母什么都得懂，而是说当孩子提出问题时，父母愿意去找资料，并把答案及时反馈给孩子。

如果孩子愿意，可以分享自己的痛苦

那怎么知道孩子愿意不愿意呢？你可以直接问。举个例子，假使孩子跟好朋友关系破裂了，你可以问，"我也有过同样的经历，要是你肯听我讲讲，会不会好受点？"

分享决策的过程

有哪些方法能帮助我们做出好的决策？把各种各样的方法告诉孩子，帮助孩子从中找出他最喜欢的方法，比如列出优缺点，寻求反馈，安静思

考，做调查，在脑海中设想，撰写日志，甚至抛硬币也行。注意，我们要分享的是决策过程，而不是决策的结果。

分享自己的感受

让孩子知道你在某种经历中的感受对他们很有帮助。一大家人马上就要聚在一起了，你觉得紧张吗？某个政治问题让你焦虑吗？你嫉妒哪个同事吗？孩子虽然不是我们的知心朋友，但我们也没必要把内心复杂的感受全部隐藏起来。父母是如何把握自己的感情的？他们又是如何接纳负面情绪，拥抱积极情绪的？孩子们从我们身上能学到很多东西，并从中受益。

分享自己的价值观

青少年常会质疑父母的价值观。就这一点而言，你越是打压他们，他们越是要奋起反抗。为什么你的价值观对你而言意义重大？你可以告诉孩子其中的原因，但不要把自己的观念强加于他，那么反过来，孩子也会尊重你的观点。"我知道，现在没什么人写感谢卡了，但我相信，感恩之心是让人快乐的秘诀，一张卡片可以传达出对帮助过我的人的深深谢意。"

分享自己的过去

尽管我不赞成家长把自己年轻时候干的荒唐事告诉孩子，但我认为分享自己青春年少时青涩的情感和难忘的经历是跟孩子心心相通的好办法。那么把哪些经历告诉孩子比较合适呢？有什么判断方法吗？很简单，我们大人老是跟小孩说，"凡是你不想让爷爷奶奶或者老师看见的东西，都不许发到网上。"我建议父母可以参考这个办法，凡是你不想让新同事或者刚认识的人看到的隐私，都不要告诉孩子。

分享日常琐事

两个人为什么会亲密呢？不就是因为我愿意把日常的琐事讲给你听，而不是讲给别人听吗？我们大可不必把一天发生的所有事事无巨细地唠叨给孩子听，但我们可以挑一些说说。比如，你今天上班路上的新发现，在播客上听到的有趣的事儿，午饭吃的什么，等等。"少即是多"这个理念确实没错，但和家人分享他们看不见你的时候发生在你身上的小事，这很重要。无论开始有多无趣，多乏味，也要坚持下去。

家长苦口婆心，孩子拒不合作

读者们可能会觉得我说了那么多是在白费口舌。你很想跟孩子讲话，结果呢？他们只会敷衍了事——"好。""可以。""说完了吗？"我在上文已经说过，现在再强调一遍：这是个漫长而艰辛的过程。

想要表现得包容孩子，完全接纳孩子，又不能让他感觉到你离了他不行，这是门艺术。实践得越多，你就越能让孩子相信你是个好相处的人，开始他愿意跟你说些小事——到最后也说重要的事。即便孩子刚开始不为所动也别害怕，但你得坚持下去。要始终如一，这是赢得孩子信任的关键。

我在每一章都会先提纲挈领地说一下重点，然后通过一两个对话示例告诉大家，不同的对话主题应该怎么操作。在这一章开始，我们就要开始学习针对不同主题的对话示例。BRIEF原则最为重要。如果父母能游刃有余地开始和结束对话，不仅能减轻孩子的压力，孩子也会更坦诚。如何跟孩子讨论亲子关系的话题呢？我们一起来看看。

B：心平气和地开始对话

家长：嘿，我今天读到些有趣的内容想跟你说说。两分钟可以吗？

孩子：好啊。

家长：太好了！那本书是讲亲子关系的。

孩子：好吧。（白眼警报）

R：与孩子共情

家长：我知道你对这种书没什么兴趣，但我确实读到些能让我们彼此更轻松的方法，这下你是不是有些好奇？

孩子：书里是不是让父母给孩子买个新手机啊？

家长：哈哈！没有……不是那回事。我话还没说完呢！

I：提出问题，收集信息

我一直强调家长得活学活用。在谈论亲子关系时，我们不需要问问题，这步可以跳过。

E：重复听到的话

既然跳过了提问环节，我们也无须重复听到的话。

F：家长给出反馈

家长：好，书里说到了你这个年龄段，亲子关系就会开始慢慢改变。你逐渐长成个大人，所以我不能再直接告诉你应该怎么做，而是得跟你一起商量。妈妈应该是一个倾听者，协助你做出最有利于身心幸福的决定。而你需要把你的情况告诉我，这样我才能鼓励你，支持你。听起来不错吧？大人少干涉，少指手画脚，而是跟孩子一起商量。

孩子：嗯，有什么条件吗？

家长：你这么问很聪明。没有任何条件，但是我们事先得说清楚。如果是直接关系到你人身安全的问题，仍然是我说了算。我得确保你不会因为某些错误而后悔终生。至于其他方面的问题，比如朋友的相处、学校的功课等，我只是帮助你决策……大概相当于你的助理吧。我知道，有些决定会让你感到骄傲，有些决定则会让你觉得遗憾，这很正常。没人能一直不犯错，能一直做出完美的决定。重点是你能在我的帮助下，学会独立决策，权衡利弊，做出你认为最好的选择。我得了解你的情况，这样才能在你需要的时候提供帮助。

大概就是这些内容了。我希望咱们的看法能一致，所以才分享给你听。我手头还有些事，得先忙会。要是你想聊聊或者去逛逛超市的话，先等我 30 分钟。

运气好的话，孩子或许很乐意跟你聊聊书上的内容，比如他有什么样的期待等，也可能你说完他就没下文了。这个对话为以后的亲子沟通奠定了稳固的基础，因为如果大人能通过夸奖的方式来表达内心的期望，孩子们就会更愿意去实现这些期望。比如，"你现在是个小大人了，我们得像成年人那样说话了"，比"如果你想让我把你当大人看待，就请你像成年人一样跟我说话"更能鼓舞孩子。

如何跟孩子谈论有趣的事

家长越是能放手（比如不去监督孩子完成每项任务，不管孩子作业有没有在截止日期前提交，不安排孩子参与社交活动），亲子关系提升的空间就越大。我们应该多关注孩子的内心——孩子在想什么，少关注孩子必须完成什么，我们除了可以跟孩子谈自己每天的工作，也可以聊些其他的。这样孩子才不会把你看作是个"监工"，自然而然地会对你感到好奇，想更多地了解你。

下文所列具体的话题/对话能帮助你跟孩子轻松有趣地快速聊上几句。我在书的最后又把这些问题列了一遍，以方便读者使用——如果你的孩子更喜欢书面交流的话，也可以把最后的几页纸撕下来。大部分的问题适合父母给孩子提问，有些则是孩子问父母的，还有些可以双向使用。

另外，我还为家长们准备了一些有关孩子偏好的问题。小孩子发脾气时，妈妈一个大大的拥抱或者插科打诨就能把孩子逗乐，但这两招用在十一二岁的孩子身上，只会让他们火冒三丈或者窘迫万分。我们既然要改变跟孩子的相处模式，那么搞清楚孩子在面对父母时的期待，处理冲突和情绪等其他可能的波动时的偏好，是很有帮助的。

闲聊小对话

家长问孩子：

—结合我们家的情况，你觉得你第一份工作可能是什么？

—如果你有机会给一名新生介绍你们学校，你觉得最值得介绍的地方是哪里，哪些地方不值得推荐？

—你的朋友为什么喜欢来我们家玩？你又为什么喜欢去别人家玩呢？

—你们吃午饭时学校放什么歌大家最兴奋？

孩子问家长

—你第一份工作是做什么的？你做过那么多工作，最讨厌哪份工作？

—你上高中时哪门功课最好？你大学时候学的什么专业，为什么选那个专业呢？

—还没生我的时候，你做过什么特别酷的事情没有？

—你觉得爷爷奶奶（外公外婆）有哪些事能做得更好？哪些已经做得很好了？

双向问题

—除了家人以外，你还想跟谁待在一起？

—有没有什么让你很想笑，却又不该笑的事？

—跟家里其他人比，你最擅长什么？

—你希望你的朋友能多做点……事？

—如果明天你完全自由，什么事也没有，你最想做什么？

—你最讨厌哪样家务？

—你最近在电视上看到或者书里读到哪些恐怖的内容？

—要是你能重新设计规划我们居住的城市，你会怎么改动？

—有没有人说你像哪个名人？

—如果你赢了一场比赛，有机会见到一个神秘人物，你希望他是谁？不想见到谁？

偏好

—如果取得了一些成绩的话，你希望得到很多人的关注吗？是不是在不同的场合，你希望获得的关注度也不同？（比如在公共场合和在家的情况有所不同。）

— 难过的时候，你是希望我来安慰你，还是想自己待着？

— 如果一整天都不顺心的话，做什么能让你好受点？

— 如果我觉得你做得很好的话，我应该怎样表达赞赏之意呢？一起举手击掌，给你发祝贺短信，当面表示赞美，送你贵重的礼物，还是度个奢华的假期呢？

— 在谁跟前夸你比较好？是只在家里夸奖，在朋友面前夸奖，还是发到社交媒体上，让大家都知道呢？

— 当我们争吵时，你是愿意问题当时就解决还是等以后再谈？等多久？

— 如果需要你做什么事，是直接告诉你好还是写下来告诉你好？

— 是在你房间谈事情合适，还是在我房间、车里或者其他地方更合适呢？

— 如果你和朋友闹掰了，你希望我跟他们谈谈吗？

别做谈话终结者——谈论你们的亲子关系的禁忌

"你不喜欢我，不喜欢好了。我该做的都做了。"

跟孩子老是争吵不是好的养育方式。没错，当家长给孩子设置边界时，孩子们会觉得大人很苛刻严厉。这时候我们需要跟其他家长一起相互支

> 坚定地给孩子设置合理的边界，不要一副颐指气使的样子，给孩子做个好的表率，这样他们将来在和朋友、下属和爱人相处时，才能把握好尺度，知道尊重别人。

持，对孩子的不满付诸一笑。我们不能把严厉苛刻作为一种手段，把跟孩子友好相处的机会拒之门外。坚定地给孩子设置合理的边界，不要一副颐指气使的样子，给孩子做个好的表率，这样他们将来在和朋友、下属和爱人相处时，才能把握好尺度，知道尊重别人。

"根本问题……，听好了，这事的教训是……"

我们必须克制，不要老想着让孩子学到教训。随着父母和孩子互相分享得越来越多，有时听孩子说了什么事，我们就总想着他们能吃一堑，长一智。我记得有一次我们全家出动，去市中心观看一场重要的赛事。家里几个十几岁的孩子开了一辆车，他们把车停在体育场附近，而我和丈夫把车停在他的公司然后走过去（几百米的距离）。比赛结束后，孩子们被堵在地下停车场足足有一个半小时，一直等到地面上的车走得差不多了才出来。他们在车里可急坏了，差点得了幽闭恐惧症。我丈夫当时也很着急，但是他不知道该如何引导孩子渡过难关，只会叮嘱他们以后一定要避免类似情况。"这件事告诉我们，看比赛绝对不能把车停在场馆附近，因为出来会很麻烦。"这话不说大家也明白，本来已经心急如焚的孩子们听到这话，肯定更不高兴。记住，经验是最好的老师。我们只需要倾听和安慰。

没时间仔细看书？那一来堂速成课吧。

本章小结

- 在青春期早期，亲子关系应该向成人之间的关系发展，家长跟孩子的沟通不应该以说教为主，而是要多跟孩子进行简单轻松的对话，不要给孩子造成负担。愉快的交流比什么都重要，它也是实现互相尊重的良好途径。

- 跟孩子解释清楚两个成人应该怎样对话，孩子会更积极地回应你。
- 孩子一直在成长，他们处理情绪、冲突的方式，解决问题的方式都会出现阶段性的变化。家长不妨跟孩子讨论一下他们的偏好。
- 和孩子分享固然是好事，但不要过度分享。可以告诉孩子我们的价值观、自己在不同经历中的不同感受、有关身心健康的研究和数据、有趣的回忆和日常生活中他们经常忽视的小事情。分享绝不是为了恐吓孩子、操控孩子或者让他们对自己另眼高看。谁在青春年少时都干过些荒唐事，如果你不愿意让老板或者新同事知道这些事，那你也不能告诉孩子。
- 亲子关系的转变不是一蹴而就的，你不可能一下子就非常满意。孩子是一点一点敞开心扉的，这是个漫长的过程，但无论要投入多少时间，花费多少耐心，都是值得的。

第 5 章

谈论独立

通过这一章的学习,你会明白为什么孩子的独立与我们所理解的独立有所不同。跟孩子谈论独立,我们应该从他们的立场出发,认识到锻炼独立自主能力的两个重要方法,接受他们所犯的错误,为今后进一步的独立奠定基础,同时也要在恰当的时刻限制孩子过度的自由。

还记得孩子刚开始学走路时的样子吗?摇摇晃晃的,一会儿就跌上一跤,东西也被打翻在地上,摔疼了就哭哭啼啼地要妈妈抱抱——我们呢,就在边上一个劲儿地给孩子鼓劲加油!要是我们能用同样的热情看待孩子的独立,即便他奋力奔跑着向前,把父母甩在身后,我们也能为他呐喊助威,或者当他犯错误时,尽量淡化这些错误,那么在接下来的十年中,父母就能省去很多烦心事。

但有时我们只想要个听话的孩子,让他做什么,他就做什么,需要时留在家里陪伴父母,因为让孩子走向独立实在是件叫人头疼的辛苦差事。

父母所理解的独立的孩子是这样的：自己的衣服自己洗，自己打零工挣钱，父母不在家时能自己做饭吃。而实际上独立更像是这样：孩子为晚上几点回家跟父母争吵，看Netflix[1]的成人节目，朋友做什么他就做什么，躲在自己屋子里，绝不让爱吹毛求疵的父母看到自己。

从难缠的青少年到成熟独立的成年人是一个漫长的过程，我们父母会从很实际的角度看待青少年的独立，我们能很清楚地区分哪些是符合发展规律的、适度的独立行为，哪些是不安全的冒险行为。上了初中后，孩子来到了一个更广阔同时也暗藏着危险的新世界，对于潜在的危险，父母会下意识地打压孩子的自主性，从本质而言，这等于是缩小了孩子的世界。

可悲的是，我们在剥夺孩子检验自己独立能力机会的同时，也剥夺了他们实践的机会——而实践是走向成熟的唯一途径。如果孩子能越来越多地参与到可以锻炼独立思考能力和解决问题能力的活动中去，他们就能学会判断环境是否安全，判断他人的意图，听从自己内心的直觉，学会独处，而不是时时刻刻指望着从别人那里获得快乐。我们应该跟上初中的孩子谈一谈，要想探索更广阔的世界，有哪些合理的方法，从而更好地保障孩子在整个青春期阶段的安全，而不是简单粗暴地打压孩子的独立性。

尝试往往伴随着失败，父母必须接受这一点

我记得上五年级那会儿，我们一家人住在波士顿的市郊。那天是星期

---

1 Netflix是美国一家会员订阅制的流媒体播放平台。

第 5 章 谈论独立

六,爸爸妈妈跟我说要去市区游玩一天,让我提前准备一下。不知道是什么原因,我决心要跟爸妈划清界限,自己一个人待在家。我已经不小了,自己待在家不会有任何问题。"我们要出去一整天,你确定吗?"我能听出他们口气里的疑问,但这反而让我更加坚定。我向他们保证,我一个人完全能搞定,并反复重申在城市里四处晃荡让我觉得无聊透顶。我信誓旦旦地保证,我一个人一定能照顾好自己,绝不会中途给他们添麻烦。

可爸妈走了大概才一个小时,我心里突然很害怕。具体是什么引发了我的恐惧,我已经记不清了,我只记得当我意识到家里只有我一个人时,非常恐慌,想到爸妈要到晚上才能回来,时间似乎也显得格外的漫长。

十分钟后,我已经站在了邻居家的门口,一边战战兢兢地流着眼泪,一边跟邻居撒谎说爸妈出门了,我胃疼得厉害。邻居家有四个还不到六岁的孩子,她见我可怜,便好心地收留了我。等我平静下来之后,她给我端来一杯姜汁汽水,好让我的胃舒服点。我还记得她手脚麻利地摇晃着汽水,先把气全部放空,以免汽水里的二氧化碳刺激到胃。迈向成年的第一步,我永远也忘不了——用一个三岁小毛孩的鸭嘴杯喝着寡淡无味的姜汁汽水,时不时得冲进邻居家的卫生间,解决神经过于紧张引起的腹泻问题。

经历过这件事之后,爸妈相当长一段时间不愿意再让我一人待在家,尽管我以为自己足够成熟了,但实际上并非如此。那天我当然觉得自己很失败,不过现在回想起来,我觉得那些都是非做不可的事情——首先,主张独立,其次,发现自己自不量力,无力承担后果时,向他人求助。以成年人的眼光来判断,我真想表扬一下当时的自己,但那时 12 岁的我却觉得很挫败。

什么时候该给孩子更多的自由呢?这个问题很难回答。跟成长的其他方面一样，独立也是非线性的。同一个孩子，今天或许能老成稳重到让你觉得把报税这样的难事交给他都没问题，明天兴许就能因为不满意你晚饭烧的鱼，冲你大动肝火。我们常说孩子"猫三天，狗三天"，说的就是这个道理。

走向独立的道路并非一片坦途，坑坑洼洼、磕磕绊绊是家常便饭。父母要做的不是帮助孩子躲开坑洼，而是要教会他们如何修好瘪气的轮胎。

两种独立

我在工作中注意到，小学毕业的孩子主要通过两种方式表现出独立：（1）在家会有意识地和家人隔离开；（2）减少待在家里的时间，以探索外面的世界。这两种方式都会让家长很担心。

我们在学习如何跟孩子谈论独立之前，不妨先来了解一下隔离与探索，了解一下哪些是正常的、安全的行为，哪些行为又的确需要注意。

通过隔离实现独立

为什么十一二岁的孩子能在自己的房间待那么久？为什么他们不愿意跟家人一起看电影或者玩游戏了？为什么一家人坐下来吃饭时，他非得像赛跑一样，吃完立刻从凳子上跳起来，飞奔回自己的房间？你们以前那么亲密，可现在孩子见了你就跟撞到鬼一样。

别担心。这不是你的问题。那是他的问题。

这个年龄段的孩子需要用茧把自己包裹起来。"结茧"这个说法是由社会潮流分析专家菲斯·波普科恩（Faith Popcorn）于20世纪80年代初提出的。波普科恩是这样形容的，"面对恶劣且恐怖的外部环境而产生的躲避在内部环境中的冲动。"人们现在经常用"结茧"一词来形容青少年躲在自己房间里的行为。

青春期的孩子之所以会"结茧",因为他们生活中大部分的东西都在改变,都不稳定——他们的身体、大脑、情绪、朋友,甚至是对自我的认识都在改变——只有自己的卧室才是安全的避难所。他们可以在卧室里思索各种烦心事,或者干脆把它们抛到九霄云外,让绷紧的大脑从动荡不安中获得片刻的安宁。

多数孩子都非常重视自己的空间,如果大人允许的话,他们还会重新装饰或者布置自己的卧室,以体现出新的自我意识。他们想让其他人知道,这是他的私人空间,绝不是爸爸妈妈的地盘。我十几岁那会儿,手头没多少钱,所以没办法重新装饰自己的房间,但我不喜欢屋子里原来贴的1775年殖民时期风格的墙纸,于是就把墙上和天花板上糊满了从旧杂志上剪下来的黑白广告。虽然这样的装饰也不是我最喜欢的风格,但它至少传递出清楚的信息:这是我的空间,不是你的。最后,"化茧成蝶"的孩子对自己会有更准确、更全面的认识。他们并非有意识地让自己与父母隔离,他们只是需要一个安全的空间成长。

如果"结茧"顺利的话,孩子能从踏实安全的家中获得一种独立自主感。但如果遇到了波折,孩子则会变得娇纵任性,忘记自己仍然是家庭的一分子,既然是家庭的一分子,就必须参与家务,和家人愉快聊天,在自己的需求与家庭的和睦幸福之间寻求平衡。跟孩子谈论"结茧"的习惯时,我们应该时刻提醒自己,隔离不见得是坏事。要和孩子达成一致,平衡好孩子的需求与家庭的需求。具体操作方法请见本章后面的内容。

通过探索实现独立

十一二岁的孩子也会在没有大人陪伴的情况下,涉险进入外面的世界，以此宣告独立。可是，家长们经常会看到新闻里说枪支问题、毒品问题、性交易问题等威胁到每一个孩子的人身安全，于是我们只能限制孩子们的自由。父母这样做有哪些危害？关于这个问题，雷诺尔·斯科纳兹（Lenore Skenazy）写过一本非常出色的书，书名叫《自由的儿童》（Free-Range Kids）。如果说放手让孩子在家附近和城镇活动会让你特别担心的话，我强烈建议你读一读这本书。

孩子在没有父母监管的情况下在学校自由地探索其实和下面的活动有些相似：和朋友去购物中心，和同学约好了在溜冰场或者蹦床乐园见面，骑车去超市买巧克力棒，乘公共交通工具，在电影院下车看个电影或者在三明治店吃午饭。以上活动都是典型的初中生活动。

在这些活动中，孩子要学会的技能主要分为三个方面：

1. 在繁忙的街道上如何和陌生人打交道以及在公共场所活动时如何保证自己的安全。

2. 学会坚定而又礼貌地提出自己的诉求，比如如何问路，如何向他人寻求帮助，如何点餐，遇到不喜欢小孩的暴脾气大人时要尽量克制，不能大吼大叫。

3. 学会独立思考，独立判断，接受自己内心的想法。学会听见自己内心的声音，这个声音也许他们并不熟悉，因为孩子以前听到的都是大人的声音。

如果探索的过程比较顺利，孩子对自己克服困难和解决问题的能力就会很有信心。我们应该给孩子机会，让他们通过努力获得信心，这实际上更能保障孩子的安全，这样无论是谁针对你的孩子有不利的行为，不管是喜欢使唤别人的朋友、学校的霸凌者、高年级的小霸王还是不怀好意的陌生人，只要孩子足够自信，足够机智，就一定敢于说出自己的看法，必要时大声向别人寻求帮助。这很管用，毕竟，那些不干好事的家伙还是怕被人看到的。

但如果探索中出了问题，随之而来的将会是各种各样的问题。有的孩子会跟小时候的我一样自不量力。类似的经历确实会让孩子情绪低落，但一般不太会产生长期的负面影响。我们应该关心的是孩子在外出活动之前，有没有人教会他如何守护自己的安全。遇上车祸或者找不到回家的路，这都是可能的，当心怀不轨的人试图靠近并试探孩子的底线时，他有没有发声的勇气，会不会向其他人求助。

十一二岁的孩子在探索的过程中很可能会做出愚蠢的举动。比如太吵闹被商店的老板赶出门，或者把饭店弄得一团糟，结果被服务员教训，或者是出于好奇心，在体育用品店没付钱就把高尔夫球揣进口袋里带走，想看看后果会有多严重。家长应该事先想清楚，如果你不在场，你希望孩子如何表现，并跟孩子提前讲明白你的期望。

如何跟孩子谈论隔离和探索的问题呢？下面我们要看到的是一些对话示例，这些对话不仅给了孩子渴望、需要的自由，同时也能让他们学会如何保护自己，如何做一个好公民，而且也能为孩子设立合理的自由度。

和孩子谈论隔离的问题

"望眼欲穿"的父母巴望着家里十一二岁的孩子能跟自己待上一会儿，结果孩子压根不想搭理他们，这样的场景在无数个家庭的无数个夜晚反复上演着。这虽然不是家长们喜闻乐见的场景，但是我们不妨想想好的一面，这是亲子对话很好的切入点。

B：心平气和地开始对话

（假想一下，十一二岁的孩子回到家就跟条件反射一样，直奔卧室，不愿意和家人待在一起。）

家长： 你是要去自己房间吗？

孩子： 是啊。

家长： 好的。你房间还舒服吧，要不要添点什么？

孩子： 挺舒服的。我的意思是，能不能给我买台电视？

R：与孩子共情

家长： 我小时候也希望自己的卧室里能有台电视。不过很遗憾，卧室里不许放电视，这是规矩，因为电视会影响你的睡眠，干扰你写作业。不过我很高兴你喜欢自己的卧室，也很乐意看到你喜欢待在那儿。

孩子： 谢谢妈妈，我进去了。

家长： 我不想打扰你放松的时间，可我确实挺想跟你待一会儿，等你休息好了，我们可不可以聊聊天？吃完晚饭我们聊15分钟好吗？

孩子： 好，这主意不错。

I：提出问题，收集信息

（晚饭过后）

家长： 谢谢你愿意匀出点时间。你最近怎么样，今天感觉如何？说来听听。

孩子： 好的。你想听哪方面的？

家长： 噢，也没什么具体的。你现在大了，更愿意自己待在房间里，跟我们待在一起的时间就少了。我像你那么大的时候也一样。你也到了不喜欢被别人打扰的年龄了，妈妈只是想跟你聊聊，说说自己的期待。

孩子：呃……

家长：你待在自己房间里，是因为喜欢那种感觉呢，还是说不喜欢我们的有些做法？

孩子：实话实说吗？多数时候，我只是想跟朋友发短信聊天，不喜欢烦人的妹妹一直缠着我。有时候我只是想一个人在电脑上看一会节目，要是我在外面看，你总是会问"那是谁？""这是什么节目？"或者"今天家庭作业是什么？"你每问一个问题，我都得按下暂停，太痛苦了。

家长：我能理解。

孩子：你可别不高兴，我只是说待在自己房间里更轻松，至少我不会冲人发火。

家长：我明白了，我没生气，你说出来我才能更理解你啊。

E：重复听到的话

家长：有时候你想一个人待着，放松的时候也不喜欢有人打扰。这合情合理。

孩子：谢谢。

F：父母给出反馈

家长：你在家里能有个彻底放松，完全做自己并且觉得很开心的地方，我很高兴。妈妈很欣慰，因为独立的空间是成长重要的一部分。

同时你也要知道，你对我们非常重要，一家人聚在一起时，如果看不到你，我们会想得慌。你在一天天长大，我们压根没指望你能像以前那样，整晚跟家人待在一起。但我觉得我们可以折中一下，你有你自己独处的时间，同时也分一点时间给家人。

你仍然可以自己待在房间里，妈妈的要求也就三点：

继续保持好成绩，积极参加课外活动，这个我不说你也应该知道。

跟家人一起吃晚饭，每个月至少跟家人看一次电影。

为了家庭的幸福和睦，每天"牺牲小我"十分钟。（我可以理解你这个年龄的孩子特别需要一个人待着，但是家之所以为家，是因为每个成员都能贡献自己的力量。至于怎么贡献，这个由你自己决定：遛狗，把洗碗机里的餐具放到餐具架上，擦厨房台面……每天都能出点力就行。）

只要满足以上三个要求，你想干嘛就干嘛，听音乐、跟朋友聊天或者痛痛快快地休息放松都行。

当孩子开始远离父母时，我们自然而然会产生一种被抛弃的痛苦。我记得我朋友的丈夫是这么说她的，"你看看你那副样子，就好像女儿是学校里最受欢迎的姑娘，你为了得到她的关注，不惜一切手段讨好她！"

我们想跟孩子保持联结，但有时这会让孩子觉得我们过于依赖他们，这也难怪他们会冷落怠慢大人。当你对孩子一点没兴趣的时候，他们反而会对你最感兴趣。你越是没空，他们越是愿意跟你说话，因为这时候你的情绪也越稳定。孩子不仅要处理自己说变就变的情绪，还要面对情绪反复无常的同学们。一整天下来，他们筋疲力尽，换作是你也一样。所以当你在情绪上不那么关注孩子时，比如正准备出门，专心写邮件，或者舒舒服服地看自己最喜欢的节目的时候，他更愿意敞开心扉。你越是操心孩子，关注孩子，他们就越不愿意张口。

在和孩子进行14场对话时，时机的选择都非常重要，不过要说什么时候最重要，还是在和孩子谈论隔离这个问题时。如果你很渴望跟孩子待在一起，不妨认真反省一下，你需要孩子给你什么，孩子的成长又离不开什么。喜欢一个人的陪伴与需要一个人的陪伴并不相同。我接触过的一些父母以为，他们需要孩子，是因为他们已经厌倦了跟配偶待在一起，或者很多时候都是一个人，需要他人的陪伴，也可能是因为如果孩子不在身边，他们就无时无刻不在担心。那些被父母拴在身边的孩子，明明已经为分离做好了准备，可是迫于跟父母住在同一个屋檐下，他们只能服从，但一旦到了 18 岁，他们肯定会以最快的速度逃离，头都不回。如果父母能尊重孩子对私密空间的需求，那么孩子跟父母之间的长期关系也会更好。如果你迫切地想要寻求孩子的关注，我建议你可以这么提醒自己——现在放弃一些跟孩子相处的时间其实是最好的投资，将来你会收获更多孩子的陪伴。

别做谈话终结者——谈论独立的禁忌

想要说服十一二岁的孩子更多地陪伴父母，我们会遇到一个显著的困难——孩子的"结茧"行为与不想对话的状态是密不可分的。这样一来，需要双方参与的谈话就变成了一个人的"脱口秀"。而滔滔不绝的父母很容易会把孩子吓跑，所以在进行重要对话时，我们一定要有耐心，要拿出运动精神。我们可以把对话想象成钓鱼——要敏锐地观察，什么时候鱼儿会受惊，什么时候鱼儿会咬饵。少说话，保持平静。最后，同样重要的是，不要使用水花大，却逮不到鱼的无效策略。

灵活安排对话时间

要是十一二岁的孩子不愿意加入家庭集体活动，父母就应该更灵活机动一些，至少有时候得这样。（我不反对强迫孩子参加，但如果能提前告诉孩子活动时间更好。）如果单纯是为了严格遵照时间而强迫孩子参加

（比如"每周日下午全家人要一起出门办事，这是规矩"，或者"你可以改天再自己待着啊，现在我希望你能坐到我身边来"。），孩子只会闷闷不乐，恐怕你也要会乘兴而来，败兴而归了。

不要揭孩子的伤疤

"发生什么了？出了什么事吗？快跟我说说怎么啦？"这话听着耳熟吗？如果你确实关心孩子，不如敲开他的房门，给他端去一杯茶和一些甜点，问问他最近怎样，要是他愿意讲讲学校的事情，那就做一个专注的倾听者。抓着一件事来回问个不停，更像是怀疑而不是关心。孩子会把它解读成不信任，这样就更不愿意开口了。

不要博取孩子的同情

为了让孩子陪伴自己，父母们请求着，恳求着，与孩子争吵着，然而这些办法统统不奏效，他们别无选择，只好进行战术升级。既然怀柔没用，讲理也没用，那为何不试着博取孩子的同情呢？这是父母在最后放弃前孤注一掷的垂死挣扎，同时还有点你让我不好受我也要让你不好受的味道，听起来是这么跟孩子说的，"我本来还想着今晚一家人能快快乐乐地在一起，可无论我说什么你都要对着干，既然这样，那你回自己房间吧。"我非常能理解父母说这话时心头的怒火，我也承认，在灰心丧气、走投无路的时候，我也用过这一招。但毫无疑问，这一招从来不管用。十一二岁的孩子每天都要抑制自己的情绪，应付同龄人的情绪，他们已经很累了。父母还要再加戏码的话，结果只会两败俱伤。但如果你能让孩子确信，你可以为他营造一个安静的空间，孩子也会回报你——更多的陪伴，更愿意跟你分享，甚至高中阶段也是如此。

给孩子更多独立的空间,这没什么丢人的

孩子到了与大人疏远的年龄时,我们应该主动去适应他们,也就是说,我们得克服那种被人拒之门外的感觉。你或许无意中听到过其他父母对儿女的"拒之门外"所流露出的无奈,反正没有哪个父母会觉得很光彩。我发现,当孩子开始疏远父母时,父母通常会觉得丢人或者难堪。孩子成长的速度有快有慢,所以很可能足球比赛结束时,自己家的孩子在人前连一句话都不肯跟爸爸妈妈说,一直等到上车后车窗关上了才肯开口,可别人家一般大的孩子上来就给爸爸妈妈一个拥抱——那滋味真是叫人难受。孩子在公共场合表现得满腹心事、闷闷不乐或者有意回避你,你也不要太难过。这意味着孩子已经步入正轨,正走向独立……这也是你渴望看到的。记住,这是你渴望的!我希望所有的父母在孩子开始与家人分离时,都能满心骄傲地感慨,"嘿,猜猜谁家上初一的孩子在学校开放日那天,不肯跟大人讲话!我们家的孩子!"当然,这话可不能说出来(更不能当着孩子面说!),自己在心里得意一下就行。

当孩子开始疏远你时,尤其是在公共场合,你会觉得难堪,觉得被抛弃了,但最叫人无法忍受的,还是其他人异样的眼光,他们觉得父母这样对孩子放任自流是不对的。"虽然每个人的想法不一样,但我从来也不会让孩子自己去商场。要是孩子有个三长两短,我可怎么活下去。"这种自以为是的奇怪言论似乎是在批评那些放手让孩子去独立探索的家长:(1)对孩子可能面临的危险一无所知;(2)知道有危险却故意选择了忽视;(3)没人情味,即便孩子遭遇了不幸,也不会太悲痛。我完全能理解这些父母的担心,他们害怕孩子在独立探索的过程中可能会发生各种各样的意外,

我也曾经设想过很多可怕的场景，但为此而指责他人，这不仅不公平，也很残忍，因为不幸是一个随机事件，它可能降临到任何人头上。

为什么不能让孩子一个人出门？我们很容易就能给自己找到理由：有孩子在溜冰场给人骗走啦，在公园被绑架啦，或者谁家的小孩失踪啦，等等。这些事件确实会引起家长的恐慌，我也一样，这很正常。但我们应该如何应对恐慌情绪呢？我认为，家长在做安全决策时，不应该以这些事件为参照。我更建议大家去查一查青少年受害者的犯罪数据和概率。有的父母会说，"概率没有任何意义。要是我的孩子遇上了，那就是百分之百。我的职责是保护孩子不会受到任何可能的伤害，一点伤害都不行。"

我的想法很简单：危险带有一定的随机性，我们常常是无能为力的，车祸、癌症、绑架都是如此。父母应该卸掉思想上的包袱，尽己所能做好合理的预防措施——乘车系安全带，饮食要健康，学习如何自我防卫——不能因噎废食，阻碍孩子正常的活动。

和孩子谈论自主探索

和朋友一起去商场通常是孩子进行外部探索的第一步，这是他们成长的里程碑。有些家长会偷偷跟着孩子，在孩子活动区域内的商店望着他们，这样既给了孩子自由活动的时间，万一出现什么紧急情况，家长也能及时施以援手。这是个很好的开头，但只有当孩子能自己建立"安全网"，能感受到喜悦，同时又有那么一点点害怕的时候，他才能真正品尝到独立的滋味。

当孩子迈出走向独立的第一步时，我们可以参考下面的对话：

第 5 章 谈论独立

B：心平气和地开始

家长：周末你是怎么安排的？

孩子：这个嘛，几个朋友明天要去商场，我想跟他们一起……

家长：听着不错啊。有大人跟着吗？

孩子：好像有个妈妈一起……具体我也不是很清楚。（十一二岁的孩子一开始和朋友出去玩时，根本不会提前做计划，这常常让父母大为光火。请记住，能力的培养离不开锻炼，起初他们会笨手笨脚，但只要给予足够的机会，最后他们连细节都能安排妥当，根本不用大人操心。）

R：和孩子共情

家长：我以前也很喜欢跟朋友去商场。对了，你注意到那家商场的美食区在扩建吗？

孩子：是吗？

家长：对啊！好吃的肯定会更多。你希望能引进哪些美食？

孩子：墨西哥卷饼。

家长：对，那个我也喜欢！

I：提出问题，收集信息

家长：既然你不知道具体的安排，那我们明天早上再谈吧。要是有家长跟着，那定个时间就行。要是没有家长，我还得再了解些情况。我想把了解的情况先告诉你，然后你去问清楚，这样行吗？

孩子：好的。

家长：我想知道你是跟谁一起去商场，要待多长时间，谁开车带你过去。

73

孩子： 没问题。回头再告诉你。你这是同意了吗？

家长： 可以去，但我得再了解些情况，而且，你愿意跟我说说有哪些需要注意的安全事项吗？

孩子： 当然。

（第二天早晨）

孩子： 安吉尔的妈妈开车带我们去商场，她爸爸来接我们。我们打算从一点待到四点，西蒙妮也去。

家长： 就你们三个人嘛？

孩子： 我想是的。

家长： 听起来还没完全确定啊。

孩子： 有几个孩子在商场等我们，具体是谁我也不知道，只知道是西蒙妮的朋友。

家长： 你认识他们吗？是一个学校的吗？

孩子： 行了，我不会去见陌生人的！

家长： 好的，我只是问问，毕竟这是第一次。还有哪些人，你问明白了再告诉我。

（后来）

孩子： 有我、安吉尔，西蒙妮和她的朋友伊凡和迈克尔。你不要冲我发火，我也不想这样变来变去的，可谁来谁不来也不是我决定的。

家长： 知道都有谁一起，你才好做安排，是不是？

孩子： 可有人就是喜欢临时起意，等到出门前才想起来发短信问"你在哪儿"。

E：重复听到的话

家长： 我明白你的意思，看来确实有人喜欢搞突然袭击。不过我跟你那么大的时候，这倒是不太可能，因为那会儿还没有手机。按理说出门前应该提前计划好，但现在人人都有手机，所以有些事只能等到最后一刻才能决定。

孩子： 就是说嘛！

F：父母给出反馈

家长： 我知道，你自个儿出门会碰到些你也无法控制的事情，像这种临时加入的孩子。那我们就来说说你能控制的因素吧。如果我们能就关键的几点达成一致，我想应该就没问题了。

你能不能抽空给大人发个消息？这样我才能放心。如果出去三个钟头的话，多久你能给我发个消息？

孩子： 每隔一小时？但我可不想一直跟你汇报我们在干嘛。就报个平安行吗？

家长： 我没意见。那就一小时。你可以用手机设置提醒。（一个小时一次是否合理呢？我认为第一次这么做可以缓解家长的焦虑，如果孩子能做到，家长可以放宽时间。我们都希望孩子跟朋友在一起时能痛快地玩耍，能留心自己所处的环境，不用一直惦记着给父母报平安。）另外，有些安全事项虽然你都知道，我还是要重申一下。第一，绝不能离开商场，一旦发现可疑的人，你可以告诉商场的工作人员，让对方通知保安。第二，注意周边的环境。不要反向乘电梯。要是有一起的孩子让你感到不适，你就发短信给我——"晚饭吃什么？"我会编个理由给你发回去，早点接你回来。最后，要有礼貌。不要在商场里奔跑打闹，不要把东西弄乱，看完的东西要放回原处。工作人员已经挺辛苦的了，我们得为他们着想。我说的这些你都能做到吗？

孩子： 能。

家长： 那你好好玩！

在对话中，家长以 BRIEF 为指导原则，正向引导孩子，同时也能让置身于新环境的孩子在可控范围内保障自己的安全。

别做谈话终结者——谈论独立的禁忌

但问题是，很多父母到了真正上场的时候，做不到像预先策划好的那样，嘴里会忍不住冒出一些"煞风景"的话。亲子对话跟演戏可不一样，它需要我们更能随机应变。既然我们没法提前想好要说的每一句话，不如提醒自己要注意避开"雷区"。下面这几句话会引起孩子的反感，能让你"把天给聊死"，最好不要说。

"我知道，你是准备好独立了，但我可没有。"

这句话明显带有情绪，而十一二岁的孩子一般不太会处理情绪。另外，这句话实际上是在向孩子宣战，"咱们看看谁能拗过谁。"——一方是你已经认识到势必会迈出独立步伐的孩子，一方是为了自己舒服拼命拖住孩子后腿的家长。谁能拗过谁呢？答案显而易见。

"我太爱你了，不能让你走。"

孩子是你开车接送的吗？他滑雪吗？参加夏令营吗？参加对抗型运动吗？实际上，对孩子而言，风险无时无刻不在。以爱为借口把孩子留在身边只会让孩子感到不满。他们甚至会顶嘴，"哼，照你这说法，人家父母都不爱自己的孩子了？你这样说对吗？"孩子会感觉你在故意躲开问题。

如果某件事确实很危险，家长应该告诉孩子具体且令人信服的理由。

"我不是担心你——我是担心跟你在一起的那些人。"

这种说辞只会让孩子觉得你不坦诚，你也确实不够坦诚。家长以为，这种温和委婉的说法既不会伤害孩子的自尊心，也能让他打消出门的念头——外面的世界有太多你无法控制的因素，还是给孩子撑起一把看不见的保护伞比较好。但你说的很明显不是事实——如果哪天你答应让孩子自己出门的话，那是不是意味着那天外界的各种诱惑纷扰和坏家伙全都销声匿迹了？当然不是，只是因为那天你不担心孩子了，你相信他遇到麻烦也能临危不乱了。记住，我们没法随时随地保护孩子，但我们可以教会他们，在遇到一些常见的、典型的危险时该如何应对。

"我说了，不行。"

你就等着看好戏吧！我们应该把"不"留给更需要的场合。下面我们一起来看看有没有什么更好的方法拒绝孩子。

当拒绝是最好的答复时

正如我小时候第一次一个人待在家一样，孩子有独立的愿望并不代表着他们具备独立的能力。十一二岁的孩子看到朋友做什么都眼馋得很，也想亲自试试。父母对孩子了如指掌，他们太急于求成，经常意气用事，没有足够的责任心，或者干什么都漫不经心，有时甚至能在外面瞎逛几个小时。父母拒绝孩子时，他们的内心是失望的。这没关系，学会如何处理失望的情绪也是一项重要的人生技能。但是，如果我们拒绝孩子时太僵硬死板，他们可能会偷偷溜出家门来实现自己的诉求。我们应该理解孩子独立的愿望，学会跟孩子分享他们独立过程中的重要事件。

我们不妨这样开始对话，"我知道你很想跟朋友一起去商场，可我说了，现在还不是时候，我看出来你不开心了，但我也不想这样。我当然也希望你可以跟朋友一起出去玩，可我首先得确认你有这个能力。好消息是你可以通过实际行动证明自己的能力。如果你把这张单子上列的事情做好，就可以跟朋友出去玩了。"

下面我给大家列出了孩子独立过程中的重要事件，当然，家长可以根据个人偏好和孩子的需求适当调整。

"请你先做好下面的事情，为将来能自己独立出门做好准备。"

- 对作业或者分数有疑问时，能直接找老师问清楚。
- 会自己打电话订餐。
- 遇到问题时能面对面地咨询服务员、图书管理员或店员。
- 过马路前先看看左右有没有车！
- 在公共场所讲文明讲礼貌：不要撞到别人，不要大声吵闹，不要挡路。
- 在朋友家玩时，要及时回复爸爸妈妈的短信或电话。怎样才算及时？这个我们可以商量。
- 朋友让你做你不愿意做的事情时，能勇敢拒绝。
- 有足够耐心听我解释为什么成人不会向孩子寻求帮助。
- 如果有陌生人想吸引你的注意并让你感到不适，你要学会说："我现在就去把爸爸喊过来。"
- 记住爸爸妈妈的电话号码。人们现在都用手机通讯录，很少会记号码，但手机也可能死机或遗失。

你可以把这张单子直接拿来使用,也可以根据家庭情况做相应的修改,但不要随意修改,一定要和培养孩子独立自主能力这个目的相关联。你可以这么跟孩子解释:"我绝对不是故意给你设置障碍,也不是为了拖延时间,这张表上的任务也不是我自己胡乱编造的。它们能告诉我你有没有意识到安全的重要性;如果爸爸妈妈不在身边时,你是不是有足够的责任心,能给我们报个平安;你能不能和陌生人清楚地沟通;你有没有足够的自信拒绝朋友或者陌生人的无理要求;你能不能像大人一样彬彬有礼。我们可以一起努力,早日实现目标。"

但你也别期望孩子会一下子高兴地拥抱着你,感谢你给了他这样的机会,但他会明白父母的苦心和期望,一步一个脚印地走向独立。

无论是对父母还是孩子,独立都是个艰难的过程,带着成长的痛苦。我们让孩子自己去商场,同时又得忍住,不能偷偷跟着他,这滋味很不好受;忍着不去怀念一家人有说有笑地边吃着爆米花,边看着喜欢的电影的时光,同样不好受。但我们会有新的乐趣:看着孩子蜕变成一个有责任心、有能力、有信心的青少年,也能在为人父母之余,有空闲时间去探索自己的兴趣爱好。

没时间仔细看书?那来一堂速成课吧。

本章小结

- 在 10—12 岁这个年龄段,我们应该给孩子更多独立的空间,不能压制孩子。孩子要想学会如何保障自己的安全,学会和不认识的人、新的环境打交道，离不开实践。
- 孩子往往会高估自己的能力，这没关系。如何面对失败是他们现在就必须学习的一项重要的生存技能。
- 青少年主要通过两种方式来获得独立：一是将自己与家人隔离开，二是在没有父母监管的情况下，探索周边。
- 这个年龄段的孩子必须知道怎么过马路，知道如何在确保人身安全的前提下，自信地与陌生人沟通。
- 尊重孩子私人空间的父母和孩子的长期关系也更好。如果在青少年时期，家长过于严苛或者在情感上过于依赖孩子，那么孩子会更加渴望自由。这些孩子长大离家后，会和父母断开联结，因为他们不想回到相互依赖的状态。
- 在10—14岁这个年龄段，个体的心智成熟水平和社会情感发育水平的差异最大。所以，有的孩子能较早地独立自主，而有的则晚一些。这个年龄段孩子的家长也更喜欢评判其他家长的养育方式。不要把你的规则拿去跟别人的规则比较，总有更严厉的家庭和更宽松的家庭，尽自己最大努力去做对家庭最有益的事，尤其是对孩子有益的事，不要把心力精神浪费在评判比较上。
- 孩子需要边界。这个边界不是随意设定的，父母不能朝令夕改，那样会让孩子没有安全感，会导致他们的反叛。拒绝孩子时要告诉他原因，更重要的是，要给出一些具体可行的办法，让他证明自己可以承担更多责任，享有更多自由。

第 6 章

谈论友谊

通过这一章的学习,家长会明白为什么友谊对于孩子而言是一个特别敏感的话题;为什么当孩子跟我们谈论"塑料友情"时,我们不能表现出过度的关心或同情等;如何修复友谊中的裂痕;如何让孩子认识到,我们可以结交不同的朋友来满足不同方面的需求,而不是要找一个绝对完美的朋友。

朋友在超市给你打来电话,问需不需要帮你带点什么;派对上你讲了件好玩的事,朋友听了乐得前仰后合;遇上不顺心的事了,朋友会发短信跟你发牢骚。美好的友谊像是有某种魔力,当我们和真正的朋友心意相通时,哪怕只是一瞬间,也能有效缓解压力,让我们心情舒畅,一整天都高高兴兴的。友谊让人生更有意义,也给我们带来欢乐和慰藉。

可是……初中生的友谊……

初中生的友谊时而美好,时而捉摸不定,多半时候让人大伤脑筋。这个年龄段的孩子非常在意自己和朋友、同学之间的关系,甚至于到了不讲道理，不顾家人，甚至乐不思家的地步，只要能和朋友、同学在一起，多远的距离都不是问题。12—15岁的孩子为了能加入同龄人的社交圈，甚至不惜一切代价。

为什么会这样呢？因为孩子极需要弄明白，离开父母的帮助，他们怎样才能成功。孩子把朋友放在首要位置，家人只能退而居其次，这多少会让父母灰心丧气，但你要记住，从数据来看，那种自己完全不需要努力，光靠着家族的势力、影响、遗产或者产业就能舒舒服服过一辈子的人终归是少数。多数人都得在家庭之外寻求社会关系，才能在社会上立足，才能保证今后的幸福。不论是找工作或是找对象这样的人生大事，还是和邻里友好相处、互相帮忙这样的小事，家庭外的社会关系都是成功的重要支撑。初中生像是有一种直觉，他们不仅明白这些道理，还会主动去探索如何跟其他人相处，如何让别人接受自己，你也许会觉得他们的方式有些极端，但这样做确实能促进他们身心的发展。

虽然孩子内心有渴望交往的强大动力，但在初中阶段与同龄人交朋友其实很难。这是一种关系性的技能，需要不断尝试、不断摸索，而且，每个孩子的社交技能发展速度有快有慢。这就像一张面板上有许多机械齿轮，它们转动的速度并不相同。尽管磨合起来有很大困难，但如果有两个齿轮刚好能对上，那么那部分装置就能顺畅地运转。多数情况下齿轮是在互相撞击，老是凑不准那个时间点。到了最后，孩子们改变的速度终于慢了下来，他们更熟悉自己了，从而也能更容易地熟悉其他人。但头几年磨合的过程叫人看了真不好受。

下面我要举一个很有代表性的例子——13岁的姑娘莉亚参加过我所举办的女孩领导力夏令营。她的妈妈乔斯琳说莉亚初中那几年没有交到心意相投的朋友，非常孤独。莉亚小学阶段最好的朋友一直是米拉。上了中学后，她们被分到不同的班级，后来俩人再在一起玩时，莉亚总是抱怨，

"妈妈，她居然还在玩过家家。"因为两个女孩不能每天待在一起，共同爱好也不一样了，所以这一段友谊只能画上了句点。莉亚所渴望的不再是一个玩伴，而是一个能分享女孩心事和烦恼的知己，听她说小秘密时能高兴得止不住笑的知己。但遗憾的是，想要找个人填补米拉所留下的空缺，很难。同学之间的相处虽然还算愉快，但没有交心的朋友，更谈不上深刻的关系。乔斯琳告诉我，她给莉亚创造了很多机会去结识新的朋友，但没给她任何压力。乔斯琳认为莉亚初中的那几年就好比是游戏的第一轮，莉亚很快就会喜欢上这个游戏。乔斯琳让莉亚把它当作一种锻炼，因为到了高中她会认识更多的孩子，这些孩子或许跟她也有着相似的遭遇，也经过了初中几年的锻炼。或许锻炼确实不如游戏好玩，但是只有经过锻炼，孩子才会知道怎么做最好。

不要把友谊理想化

看到孩子因为找不到知心好友而郁郁寡欢，过于在乎别人对他们的看法，或者为了能被其他孩子接纳，而不惜放弃自己的尊严，甚至被人欺负也不在乎，家长都会感到非常痛心。

从某种意义上来说，孩子之所以如此是由我们的文化决定的。我们宣扬美好的友谊是青少年成长过程中不可或缺的一部分，因为美好的友谊才能成就美好的故事。编故事的人喜欢理想化和美化青少年之间的友谊，正如赫曼频道[1]的电影喜欢理想化和美化爱情一样：才子佳人，天作之合，

1　Hallmark 频道于 1995 年成立，是一个全球性的有线及卫星电视频道，24 小时提供适合一家人共赏的电视电影节目。

关键时刻总有英雄救美。点开网飞（Netflix）的任意一部有关青少年的电影，你会发现，近乎完美的友情（有趣！互相鼓劲！特立独行！永远忠诚于对方！）是每个青少年的标配。

但现实中初中生的友情跟网飞电影中所呈现的可不一样，倒是更像我们小时候每周六上午动画节目中的玩具广告。我是独生女，到现在还清楚地记得当时是怎么苦苦央求爸爸妈妈给我买芭比吉普车或者轨道玩具车的，因为广告里那些拥有这些玩具的孩子玩得实在太开心了。可是等到拆开玩具包装的那一刻，我才明白了一个残酷的事实：广告里都是骗人的。那些孩子只不过是假装高兴，广告布景师又有办法让玩具看起来特别酷，而且有好几次等到玩具都买回来了，我才发现家里没有合适的电池。简直让人失望透顶！气人的是，电视上的那些孩子看起来好像从未遇到过这些问题。

所以我们家长该如何调和理想的友谊与现实中的友谊之间的矛盾呢？现实中青少年的友谊往往是混乱而善变的。首先，我们应该帮助孩子认识到，友情是有起有伏的。提醒孩子，现实中的友谊不是书中或电影中所刻画的那样。

小学阶段的友情到了初中阶段通常会画下句点，而新的友情往往会一波三折。有的孩子会被最好的朋友抛弃，有的则抛弃了最好的朋友。有的孩子直到上了高中才能找到心意相通的朋友，甚至更晚，有的则跟好朋友聚了又散，散了又聚。告诉孩子，在初中阶段能找到一个"灵魂伴侣"那就跟中了彩票一样幸运，有中的人，但概率非常小。再者，多数人到了高中后，跟初中时的同桌就不再是最好的朋友了。如果你是属于那1%的能把初一时的友谊延续到高中毕业的人，祝贺你！你真是中了头奖了。

至于剩下的那99%，要想找到知心朋友可不容易，这不是约好了一起上学放学，或者买个心形盒式吊坠，每人各戴一片心就能解决的问题。去体验各种各样的友谊，无论是好是坏，都会让孩子明白一个好的朋友应该是什么样，并最终找到这样的朋友。提醒孩子，即便他们感到孤独、煎熬或者焦虑，都得敞开胸怀，迎接新的体验和不同的人。学会跟各种各样的人说话，学会应对不同的朋友群体，学会如何邀请别人，如何礼貌地拒绝别人，留心哪些事会让朋友高兴或难过，这些都为孩子将来人际关系的成功打下了基础。初中阶段的友谊关乎的不是结果，而是在寻找友谊的过程中学到的内容。

在接下来的几年中，你和你的孩子能用很多种方式开启有关友谊的对话。下面大家要了解到的是我所接触过的多数家庭都会碰到的问题。当孩子在和朋友相处的过程中遇到起伏时，相比给出一个正确或错误的答案，我更希望下面的对话示例能让家长对这个话题的整体情绪氛围有所领悟。你可以把下面对话的内容和情绪稍作调整，应用到其他跟友谊相关的问题中。

下面我们就来看看，如何很自然地跟孩子谈论"靠不住"的友情。

B：心平气和地开始

家长：嘿，这周末邀请伯克米尔一家去户外烧烤怎么样？

孩子：非得这样嘛？

家长：呃，不是的……你和乔什还好吧？

孩子：挺好的。我就是不想去。

家长：好的，没问题。（克制住，千万不要说，"可是你和乔什是最好的朋友！"或者，"我们喜欢跟伯克米尔一家玩游戏啊。"）

R：与孩子共情

家长：我跟你说，在我小时候，父母会勉强我去邻居家，我很讨厌那样，因为我心里一点也不想去。也可能是我多心了，但友情这东西总是时好时坏。要是你俩闹不开心了，我可以把计划往后推一推。

孩子：好的，那就这么办吧。

家长：你看什么时候合适，还有这个状况我应该怎么处理，能告诉我吗？毕竟我跟乔什的父母也是朋友。我主要是怕自己好心办了坏事。

孩子：你的意思是？

I：提出问题，收集信息

家长：好的，要是你想休息休息，那我就过几周再喊他们，要是他们邀请我们的话，我就说已经有安排了。但时间不能太久，我也不能这么一直拖着，我们还是得计划一下。

孩子：乔什真是烦人。下课后他在那儿等我，但是我本来打算跟其他同学一起走到下节课的教室。我跟同学们聊得好好的，他加入进来也就罢了，插嘴不说，还自顾自地说个不停。看他那架势，我们干什么都得一块儿。他每天放学后都给我发信息，可我不想天天只跟他一个人玩。

家长：哦，我明白你的意思了。如果朋友要求得太多，确实挺累的。你觉得他是不是交不到其他朋友？

孩子：我不知道。他别总黏着我才能交到其他朋友啊。

家长：有没有什么办法能间接地把你的想法告诉他，同时也不会伤害他的感情？

孩子：我不会当面跟他说"请让我一个人待着"，那样太伤人了，虽然有的同学会这么做。我基本上都是躲着他，可我不明白他怎么就不开窍呢?

家长: 有没有可能他其实明白你的意思,但是不愿意面对,还是他没有理解你的意思?

孩子: 他要是没等到我就很不高兴,接着就反复发短信问我在哪儿,我呢,就假装没看见,我想让他明白我的意思。可是他就是不明白,于是我等到放学后就得再回他信息,告诉他我之前不方便看手机。

家长: 我懂了。他小学时候也这样吗?还是最近才这样?

孩子: 嗯,我们上小学时没有手机,所以他也没法总是给我发短信。但他那时也要比现在冷静。

E:重复听到的话

家长: 不管什么原因,现在的情况是,乔什太黏你了,你很难受。

孩子: 他有太多的需求。我希望他能让我喘口气。

F:父母给出反馈

家长: 我尊重你的看法。你们这个年龄的孩子得知道在和其他人相处的过程中如何设置边界,因为有的人处久了就一点距离感也没有。

孩子: 毫无疑问,他一直在挑战我的底线。

家长: 我很乐意帮忙。我可以告诉你我的想法,你不妨仔细思考一下,然后告诉我具体应该怎么做,这肯定会有所帮助。

因为我们两家人是多年的好友,所以这个情况有些特殊。我可以约乔什的父母这个周末一起吃饭,说好都不带孩子,我就说自己想清静清静。

这样你就有几个星期的时间去思考下一步该怎么办,但我也不能无限期地拖延下去。虽然我绝不会强迫你跟别人做朋友,但我还是希望两家聚会时，你能把他当作我们家庭的朋友。你同他可以不像以前那么亲近，不过你的态度还是得友好，这样处理对你们俩人都比较好。

最后，我觉得你应该考虑一下怎么样让乔什知道你是有边界的，很明显，总是躲着他或者假装没看到信息并不能让他明白你的用意，或许你可以礼貌地拒绝他？拒绝并不一定是恶意的。很多时候，与其让别人稀里糊涂地猜来猜去，还不如直接拒绝。

总之，这事得仔细考虑。好啦，过几周再看看你愿不愿意参加两家的聚会吧。

我给大家描述的虽然只是个特例，但其实十一二岁的孩子跟朋友处不下去是很普遍的家庭问题。无论具体情况如何，家长在跟孩子谈论友谊时以下三点重要信息都应该注意到：

1. 孩子愿意跟谁做朋友是他的选择，不是你的选择。我们可以限制孩子能不能去哪些地方或做什么事情，但孩子愿意跟谁讲话，觉得谁比较有趣，这是我们无法限制的。如果孩子总爱跟那些不可靠或者欺负他们的人做朋友，那你可以给孩子找个好的心理咨询师，帮助他们看清楚自己与他人的关系。

2. 孩子不需要跟任何人都做朋友（或者对任何人都友好），但每个人都应该受到有尊严的对待。尊严和尊重是有区别的，教养专家罗萨琳德·怀斯曼（Rosalind Wiseman）告诉青少年，尊重是靠自己的努力赢得的（并不是所有的孩子都能赢得别人的尊重），而尊严是人与生俱来的。

3. 古希腊哲学家赫拉克里特说得好："世界上唯一不变的就是变化。"朋友之间的情谊的确美妙，但它并不是一成不变的。我们应该鼓励孩子给双方留有余地，一刀两断不是最好的处理方式。毕竟，什么事情都有可能峰回路转，友情也一样。

完美的朋友并不存在

我儿子小时候有时会用乐高积木搭出一个超大的"人"。他每次搭出来的人都不一样，因为他是用大大小小的积木加上轮子、窗户、头、门、机械部件等所有能拼插的玩意儿搭出来的，所以它看起来也不太像个人。当然，他可不是什么现代主义艺术家，他只是想把手头能用的都用上，尽量搭出一个像点人样的活动人偶。

我儿子搭的这个"人"不可小觑。

我们成年人常常希望有那么一个人能满足自己的所有期待。我们苦苦寻觅一个能满足一切标准的伴侣：他（她）既要情绪稳定又有心血来潮的时候，既要谨言慎行又要直言不讳，既喜欢安静读书又喜欢吵闹派对，既要百分百坦诚又有自己的小秘密……但这样的人在现实中并不存在，于是我们就自哀自怜，埋怨命运的不公，它让我们的情感无处托付，让我们的人生留有缺憾。

我们不能让孩子期待完美的朋友或者完美的友情，那样他们一定会失败。我们应该跟孩子说，跟不同的人交朋友以满足自己不同的需求，这么做也是有价值的。最好的朋友并不一定只有高踞在金字塔顶端的那一个。只要是通过长时间相处能互相信任，并走进友谊核心圈的人，都是最好的朋友。

> 我们不能让孩子期待完美的朋友或者完美的友情，那样他们一定会失败。我们应该跟孩子说，跟不同的人交朋友以满足自己不同的需求，这么做也是有价值的。

明白这一点，能让孩子在初中和高中阶段收益良多，他不再那么渴望一个最好的朋友或者完美的男（女）朋友。也许眼下你的孩子在学校找不到一个跟自己完全志同道合的人：喜欢听音乐剧，喜欢吃炸秋葵，喜欢手语和跆拳道。但他很可能以后在童子军中碰到一个对《汉密尔顿》音乐剧的歌词耳熟能详的同龄人，或者学校里有个孩子也很喜欢音乐剧，而且也不排斥秋葵，再或者邻居家的孩子暑假打算也去学跆拳道。如果孩子找不到那个完美的朋友，他可以通过接触不同的人来满足不同的需求，获得更丰富的经验，拼凑出一个超级好朋友（就跟我儿子用窗户、轮子等部件拼凑的一样）。

下面我们来看看，怎么样去跟初中生探讨如何用新的视角来看待友谊。

B：心平气和地开始

家长：（正在跟孩子一起看电视）这个节目让我有点想法，咱们是暂停一下还是等会再跟你讲？

孩子： 暂停好了。

R：与孩子共情

家长：（按暂停键）我看节目里这个主角跟他最好的朋友……不怎么真实。

孩子： 怎么不真实了？

家长： 你看他们大吵了一架，居然几句玩笑话就能重归于好。我像你那么大的时候可不是这样。我也有朋友，但我们并不拥有电视上这种完美无缺、牢不可破的友谊。

第6章 谈论友谊

I：提出问题，收集信息

家长：你觉得这样的友情真实吗？

孩子：那就是电视，干嘛非得真实。很多人跟朋友闹矛盾后很快就能和好，但有些孩子比较敏感，也有些孩子喜欢小题大做，电视节目嘛，哪能面面俱到。

家长：没错。也可能是我比较敏感。你觉得你跟朋友相处得融洽吗，还是说希望能有些改变？

孩子：朋友们都挺好，不过我当然想要一个跟我志趣相投的朋友。以前我干什么都是跟利兹一起，但后来我跟她上了不同的学校，现在的朋友都还不错吧。

E：重复听到话

家长：你说的跟我的经历一样，多数人上了初中之后都能感觉到朋友跟小学时候的不一样了，没那么亲密了。

孩子：是的，我挺喜欢现在的朋友，但还是盼望能找到最好的朋友。

F：家长给出反馈

家长：对于你这么大的孩子来说，这很正常。你知道只有1%的人上了高中后还能一直跟初中时的好朋友保持亲密吗？所以哪怕你再过上几年才能找到那个知心好友，也并不算晚。

孩子：真的吗？听着怪让人沮丧的。

家长：当然是真的，但我倒觉得这样会让你更自由，你不会因为想要建立完美的友谊而承受压力。你大可不必去苦苦追寻一个完美的朋友，应该学着如何跟一群人相处，跟不同的人做朋友。有的朋友能让你开怀大笑，有的是你学习上的好伙伴，有的足球踢得跟你一样好。这也是我为什么要跟你谈这番话的原因。电视节目给我们的印象是每个人都应该有一个完美的好朋友，但现实生活告诉我们，这样的朋友等到高中再找还差不多。你现在的状态没有任何问题。

我们可以继续看电视了吧？

每个初中生都有一个知心好友绝对是不实之词，我们应该帮助孩子调整心理预期，让他们更自信，更放松。孩子不焦虑，没压力，才能结识更多的新朋友。这就像一个自证预言：越是不急于找到一个知心好友，就越是能早点找到他（她）。

别做谈话终结者——谈论友谊的禁忌

家长也想跟孩子愉快地聊聊友谊，但他们遇到的最大障碍就是初中生会主动地把父母对自己朋友的看法给过滤掉。你越是喜欢对孩子的朋友评头论足，孩子越是会把你的话当耳旁风。家长要乐于接受孩子对朋友的情感，态度要中肯，做孩子的倾听者而不是说教者。跟孩子谈论友谊时，下面的语句尤其不能说，否则谈话一定会陷入僵局。

"我不喜欢你跟某某某交朋友。"

到了小学高年级，孩子愿意跟谁做朋友是父母无法左右的。我们可以给孩子定规矩，放学后可以跟谁玩，但他在学校跟谁玩，出去又跟谁玩，我们真的鞭长莫及。或许你对某个孩子的印象不好，但那不一定对。如果一个人试图去限制别人的交友自由，那么他们的关系就会亮起红色警报，因为有一方滥用了权力。我们不希望孩子在家长的耳濡目染下，将来会认为这样的关系是正常的。我们只能限制孩子跟朋友在一起时的活动，但没权力勒令他不准与哪些人交往。

"我看这样挺好。我从来也没喜欢过他们。"

孩子受到朋友的伤害时，家长为了安慰孩子，可能会情不自禁地想诋毁对方。但你要记住，孩子之所以会受到伤害，是因为他喜欢那个朋友，而且受伤后可能仍然如此。家长说朋友的坏话，孩子会觉得你在否定他的判断。孩子受伤时，很难听得进建议，我们最好先让他自己平复一下。

"我希望别人能像我一样理解你。"

孩子听了这话八成会很反感。没有孩子愿意学校的同学像四五十岁的父母那样理解自己。

"最后你一定能找到最好的朋友。"

找不到也是完全有可能的。孩子可以结识不同的朋友，在不同的场合同不同的人相处，而不是把自己的所有需求都寄托在一个人身上，这样的友谊同样会让孩子充实而满足。

"记住对每个人都要友善。"

这话只会让孩子觉得你很幼稚。"有孩子总爱欺负人，甚至把我推到了女卫生间，我也要对他友善吗？有的人表面上跟我是好朋友，背地里却让同桌吃午饭的时候不要跟我说话，我也要冲他笑吗？"初中生的社交很复杂，单靠一个简单的方法并不足以应对。我们应该意识到孩子跟不同人交往过程中的细微差别，并和孩子共同想办法应对。

"可是某某人那么好！你怎么能……？"

孩子对于其他人的感性认识是真实的，这就像医生让病人给疼痛从 1 到 10 打分时，他（她）一定会相信病人的感受，同理，我们也得相信孩子的感受。我们应该关注的是孩子自己所描述的情感，而并非要弄清楚他的朋友到底是什么性格。要集中精力帮助孩子处理消化负面情绪，不能总想着改变孩子对朋友的感受。

"真正的朋友才不会这样对你呢。"

当孩子跟同龄人交往受委屈时，家长们总忍不住要拿这种不良互动当例子教导孩子，好朋友应该是什么样，不应该怎么样，但实际上孩子听了会很困惑，他心里会纳闷，"可他是我的朋友，而且确实这样对我了。"如果你觉得孩子被朋友欺负了，可以试着让孩子换位思考，"你觉得欺负别人好吗？要是妹妹被朋友欺负了，你会建议她怎么做呢？"

放眼未来

青春期早期阶段只是个开始，孩子要学着自己去结识新的朋友，脱离父母和老师的影响，也不再听从他们的安排。通往友谊的道路上总有磕磕绊绊，在一开始我们要帮助十一二岁的孩子步入正轨。孩子渴望被同龄人接受，喜爱，我们要帮助他们减轻这种心理带来的负担，帮助他们放轻松，从而能自由自在地了解自己，了解自己对朋友的期待。这个年龄段的孩子常有一种无所依附的漂泊感，家长应该让孩子领会到这种体验也是一种锻炼，它能为将来高中更持久的友谊做好准备，所以初中阶段也有它的意义和目标。

而且，家长也可以趁着初中阶段这个好时机问问孩子，他们想要什么样的朋友（自己想成为怎样的朋友）。孩子所看重的性格特点就是将来择友和择偶的一个导向。我们跟孩子聊天时可以顺便谈谈这个问题，并不一定非得一本正经地用纸笔记下来。家长不能越俎代庖，要让孩子自己说出他期望朋友有哪些性格特点，我们可以笼统地讲讲我们自己所看重的品质，给孩子些提示和参考，比如心眼好，会关心鼓励人，有趣，有正义感，踏实可靠等。或许你最看重的是踏实稳重，而孩子却最喜欢敢于冒险的朋友。家长要帮助孩子理清楚内心的情感，比如我们可以问孩子，某个人或者某种具体的行为会让他产生何种感受。这是开头很重要的一步，只有理清楚自己的情感，孩子才能辨认出他所看重的性格特点。你可以这么问，"我注意到你跟内向的/外向的/有创造力的/好奇心强的/有礼貌的/率性的朋友在一起最开心。是这样吗？"

父母在孩子今后几年的交友过程中应该扮演什么样的角色？我们可以把自己想象成在游乐场等待孩子玩耍的父母——你坐在过山车旁的长凳上，怀里抱着孩子的包和外套。你大可不必跟着他一起坐过山车，去体验这个年龄段友情的起起伏伏。你要做的就是在边上鼓励他们，鼓励他们敢于冒适度的风险，玩得尽兴，当他紧张或难过时，你会尽量给予他慰藉，给他买零食和饮料，开车载他回家。

没时间仔细看书？那来一堂速成课吧。

本章小结

- 要想成长为一个独立的成年人，孩子需要做些转变，从过去的让父母开心满意转变为现在要获得同龄人的喜爱。他们想被朋友和同学所接受，这势必会给他们带来新的压力，在和朋友的相处中遇到问题时孩子也会觉得更难处理，但实际上青少年的友谊往往就是一波三折的。

- 只有1%的孩子能把初一时建立的友谊延续到高中毕业。我们要提醒孩子，12岁时应该学会跟不同的人交谈，以开放的心态拥抱新的体验，这比急于找到一个性情相投的知己要更有益。
- 大众文化总是会美化友谊，这让孩子压力更大，更急于找到知己。家长应该告诉孩子，现实生活中青少年时期的友谊并没有那么完美。对于孩子而言，觉得自己跟其他人格格不入，渴望更好的友谊，或者失去一些朋友，都是再正常不过的事，理想和现实是两码事。
- 当孩子不愿再继续跟某人做朋友时，我们应该告诉他，即使俩人不会像以前那么亲近了，也要考虑别人的尊严。
- 要让孩子明白，他不能期待某一个朋友能满足自己的所有需求——不同的朋友可以满足不同的需求，这种友谊同样能让人感到充实而满足。
- 家长最好不要评判孩子的朋友，这样只会让他采取防御模式。我们可以借助别人的经历，现实生活中的也好，书上或者电视上的也行，跟孩子聊聊真正的好朋友是如何互相对待的。

第 7 章

谈论创造力

通过这一章，读者们会明白为什么创造力对于孩子未来的幸福和成功尤为关键；在孩子创造力下降的年龄段，我们应该如何进一步培养孩子的创造力；技术和创造力是如何完美地结合起来；有哪些方法能让孩子和家长自在高兴地谈论创造力；青少年不再像孩童那样喜欢自由嬉戏，有什么可替代的培养创造力的活动吗？

为什么创造力如此重要

时间快进到十年后：现在 12 岁的孩子那会儿已经 22 岁了，他在国家银行找到了一份初级岗位的工作。作为父母，你觉得自己已经功德圆满了，正准备庆祝一番。这确实值得庆祝，孩子长大成人，能自力更生、独当一面是天下多少父母的梦想，你的梦想总算实现了。

想象一下，你那位略显稚嫩的已经成年的孩子正在银行开会，会上上司提出了一个问题，但没人能解决，这把上司给急得如坐针毡。他焦躁不安地来回踱着步，冲员工们吼道："我们必须解决这个问题！难道就没人能想出什么办法了吗？"——创造力不是艺术家的专利。创造力体现在各行各业的各个岗位，无论是服装设计还是银行工作。

2010年有一项研究调查了来自60个国家的1500名CEO，结果发现他们认为"创造力是决定未来能否成功的最关键因素"。上司需要的不是会装饰办公桌，让办公室更美观的人，而是能解决问题的人，解决问题又离不开灵活的创造性思维。刚步入社会的成年人，如果之前没有机会锻炼过创造型思维，那么在工作和生活中势必感到困顿，因为他们已经习惯了接受现状。而领导者，无论是在工作场合还是在其他场合，都必须有足够的创造力才能提出问题，以不同的视角思考问题，以灵活的方式去实现新的想法。

而且，需要创造性思维的不仅仅是未来的员工。如果孩子付不起房租他会怎么办？或者别人邀请他参加婚礼但他出不起礼金怎么办？你总不会希望他遇到点难处就厚着脸皮回家睡沙发，或者伸手问你要钱吧？年轻人要是碰上了以前从未遇到过的难题，那他大概率不知道该如何解决，除非他能创造性地思考，能想出多种办法。

这不禁让我联想到心理韧性这个词，它是指个体在面对重大挫折事件时的耐受力和反弹力。创造力和灵活性是密不可分的，而刻板固执是心理健康的敌人。挫折、失败和伤痛是每个孩子都会遇到的事情，他们越是能学会创造性地克服这些困难，他们的心理韧性也就越强。

最后我要强调的是，创造给人带来许多乐趣，想想看，没有乐趣的人生是多么无聊啊！我喜欢把自己的想法变成文字，这个过程给我带来很多享受。我的朋友有喜欢陶艺的，也有喜欢布艺的。我的手没么灵巧，但不管是哪种表达形式，创造力总会产生结晶。我们多数人每天朝九晚五地工作，却没有机会亲眼看到或者接触到自己的劳动成果。我们日复一日的劳动却不能地指着自己的成果骄傲地说，"看，那是我做的！"这真让人灰心丧气。

我生活在美国的第二大金融之都，我认识的很多银行家告诉我，在花坛里栽了些美丽的花，粉刷了一间屋子，或者是烹饪了一顿美味的大餐才是他们最开心的时候。他们虽然也喜欢自己的工作，但每天按部就班的工作不会像这些看得见、摸得着的劳动成果那样给他们带来乐趣。青少年保持这种快乐和自豪感，这样他们才能在以后的人生中遇到挫折时不断获得力量，在我看来，这是养育好青少年极为重要的因素。

你可能会觉得，和孩子一起探讨创造力的价值似乎在初中阶段不是当务之急，那你不妨想想孩子到了高中会遇到多少挑战：不讲道理的老师，过于强势的男（女）朋友，总想要说服别人的朋友，还有排得满满的日程表。其中的任何一个难题都有可能让孩子举手投降，但如果他能用创造力去解决难题，能有一个释放压力的渠道，那么他就更可能忠于自己的看法和感受，无论面对的是怎样的挑战。

青少年时期创造力会怎样改变？

儿童天生就极富有创造力。这有两个好处：首先，一天对于儿童来说极为漫长，创造让他们有事可做，不会觉得无聊；其次，它能帮助孩子表达感受。儿童经常会用自己制作的串珠项链或者蜡笔画来表达感激和爱。心情不好的时候，他们也许会偷偷地把一张写着"我恨你"的自画像塞到你门缝底下。总之，创造力能让我们知晓孩子当时的感受。

等孩子上了初中，我们却常常觉得自己像是在摸黑走路。孩子从小学毕业开始就慢慢不再用富于想象力的方式来表达自己的情感，而这不单单是因为学校砍掉了很多艺术类的课程。难道说是因为他们上了初中后就不再想表达对父母的感激了吗？还是说整体的表达能力减弱了？抑或是创造力的源泉正在走向枯竭？

我们首先要谈谈感恩，因为有太多父母在为孩子缺乏感恩之心而苦恼。我们都知道，十一二岁的孩子渴望自己能像个成年人。而向父母表达感激只会让他们觉得幼稚，他们甚至会把表达感激同对父母的依赖当作是一回事。你跟孩子说，"今天你上学的时候，我帮你把房间整理了一遍！"结果呢？孩子不仅不会拥抱着感谢你，反而会冷冰冰地丢下一句话，"我又没让你打扫。"你觉得很受伤。但其实孩子是这么想的，"我自己能整理房间，怎么整理、什么时候整理，那都是我的事。我又不是小孩子了。"所以，没错，孩子的感恩之心在这个阶段确实会有所减退。可是创造力……到底去哪儿了呢？

儿子想要玩网游《堡垒之夜》，女儿要把《老友记》整整十季全部看完，或者是家里老大没完没了地刷着朋友圈，哪怕你跟他们理论一个下午也没用，这样看来电子屏幕似乎是破坏创造力的罪魁祸首。孩子使用电子产品时常常会忘记时间，但其实大人看起电视、刷起朋友圈来同样百无聊赖，过后又会有一种负罪感。我并不认为仅凭电子产品的"一己之力"，就能破坏孩子的创造力。

实际上，孩子想象力的消失只是暂时的。正如初中生的思维从形象思维往假设性思维过度一样，他们的创意项目也会变得越来越抽象，越来越不可见，越来越无形。以前他们会发明新的游戏，创造艺术作品、堆沙堡、烘焙食物，现在他们的创作目标是一个宏伟得多的工程：他自己。青少年几乎无时无刻不在打造自己的身份。我清楚地记得我上初中那会儿花了好多心思和气力折腾自己的刘海，想要厚厚的一层，还要边缘是尖尖的。我得先仔细观察别人的头发，然后再回家折腾，前前后后花了我好多个钟头，我费尽苦心捣鼓了一番，不知道喷了多少发胶，仍然没能达到心仪的效果。要是 20 世纪 80 年代就有网络，网络上就有美发教程的话，我敢打包票，我花在刘海上的时间至少还得多出十倍来。

同理，你的孩子或许也像我一样努力创造了，我们看不到结果是因为他们把多数创造力都用在思考自己想成为什么样的人、他希望别人如何看待自己这些问题上，并把自己的想法付诸实践。或许你希望孩子在索取的同时，也要学会付出，因为跟一个总是心不在焉或者只专注于自己的人相处实在不是什么愉快的事。那么，我们该如何通过谈话激发孩子的创造力，同时又让他不要只关心自己，也要关心朋友、家人和其他人呢？

如何跟孩子谈论创造力

因为创造力无处不在，所以我们可以通过很多方式自然而然地切入这个话题。比如，几乎每一个十一二岁的孩子都想着能自主创业挣些钱，我们可以通过这个话题跟孩子探讨一下创造力。初中生为了创业而付出的努力所取代的正是儿童时期的"嬉戏玩耍"。他们会帮人照顾孩子、照顾宠物、修理草坪，或者把自己手工做的曲奇、手镯、扎染织物、书签或者歪歪倒倒的花架拿出去卖。

我曾经在波士顿做了个育儿的讲座，当时听众里有个妈妈问我，说起来是孩子创业，但实际上大部分的事情都落到了家长头上，比如买原材料、清理、送货等等，那为什么还要鼓励孩子创业呢？她的看法是十一二岁的孩子是典型的想法多，行动少，这点我也认同。换言之，他们还没有准备好。没错！但我们并不指望孩子一上来就能成功。尽管报纸上会报道哪个小孩为无家可归的人募集了多少衣物，或者为了筹钱治好癌症卖出了多少块曲奇，或者修剪了多少块草坪，挣的钱足够一家人出去度假。你或许也读到过这样的文章，而且还把报纸拿给孩子看，教育孩子要向新闻中的孩子学习，只要有耐心，有毅力，总能做出点事情来。对于一个初中生而言，这感觉就像父母拿着篮球巨星的新闻跟孩子说，"说不定你将来也能去NBA！"当然了，说不定！但更可能的情况是，那永远不可能。

> 创意领域的明星小孩可能会让孩子在自身巨大的不足面前望而却步，但别忘了，克服困难正是他要锻炼的目标。

创意领域的明星小孩可能会让孩子在自身巨大的不足面前望而却步，但别忘了，克服困难正是他要锻炼的目标。

我当时是这么回答那位妈妈的：我们的根本目标并不是要鼓励孩子创业。而且，很可能从采购原材料那一步开始，孩子们就会不知所措。但只有当他们不知道如何是好时，才会调动自己的创造力。我们的目标不是为孩子创业提供支持，而是因为我们认识到保持创造力，保持好奇心，保持探索精神的重要性。只有这样，孩子的大脑才会被点燃。是的，哪怕有一半的花架最后没有送到客户手中。（但这是让孩子运用创造力，学着写电子邮件跟对方商谈如何退款的好机会啊。）

下面我们就来看看如何以BRIEF为指导原则，通过自主创业这个话题跟孩子谈谈创造力。

B：心平气和地开始

孩子：妈妈，杰米和我打算做点扎染袜子拿到学校去卖。

家长：噢，这真是个不错的主意！你们想好怎么买原材料了吗？

孩子：我不知道，你能……

R：与孩子共情

家长：你能想到用这个办法挣钱，还真是挺有创意的。你是打算让我帮忙买原材料吗？钱也是由我来付，对吗？

孩子：好吧，我们俩没什么钱，所以才想着要卖点东西。

家长：我明白了。毕竟我自己也是做生意的，我能理解你们需要一笔小小的投资。

I：提出问题，收集信息

家长：你能先去亚马逊网上看一下白袜子和扎染工具包最优惠的价格，然后告诉我吗？

孩子：当然了！你能给我们多少钱？

家长：嗯，我现在还说不好。我需要参照价格，你先仔细研究一下再告诉我。这样我才能答复你。

（五分钟过后）

孩子：好了！买袜子需要30美元，扎染工具包15美元，颜色多的话就贵一些，要30美元。

家长：也就是说你需要45到60美元吗？你们打算买多少双袜子？

孩子：30美元能买20双白袜子。

家长：那你们打算成品一双卖多少钱？（说话的语气不能带任何感情色彩。这时不能给出反馈——无论孩子的想法有多荒唐，也不能表露出来。收集信息即可。）

孩子：呃，我不知道，一双15美元？

家长：你好像也拿不准。这个价格是你俩商量好的吗？

孩子：我不知道。多点少点都行。你看呢？我们就想挣钱，越多越好。

E：重复孩子听到的话

家长：明白了，你们想用最少的本钱赚最多的利润，还挺有商业头脑的。而且你们还得想办法弄到钱买原材料。我说得没错吧？

孩子：是的！

F：给出反馈

家长：我来说说我的想法，首先，你们的主意真不错。但我觉得原材料要花 45 到 60 美元太多了。我只能给你们 15 美元用来买袜子，其余的你们只能动用自己的积蓄。等你们把第一批袜子卖出去之后，再把 15 美元还给我。至于扎染工具包，我可以帮你们买个小的，不过这笔钱你就不用还了，你可以帮帮大人的忙，做点家务来抵债。

袜子的价格你们自己决定。我觉得 15 美元一双对于你们这个年龄的孩子来说有点贵了，你可以先做做市场调查，问问朋友们多少钱合适。你也可以让大家先预定。你俩商量着办。如果第一批卖出的袜子赚不到 15 美元，我只能从你的零花钱里扣了。但只要你们肯出力，一定能挣到足够的钱买更多的原材料，挣更多钱！对了，我想不说你也应该知道，只能在屋子外面做扎染，开工前先让我看看你们场地装备准备得怎样。

你觉得这样还行吗？

谁说孩子所设想的创业行动就一定能挣钱呢？它甚至可能还在计划中就夭折了。但孩子要花时间去设想、计划和行动——尽管他们或许并不能坚持到最后——但这时间花得值。

如果家长听了孩子的想法就立刻表现出不信任的态度，连带着把孩子之前没做好的事情也数落一遍，那么亲子对话一定会朝着完全相反的方向发展。或者让孩子听到父母跟朋友抱怨自己家的小孩只会照猫画虎，网络视频里人家做什么，他就学做什么，那么孩子创造力的火花从一开始就会被掐灭。

社交媒体与创造力：天生一对

借助社交媒体这个话题跟孩子谈谈创造力的价值，这个方法操作起来同样简单。因为社交媒体首先是一种视觉媒体，所以我们从十一二岁孩子的朋友圈、微博或者空间中，很容易就能看出来他有没有创造力。我知道有些家庭不允许初中阶段的孩子使用手机或者应用软件。孩子究竟能不能用社交媒体？什么年龄可以用？对此我并没有明确的态度。我只是希望，即便你还没考虑到这两个问题，下面的对话示例对你仍然有用。（尽管你的孩子目前还没有手机或者社交媒体账号，但他周围肯定有不少孩子在用，他将来也肯定会用，所以现在跟他谈谈什么样的朋友圈才富于创造力同样有意义，这是提前为孩子打好基础。你可以让孩子浏览你或者某个名人的朋友圈的内容，以阐明自己的观点。）

我期望看到的初中生朋友圈应该有各种各样多姿多彩的照片，但我敢打赌，他们的朋友圈里充斥着一大堆自拍照，间或有一些朋友聚会的照片。说实话，看这些照片跟读一篇枯燥无味、没完没了的文章一样无聊。

我们不妨以此为出发点，跟孩子聊聊在社交媒体上的创意，无论你能不能看到其中的内容。有的孩子会用假名注册一个不让父母知道的社交媒体账号。对那些我们看不到的内容，我们自然不能妄加评论，但你可以告诉孩子，无论他有没有自己的账号，你希望他所发布的内容，无论是私密的还是公开的，都能提高自己的幸福感，同时也不会让任何人不舒服。

实际上，社交媒体更能让人觉得快乐，但被动使用社交媒体却能带来负面影响。2017年发表的一篇名为《社交网站究竟是会提高还是降低个体主观幸福感》的评论性综述指出，"被动使用社交媒体（只潜水不冒泡）与主观幸福感呈负相关，但积极使用社交媒体（发朋友圈、评论和分享）与主观幸福感呈正相关。"根据这一结论，我们应该以更具创意的方式使用社交媒体，而不要漫无目的地快速浏览。

下面我们就来看看如何以BRIEF原则为指导，和孩子聊聊创造力和社交媒体的话题。我们就以微博为例，不过下面的谈话方式适用于所有社交媒体。

B：心平气和的开始

家长：嘿，我看你今天发了张漂亮的照片。

孩子：买了对新耳环，总得秀一下！

家长：确实挺好看的！要吃点小零食吗？我想跟你聊聊社交媒体，就几分钟。放心，就是看看你最近怎样。

孩子：看样子我要有麻烦了？

R：与孩子共情

家长：没那回事。我就是今天吃早饭时刷了大概十分钟的微博，然后觉得都挺没劲的。我不知道你的微博是不是也是这样。

孩子：嗯，有时候吧。但我挺喜欢的。虽然有时也挺没劲的，但大多数都挺好玩。

1：提出问题，手机数据

家长： 我感觉你大多数朋友经常发自拍，偶尔发发大家一起玩的照片。是这样吗？还是说他们的微博其实更有创意？

孩子： 好吧，你说得也许是对的，可这也没什么大不了的。

家长： 我同意——确实没什么大不了的。我只是很好奇不同的人发的微博会有什么不同。你会关注那些不是你朋友的用户吗？

孩子： 没有，你告诉我不能关注其他人啊。

家长： 没错！但你可以关注微博认证过的、粉丝多的用户，比如国家地理。我关注了一些自己喜欢的喜剧演员。我觉得这样你看到的内容会更丰富多彩，既然用了微博，那就得好好利用。

孩子： 好啊，棒极了。

家长： 你觉得什么内容的微博最无聊、最讨厌？

孩子： 呃，我最讨厌有人发微博说"我今天看着可真丑"，谁都知道这种人就等着别人留言夸她两句！

家长： 是挺讨厌的，你们男生也会这样吗，还是只有女生这么干？

孩子： 多数是女生。不过男生故意露出腹肌对着镜子自拍，也够怪异的。

家长： 要是我也那么做呢？你敢想吗？

孩子： 太恶心了。千万别。你也不敢吧。

家长： 哈哈——我才不会呢！不过说真的，要是我每天都发自拍呢？一个人如果每天都发差不多的照片：自拍也好，秀腹肌也好，晚饭照片也好，这就是咱们常说的"单调"。想想看，一支曲子如果只有一个调子，那肯定是最单调的曲子。所以我要鼓励你，在使用社交媒体是多发挥自己的创造性思维。

107

孩子：好的，知道了。可我觉得在微博上我只能很单调。

家长：为什么？

孩子：因为几乎所有的朋友整天都在发自拍，这很正常。

E：重复听到的话

家长：我明白了。也就是说你的朋友都是这么用微博的，第一个敢于与众不同的人肯定会觉得不自在。

F：给出反馈

家长：我来说说我的想法，然后咱们聊点别的。微博就像一扇窗户，它能让人看到你的性格和内心。如果你发的内容 90% 都是自拍，那别人或许会觉得很无趣。你明明做了那么多特别而有趣的事情，但人们却不知道。你在农场马厩做义工，养了一只可爱的小狗，在海边拍了那么多美丽的照片。我只是觉得这些内容很吸引人，适合发微博。

你可以关注五六个微博认证的账户，留心不同的主题和不同的人，看看你朋友圈之外的人是怎么发微博的。然后下载个图像处理软件，你可以给自己拍摄的大自然照片增加一些设计元素，挺酷的吧？反正没事的时候能倒腾一下挺好的。处理后的照片也不一定非得发出来，但学习新软件的过程很有趣。要是你打算拍摄更多题材，我们这个暑假还可以报个摄影课程。这主意不错吧？

需要说明的是，我们在跟孩子聊这些重要话题时，会发现要跟他们讲清楚的事越来越多，所以经常正说着一件事，又跳到了另一件事。但我们得专注于一件事，不能讨论得太宽泛。比如，在上面的对话中，家长很可能会扯出一大堆相关的问题：网络安全、数字公民素养、留言回复的礼仪、不能过于频繁地发朋友圈等，这些确实也挺重要。但我们一定要克制住自己，一次只讲一件事情。一定要就事论事，言简意赅，不然孩子会不乐意听。

别做谈话终结者——谈论创造力的禁忌

让孩子打起退堂鼓的不仅仅是冗长的对话，下面这些看似不经意的话，也会打消孩子想跟你对话的念头。

"我可不想再收拾烂摊子了！"

创造本身就是个没有条理的过程，所以我很能理解孩子添乱时父母的想法，也能感同身受。让孩子玩电子产品的确能省去不少麻烦，但孩子在钻研探索的过程中所获得的创造力是无可比拟的，如果条件允许，我们还是应该同意孩子去创造。当然，你也可以拒绝孩子，也不用担心偶尔的拒绝就能扼杀孩子的创造力。我们可以使用"同意—拒绝—同意"的方法来平衡孩子热烈的创作需求与我们自己渴望安宁的需求。"对，你这想法听着棒极了。不行，今天咱们做不了，因为我太累了，这事又得我帮忙（或者还有一堆家务没做，或者手头没有材料等）。好的，这个周末正合适，咱么可以试试这个好点子。"

"我没明白你意思。"

有时听了孩子的想法，我也不知道怎样表现才能让孩子觉得我对他的想法很感兴趣，尤其是当我没听明白，脑袋里下意识的反应是"最后结果肯定跟他们预想的不一样"的时候。遇到这种情况时，我一般会仔细询问具体的过程。"嗯……不错。呃，这部分是什么？你们做了什么呢？你是说这东西在那边吗？"但家长需要注意，如果你确实是出于好奇而仔细询问孩子，这是好事，可如果你明明没多少热情，只是迫于无奈问一些细节性的问题，孩子是能察觉到的。他会感觉你是在故意吹毛求疵。如果实在想不出什么好办法，我们可以简单地问一下孩子的感受。"你觉得好玩吗？还是觉得整个过程特别艰难，还是两者兼而有之？有什么能让你感到惊奇的事吗？你打算用这个发明做点什么？"

"下次怎么做才会更好？"

我们是如此地关注结果，以至于常常会一上来就给孩子的表现评估打分，连自己都没意识到这一点。我们在意孩子挣了多少钱，得了多少荣誉，得到了老师多少表扬。当然，让孩子学会为结果而努力，学会去评估自己的成效，这并没什么错。但本章内容关注的是创造力本身，所以在跟孩子谈论创造力时，我们要尽量去体会他们的感受，对他们的感受做出反应，而不能过多地讨论哪种方法行得通，哪种行不通，下次应该怎么改进等。

"我说你能把创造力用在些有意义的事情上吗？"

孩子很享受他们的创造，而有时我们的无心之语会贬损他们创造的价值，尤其是大人跟朋友聊天时候说的那些话。比如，"她真挺逗的，但我希望她能把自己的天分用在其他地方，而不是用在做表情包上——哈哈！""他确实很擅长写故事，老师也说他挺有天赋，但他太痴迷于漫画创作了，要知道漫画一页大概是有十个词，我们可不想看到他白白浪费了自己的天赋。""她以前画画多好啊。要是我们能有什么办法让她别光想着怎么涂指甲油就好了。"初中阶段的孩子表达创造力的方式和小学阶段、高中阶段以及高中毕业后很可能会有所不同。在初中的几年里，孩子一方面在回味着创造的乐趣，一方面在探索新的表现方式。

"这确实很棒。但如果是我的话，我就这么改进。"

如果你是一个热衷于创造的人，或者说你的孩子天生就很有创造力的话，你或许会为他们的创作成果、为他们的无限潜能而感到喜悦。你喜欢看他们忙碌的样子，甚至还思考着怎样才能让他们的创作更上一层楼。比如我有时就得克制自己，因为孩子的创造会让我的大脑过于兴奋。孩子写作时，我就紧紧咬住牙关，绝不妄加评论；要是孩子在朋友圈发了张配有文字的图片，我也会克制住自己想要纠正他语法错误或者再补充点笑料的冲动，只是留言说我被逗得捧腹大笑（这真是太难了！）。但每次回忆起小时候无论我创作什么，妈妈都要评头论足、指点一二的经历，我就知道我不能那么做。建议会浇灭孩子的热情，哪怕是好的建议。

每日头脑风暴提升创造力

除了跟孩子有的放矢地聊一聊他表达创造力的途径和创造的作品，我们还可以通过头脑风暴法来锻炼孩子的创造力。这个方法很简单，只需要孩子随心所欲地想些主意就行，比如去哪里吃晚餐，如何教狗狗学会一样新把戏，开车出去旅行得带哪些东西，别人说话很难听时应该如何回应，有什么好方法来分配家务，等等。虽然现代人的生活很忙碌，常常无暇关注这样的小事情，但我们应该时不时地让孩子参与进来，让他也想办法解决家庭所要面对的任务和挑战。

这个方法的关键是家长一开始要能接受孩子想出来的所有点子，哪怕那些方法有些蠢。很少有人一开始考虑问题就能面面俱到，但没有坏点子，哪来的好主意呢？如果你否定了孩子最初不成熟乃至荒唐的想法，很可能孩子从此以后就不愿再出主意了。我们可以把孩子所有的想法先记下来，好的也好，坏的也罢，然后再把行不通的方法给划掉。

我们的大脑很擅长"枪毙"有创意的想法，多数人的大脑都在风险评估模式下运转："那太难了，太叫人难堪了，我心理上还没准备好。"在一个有创意的想法未能付诸实践之前，就把它掐死在摇篮中——我们可是这方面的老手。我们应该让孩子通过头脑风暴法去拥抱自己的创造性思维，让他们学会在听到"你不行，你做不到"这样的声音时能置若罔闻，相信自己"可能会……"

和孩子谈论创造力的其他方法

上文我已经跟大家分享了两个对话示例，但如果这两种具体情况都没办法让你自然而然地打开孩子的话匣子，你不妨以孩子已经在做的事情为出发点，鼓励他与你对话。我经常听到父母抱怨家里上初中的男孩子"整天都想着玩游戏"。那么打游戏也能和创造力产生关联吗？你不妨发散性思考一下。或许他想去社区大学学习编程，慢慢搞明白电子游戏设计者是怎么制作出吸引人的游戏的；或许他想组织一个游戏俱乐部，每周六会员会在你家里集会活动（要是他同意亲自设计海报，准备点心，那你何乐而不为呢？）。既然孩子忙着打游戏，或许你不能指望着他会主动过来找你谈话，你得去找他。

一家人吃饭或者开车出门时是跟孩子聊天的好时机。你可以援引我在这一章开始时提到的有关 CEO 的数据。"我今天听到些有趣的事儿。一项研究以CEO为调查对象，结果发现，他们认为影响商业成功的最重要的因素是创造力。我觉得多数人都会认为创造力和商界人士并没有多大关联。你听了这消息惊讶吗？"大人假装无知有助于对话的开启，因为它改变了正常亲子关系中的动力模式，把孩子变成了一个更有经验、更具洞察力的角色。接下来，你应该对孩子的观点表示"信服"，让孩子知道，你也赞成创造力很重要。告诉孩子，你愿意为他提供支持，帮助他了解在他的兴趣范围内有哪些有趣的事情可做。要明确立场，你并不是要让他们放弃现在的爱好，而是进行有益的补充。

你也可以直接一点，通过提问开始对话。"还记得你以前搭乐高积木一搭就是几个钟头吗？你现在希望自己还能那么专注吗？"有些孩子以为一旦上了初中就不能再自由玩耍了，但如果家长同意的话，他们仍然会沉迷其中。如果孩子喜欢更成熟的主题，你可以上网购买"乐高建筑系列"，然后主动提出要跟孩子一起搭，这是要让他明白，玩耍不仅仅是孩子的特权。告诉孩子，"我一直在琢磨，一家人除了能一起看电影，还能做些什么？这下你可帮到我了。"

最后要强调的是，一定要有耐心，让孩子一点一点进步。要是孩子能认真钻研你的烹饪书籍，给全家烧一桌美味佳肴，父母自然高兴，但也可能的情况是孩子只是匆匆走进厨房，把你预先称量好的材料搅和到一起，烤了他自己最爱的曲奇，又匆匆回到自己房间。等到吃曲奇的时候，他还一定会大言不惭地邀功——"这些曲奇可是我帮忙做的！"这时你必须忍住，不要跟孩子较真。只有表扬孩子的进步，哪怕是一丁点的进步，他才有信心继续前进。"没错！谢谢你帮忙。下次还想做的时候告诉妈妈，我买点材料，你跟朋友一起做也行。"

创造力不同于其他严肃的话题，跟孩子聊起来其实很有乐趣。你越是能接受并认可他们富于创造性的选择，他们越是乐意跟你分享自己的创意，无论是现在还是将来。

激发孩子创造力的另外 10 种方法

鼓励孩子发掘自己创造力的方法有很多，下面这 10 个方法简单易行，能激发孩子内心所蕴藏的创造能量。

1. 给孩子准备一箱美术用品（通常来说，那种刚整理好的美术用品最能吸引孩子——需要有人来把它们搞乱才好）。

2. 给孩子准备那种印刷店用来做名片和传单的卡片。

3. 给孩子准备日记本、彩色水笔、贴纸等。

4. 让孩子能接触到新科技：平面设计软件、视频网站或者基于兴趣的在线课程等。

5. 给孩子订阅（烹饪、自然、科技等类别的）杂志，杂志里的照片要能给孩子带来灵感。

6. 让孩子学习摄影课程。

7. 给孩子在网上购买价格相对便宜的二手摄影器材。

8. 允许孩子装饰自己的房间。你替孩子包办的越少，提供的资金越少，孩子就越能发挥创造力。

9. 允许孩子尝试使用化妆品、化妆用具、染发剂（永久或者半永久的）等洗化用品。

10. 给孩子足够的发呆放空的时间，让他觉得无聊。

在鼓励孩子发挥创造力的同时，也别忘了给自己留些闲暇时间。你可以安安静静地坐下来发呆遐想，或者动手做点什么，或者尽情享受感官所带来的愉悦。等上了高中，孩子们更愿意独立去探索，更愿意跟朋友待在一起，不再需要那么多家长的帮助和监督，因而你会多出不少空闲时间。如果你能继续自己之前的爱好，或者发掘一项新的爱好，那么你的孤独感会明显降低，也会更有成就感。还有个好处是你的身体力行会给孩子树立一个好榜样。

没时间仔细看书？那来一堂速成课吧。

本章小结

- 创造力是影响人生是否成功和幸福的一个重要因素，不仅仅是从事艺术的人需要创造力。很多商界领袖认为，创造力是决定成功与否的最重要因素。
- 父母应该通过创造性的方式鼓励孩子发挥自己的创造力，这有助于培养青少年的心理韧性——让他们能更乐观地面对青春期的挑战。
- 在十一二岁这个年龄段，孩子的创造力会从两个方面发生重大改变。首先，创造力的体现方式开始指向自我——孩子会寻找新的展现自我的方式。第二，年幼的孩子喜欢玩创造性的游戏，但这个年龄段的孩子通常会把兴趣点转移到自主创业上，两者都需要我们的鼓励。
- 技术并不一定只会让孩子头脑麻木僵化，孩子也可以通过技术，以富于创造力的方式表达自我。
- 父母可以鼓励孩子在家用头脑风暴法来解决问题，频率越高越好，这是激发孩子创造力最好的方式，让他们明白，要想想出好点子，往往先得有糟糕的点子做铺垫。

- 父母可以从孩子的兴趣点出发，激发孩子的创造力。是的，哪怕喜欢打电子游戏也能和创力联系起来。

第 8 章

谈论照顾好自己

如何照顾好自己这个话题涵盖了很多方面，但究其根本，是要让十一二岁的孩子掌握应对各种情形的技能。在这一章，我会告诉读者朋友，为什么在跟孩子讨论个人健康——无论是个人卫生、体重还是自我伤害时，我们都必须保持中立的态度，不能妄加评判。以前我们是告诉孩子应该怎么做，现在我们要帮助他们发现要照顾好自己的身心灵有哪些最优策略，从而让青少年自己承担起责任。

我认为初中阶段是人一生中最"黏糊"的时期，因为初中发生的事情会让人久久难以忘却。你或许至今还清楚地记得别人是怎么笑话你的衣服的，或者上课时答错问题同学怎么嘲笑你的。总体而言，与愉快的经历相比，人们对于不愉快的经历印象更深刻，这大概是因为痛苦或悲伤的经历更发人深省吧。我们只有记住糟糕、可怕、危险或者令人不安的事情，才能避免类似事件的再次发生，而生活中寻常的事情或者快乐的时刻并不能起到同样的作用——帮助我们生存，所以常常被大脑所忽略。

当十一二岁的孩子感到尴尬困窘时，大脑就会被激发，仿佛遇到了真正的危险一样。成年人很快就能摆脱这种情绪，因为我们已经形成了强烈的自我意识。但如果让我们回到12岁，哪怕一件小事都有可能伤到自我，并在心灵上留下永久的伤痕，即使成年后那个伤痕还在那儿。

当然，这只是不好的一面，好的一面是孩子在这个阶段所掌握的应对技能和策略也会一直伴随着他们。所以说，让孩子尽早学会如何照顾好自己非常重要。我们应该让孩子在这个阶段反复实践新的应对技能，做到扎实稳固，这样在以后更需要的时刻就一定能派上用场，比如将来孩子可能会面临失业，与伴侣分手，还得面对日常工作和生活的压力，肩上的责任也会越来越重。

"照顾好自己""爱护自己"已经成了很时髦的词汇，但这并不意味着公众意识到了它的必要性。无论孩子还是父母都应该好好学会如何爱护自己。我们应该身体力行地去教会孩子这些技能。注意：请不要把爱护自己同物质主义或者娇惯溺爱挂钩，爱护自己并不一定非得买件新衣服或者泡一天温泉，实际上，它要复杂得多，也因人而异。养成有助于身心灵健康的好习惯才是爱护自己。我认识的很多父母都会把别人的需求放在前面，把自己的需求放在最后。如果你也是这样，那么请记住，不给自己留一点空余时间其实是一种牺牲。当你需要充电时，不要害怕说不，尤其是对你的孩子。正如作家安·拉莫特（Anne Lamott）所说的，"如果拔掉插头几分钟，几乎一切都会恢复正常，这当然也包括你自己。"你应该时不时地放松一下，孩子才会有样学样。

在这一章，我们会从最根本的自我爱护——个人卫生谈起，最后过度到最复杂的层面——自杀。我们在跟十一二岁的孩子谈健康问题时，要么喜欢发号施令，比如"天哪，请你喷点体香剂[1]吧！"要么会大惊小怪，比如当孩子询问你明星自杀的新闻时。但实际上我们应该未雨绸缪，提前跟孩子谈谈个人健康的问题。下面我们就来看看如何通过对话为孩子今后的健康奠定好基础。

谈论个人卫生问题时不能激怒孩子

杰克上六年级，他的妈妈苏珊悄悄告诉我，杰克有个毛病很丢人。"他身上臭臭的，我也不知道该怎么办。我告诉他要喷体香剂，每次他嘴上答应得倒是爽快……但我知道他根本没喷。"

我敢打赌，想让孩子用体香剂的父母肯定有很多。体味确实是个令人尴尬的问题，而且很多人都有。孩子们得明白，体味如果妨碍到别人是不礼貌的，那么如何说服他们做出改变呢？

但问题或许正在于我们想说服他们。多数父母都认为，不注意个人卫生说明这孩子性格有问题。他们担心孩子之所以不肯用体香剂是因为他们性格懒散，不关心自己的健康，或者缺乏自知之明。他们还担心这会成为孩子成长路上的绊脚石，影响他们以后交友、找工作、融入社会、追求幸福以及做一个健康的成年人。为了帮助孩子规避风险，父母就给孩子施加压力，设法说服他们，甚至不惜羞辱他们。

家长应该少说话，多用策略来应对孩子的个人卫生问题。这个问题会让孩子变得极具防卫性。我到现在还记得 12 岁那年，妈妈熨完衣服后走

---

[1] 西方人由于体味的原因，日常多会使用体香剂。

到我跟前——手里握着我的衬衣说,"你的衬衣难闻死了,你得用体香剂。熨斗一放下去,那股味儿可真叫人受不了。"

这是我记忆中最丢脸的一次对话。后来我跟她一星期没讲话。

想到自己所蒙受的耻辱,于是我建议苏珊买六瓶体香剂,五瓶放在家里,一瓶放在车上。这样,如果杰克着急出门,不想再上楼拿体香剂,他可以随手抓起后门桌子上的那一瓶喷一点;要是出了门才想起来,他还可以用摆在汽车中控台上的那一瓶。到了某个时间段,几乎所有的青少年都开始用体香剂,在家里不同的位置摆放体香剂是个好方法,它能帮助不注意体味的孩子养成好习惯。

反过来,如果你抓住个人卫生这个问题,跟孩子大谈特谈自尊、考虑别人的感受以及护理身体等内容,孩子恐怕只会左耳朵进,右耳朵出。与其这样,我们还不如认同孩子的感受,告诉他:"有时护理身体是挺烦的。干脆简单点,在屋里子多放几瓶体香剂,这样就不怕会忘了。"

应对技能离不开实践

我女儿上二年级的时候,患上了严重的焦虑症,那时候她经常到了学校就开始哭,一直哭到放学。她恳求我在家教她,而我觉得整天围着孩子转,把100%的时间都赔给她,那简直是最可怕的噩梦,所以我拒绝了。让我100%的时间围着一个情绪紧张的孩子转,我更不会答应,这事一点通融的余地都没有,对双方也没有任何益处。我担心学还没上几天,母女俩就会郁闷得无以复加。

但为了帮助女儿锻炼应对技能,我确实倾尽了全力。连着几周,我整个白天就坐在学校的办公室,女儿可以过20到30分钟就来找我。在这个过程中，学校的老师给了很多帮助。几周后，我终于可以撤到学校外面去了。接着，我慢慢减少待在学校附近的时间。这个策略帮助女儿短期应对了眼前的问题，后来直到我找到了一位非常棒的认知行为疗法治疗师，她才学会了安抚自己的技巧，才不再依赖我，不用通过经常见我而获得安全感。

幸运的是，在女儿极度焦虑的那段时期，我是个自由职业者，所以我能不受工作时间和地点的限制去帮助她。父母在条件允许的范围内，尽己所能就行。无论如何，当孩子遇到危机时，家长可以支持孩子，帮助孩子更轻松地解决问题，但绝对不能越俎代庖，直接帮他扫清路障。这只会让孩子形成错误的看法——遇到问题就指望别人来解决，那还谈何锻炼应对技能呢？

情绪急救表

大多数十一二岁的孩子都无法控制自己的情绪，又喜欢请求父母来帮着解决，即便有时他们自己也说不清楚究竟问题出在哪里，为什么会这样，应该如何解决。下面我要给大家介绍个好方法，能有效地舒缓孩子的情绪。选一个孩子比较愉快放松的时间，让他列一张表，表上写清楚有哪些事情在他们焦虑或难过时帮助了他们。你可以这么说，"嘿，这是我在书上看到的，我想跟你一起试试。我们把一些简单易行的、你可以一个人做的事情列成表，这样当你不开心的时候，你就可以照着表做，心情也会因此好起来。不如我们先列十件能够让你开心的事情？"

表里会有哪些事情呢？我先给大家举些例子：打篮球、看书、看电视、烘焙、做瑜伽、泡澡、关闭所有电子设备、跑步，等等。一定要克制住想帮孩子列表的冲动。也许你很讨厌视频网站，但退一步想，如果孩子看了20分钟视频后就能调节好自己的情绪，也不全是坏事。

孩子往往自己也说不清楚为什么会沮丧，所以即使我们想帮忙，也不知道该往哪儿用力。那你不妨试试这个方法。比如，孩子一天心情很差，回到家眼泪汪汪的，你问他怎么了，可他自己也解释不清楚，也或许不想说。父母自然希望孩子的心情能好些，却苦于无从下手。这时我们完全没必要刨根问底想对策，其实只要这么说就可以，"你今天心情不好，我很抱歉。不如对照一下表，看看下面20分钟你想做些什么？"（如果时间精力允许的话，你还可以问孩子，要不要你给他准备点小点心。）"等你好点了再来找我，我在这儿呢。"

这个方法的关键是要给予孩子支持，同时要把信心传递给孩子，让他知道，他能找到办法调整自己的情绪。这能帮助孩子树立起一种信念——即便负面情绪让人不堪重负，也并非无计可施。想让孩子更自信，更有自我价值感吗？那就让他帮助列一张情绪急救表吧。这个方法不仅间接地让孩子感受到你对他的关怀，也给了他一个机会去考虑到别人的需求。让孩子参与到这个过程中，这样将来等你需要时间去照顾自己的时候，他们也能更好地支持你。

营养与生长

琳达是个成功的企业家，有两个常春藤盟校的文凭，她有三个女儿，都在上小学。二女儿玛丽告诉我，琳达规定她们的饮食生活习惯必须健康。为了健康，琳达定了很多规矩，比如在每天固定的时间必须出门活动，从不买糖，每一餐必须有绿色蔬菜等。如果孩子有朋友来家里玩，琳达就让孩子提前几百米下车跑回家，好锻炼身体，而且只有跑回家才能吃到点心。所有食物都是精挑细选的，低卡又营养丰富，琳达一心想让姑娘们拥有健康结实的体魄。

琳达对待健康的方式跟她的工作方式如出一辙：自律且以结果为导向。但她对于孩子的控制和谨慎，很可能会适得其反。对于食物和运动，我们为孩子能做的最有益的事就是教会他们如何调动自己的身体，如何自我调节，想吃什么就吃什么，并从中找到乐趣。这个不能吃，那个不能吃——给孩子制定很多规则只会让孩子不信任自己的真实感受，并释放出不利于孩子的信号，伤害他们的自我价值感，最终导致孩子与食物建立一种不良关系。

在十一二岁这个阶段，孩子开始确立长成一个大人必需的三样东西：成年人的身体、成年人的大脑和成年人的身份。我把它称为"初中建设项目"，对于孩子而言，他要处理的问题太多了。大脑和身份的发展是肉眼所观察不到的，但身体的发育却是人人都能看见的。

因为发育需要很多年的时间，所以同样是初中生，有的看起来还像个三年级的小学生，而有的却会被误认为是高中生。于是孩子不禁会自我怀疑，每天都想弄明白一个问题，"我正常吗？"的确，当自己跟周围的人截然不同的时候，谁都会纳闷这个问题！作为父母，你很可能对"孩子正常与否"这个问题有着自己的见解。但因为这个社会泛滥着太多不正常的审美观，所以我敢说，我接触过的大多数父母对于青春期的正常身体发育的看法都是错误的。

去年我主持了几个母女研讨会。在每个研讨会上，我都特意安排了女儿离场、妈妈可以自由提问的环节，结果发现，总有妈妈因为女儿的体重和缺乏运动的问题向我求助。妈妈们非常担心孩子的体重，尤其是在十一二岁这个阶段，因为按照自然规律，这个阶段孩子的体重会以惊人的速度增长。

在认定孩子不健康之前，我们不妨先了解一下正常的生长规律。男孩子通常会在12—16岁这个阶段快速生长。在这四年中，他们的身高可能会增长30厘米，体重则会增加23—27千克。看清楚，这绝对不是打印错误。初中阶段的孩子体重的增幅非常惊人。但这没什么好恐慌的。如果孩子在这个阶段胖了很多，父母最好怎么做呢？答案是：什么也别管。你一定不希望看到你对孩子身体的不满与苛责会一直如影随形地跟着他。"可是我从来没有因为他太胖而数落过他！我只是跟他强调健康饮食的重要性。"你会这么反驳我。但孩子很清楚，你说的健康就是好看。我们不能拿健康做挡箭牌。

把相关的数据统计告诉孩子，让孩子知道青春期阶段健康的体重增加范围，这么做确实对孩子有所帮助，但如果孩子已经对自己的外貌感到焦虑，已经开始担心同龄人投来的异样的眼光的话，数据能给他带来安慰吗？我很喜欢跟我所接触的孩子说这么一段话（当自信心出现危机时，我也会跟自己说），"你给了这个世界一份独一无二的礼物——这个世界的疗愈离不开它——而你的身体是什么样，与它毫无关联。"这段话摘自作家，也是我的朋友罗西·墨林纳瑞（Rosie Molinary）的书《美丽的你：自我接纳每日指南》(*Beautiful You: A Daily Guide to Radical Self-Acceptance*)。

从大人的角度来看，理智地接受孩子体重的骤增是一回事，情不自禁地焦虑又是另外一回事，"孩子这么胖会不会影响到他以后的社交？""孩子的肥胖是不是身体状况不佳的反应？"

如果说你焦虑是因为害怕孩子被同龄人嘲笑或者捉弄，那不妨换个角度思考一下：哪个更糟？自信心受到父母的打击还是受到学校的孩子打击？父母应该无条件地爱孩子——无论他们是成功还是失败，无论他们是美还是丑，也无论他们是否自信。重要的是，你得让孩子知道，无论他们自我感觉如何，也无论别人说什么，你都觉得他很好很招人喜爱，这与他的外貌没有任何关系。

如果说你焦虑是因为担心孩子的健康，那不如这么想：学会如何调节自己的身体，这是孩子能学会的、最有利于健康的方法。如果为了孩子的健康而严格控制饮食，那么孩子将永远学不会如何处理自己和食物的关系。想要知道如何帮助孩子和食物建立有益的关系，你可以阅读埃尔林·赛特（Ellyn Satter）的《我的孩子：用爱喂养，科学喂养》（*Child of Mine : Feeding with Love and Good Sense*）。

> 从开始发育到高中毕业青春期结束，孩子一直都在变化，我们更应该帮助孩子锻炼出足够的心理韧性，而不能打击他们的自信心。

我们不应该为孩子的体型而烦恼——但这并不意味孩子自己不会烦恼。十一二岁的孩子当然希望自己能穿戴得美观得体，整个人看起来很自信。那么父母能帮上什么忙呢？青春期孩子的身体会发生很多变化，这是自然规律，我们能做的就是给他们自信。比如，如果孩子挑不到合身好看的衣服，我会跟孩子说."你的身材一点毛病都没有，是衣服的问题。"然后我会再有针对性地夸奖孩子几句。从开始发育到高中毕业青春期结束，孩子一直都在变化，我们更应该帮助孩子锻炼出足够的心理韧性，而不能打击他们的自信心。

别做谈话终结者——谈论健康的禁忌

跟孩子谈论饮食时，一定不能带有主观情绪。下面这些看似无心的话实际上夹杂了父母的主观情绪。

"我只是希望你能健康。"

健康这个词的意思太模糊,孩子也可能把它理解为"瘦""好看"或者"有节制的饮食",但实际上这并不等于健康。孩子如果能学会自我调节,那他就能保持健康。你不妨这么说,"那是你的身体。你自己留心一下身体对不同食物的不同感受,听从身体的安排,那些得多吃点,哪些得少吃点。"

"你这么漂亮/帅气,我觉得你的体重要是能更健康的话,你肯定更自信。"

在孩子听来,你就是在说他不够帅气/漂亮。跟孩子聊聊,他最喜欢吃哪些食物,最喜欢哪些活动,为什么喜欢,而不要暗示他们还有不足之处。

"饮食更健康的话,你整个人感觉也会好很多。"

这句话强调了我们健康饮食的目的是自我感觉良好,而不是为了看起来好看,这个思路是对的,但对于同样的食物,每个人的感受并不相同,而且感受也一直在变。我们不能揣测孩子的感受,应该建议孩子吃完饭后记录自己的感受,以追踪对于不同食物的喜好。

"可这顿饭我准备了那么久。"

你有没有过这样的经历?别人邀请你去家里吃饭,热情的主人往你盘子里放了一堆让人看了没有胃口的食物,甚至让你感觉到了压力。如果主人告诉你,他花了很多时间准备这些食物,难道你就能吃得津津有味吗?负罪感并不能让食物变得更美味。我们都希望自己的付出能得到别人的认可，但挑食的孩子不会因为父母的话语而有所动。

"人是铁，饭是钢，使劲吃。"

我在前文说过，跟孩子谈论饮食和身材时不要带有主观情感，但这并不是说"吃"这个行为是不带情感的。没错，食物确实提供了身体运转所必需的能量，但在现代社会，那只是"吃"的目的之一，否则人类光靠着蛋白营养粉岂不是也能活得很好？食物还能给人一种归属感，这也是为什么我们要一起吃饭的原因。食物是一种乐趣，所以我们喜欢吃味道好的食物。食物是一种文化，它将我们互相联结起来。一旦孩子被剥夺了这种内在的联结与食物带来的快乐，他们可能就会把食物偷偷藏起来，以获得这种感觉。而且，分享食物、和小伙伴一起出去吃东西，是孩子们最早能参与的社交活动，既有趣也没什么危险。它是青春期早期孩子社交活动的重头戏，而我们又不能时时都跟着孩子，监督他哪些可以吃，哪些不能吃，所以要及早让孩子学会自我调节。

睡眠的重要性

美国 13—19 岁的青少年平均睡眠是每天 7 个小时，但专家建议，多数青少年每天至少应该睡足 9 个小时。对于睡眠不足这个问题，家长常常有心无力，孩子每天都要早起上学，日程表又排得那么满。上了初中后，孩子的生物钟也会改变，感到困倦的时间要比小学时推迟两个钟头，因而早起就更加困难。

说实话，对此我们家长并没有什么好办法。睡前最好不要接触电子产品，因为电子屏幕的蓝光会抑制睡眠荷尔蒙褪黑素的合成，而且对于孩子而言，要想忍住不看朋友有没有发来信息是件很难的事情。好习惯养成得越早，保持起来也就越容易。卧室的温度稳定在 26–28℃ 也有助眠效果。最后，被子不能太轻，有些分量的被子有助于入睡和保持熟睡。

记住，要想帮孩子改掉不良的睡眠习惯，我们不仅要调节孩子的生物钟，也要关注到孩子的社会动机。初中阶段的孩子需要跟同龄人沟通，他们在锻炼怎么做为一个成年人。但由于课业繁重，他们放学后就没机会跟同学或朋友待在一起，跟家人吃过晚饭后，接着就得写上几个钟头的作业，于是，孩子只好牺牲自己的睡眠时间跟朋友聊天。

用什么方式跟孩子谈论这个问题非常重要。如果我们对孩子的交流需求轻描淡写，他们就会觉得大人压根不明白对他而言友情的重要性，尤其是有些父母会安排孩子做他们认为重要的事情——上辅导班、做家务、练琴、陪伴家人等。最终的结果可能事与愿违，所以父母应该让孩子明白，为什么我们希望他能分得清主次，把一夜好眠放在最重要的位置。下面我们来看看对话示例：

B：心平气和地开始

家长：好啦孩子，差不多到睡觉时间了，把电视关了吧。

孩子：我能把这部电影看完吗？我都六年级了，没有哪个同学那么早就睡觉的。

家长：嗯，如果你乐意的话，我们可以聊聊什么时候睡觉合适。不过现在我想睡了，今天很累，也没力气想这些。你也知道，我一累脾气就不好，不如明天晚饭前再说这事吧。

孩子：好的，那我今晚能晚点睡吗？我一点儿也不困。

R：与孩子共情

家长： 我知道你现在还不累，那你把声音调小点，睡觉时记得一定要把电视关了。今天就破个例，我们明天再商量就寝时间吧。

孩子： 好的，太谢谢你了，妈妈！我一定不会吵到你。

家长： 遵守规则能够很好地体现一个人的责任感，这你明白吧？也赞成吧？

孩子： 当然！

家长： 好的，晚安！爱你！

I：提出问题，收集信息

（第二天晚饭前）

家长： 嗯，你还想跟我聊聊睡觉时间的问题吗？

孩子： 没错！上了初中后，家庭作业比以前多多了，而且晚上我也不觉得累，所以我觉得不用再给我规定上床时间了，躺在床上又睡不着，还不如做点什么呢。

家长： 那你打算做什么呢？

孩子： 要我说什么都行。写作业、看电视、吃点零食、做俯卧撑和仰卧起坐、上网查资料……反正怎么样都比看着天花板睡不着好，我现在每天晚上都这样。

家长： 你说班上没人那么早就睡觉，你怎么知道的？那他们什么时候上床呢？

孩子： 多数孩子没有规定的时间，大概11点到12点吧。

家长： 然后第二天早上6点起床上学？

孩子： 嗯，其实也没什么大不了的啦。

129

家长： 那你早上感觉如何……醒来时是精力充沛还是很没精神？

孩子： 嗯，好吧，我就知道你会这么问。刚醒时脑子是有点迟钝，但等到了学校就完全清醒了，也不瞌睡了。我保证我说的都是真话。

E：重复听到的话

家长： 嗯，你看看我理解的对不对——晚上躺在床上睡不着让你很沮丧，你觉得那是浪费时间。而且，你已经不是个小孩子了，没必要再给你规定上床时间，虽然早上刚醒时有点疲倦，但很快就恢复了。对吗？

孩子： 差不多吧。

F：给出反馈

家长： 嗯，我们可以从几个角度来看这个问题。一方面，你确实在长大，到点了却不像以前那样很快就能睡着，这我能理解。另一方面，我知道休息和睡眠会让你觉得是在浪费时间，因为你什么也做不了，但实际上，身体休息时，大脑却在悄悄地发育。要想变得更聪明，运动时反应得更快，记忆力更好，你必须保证每晚9小时的睡眠。一旦睡眠不足，大脑就充不满电。这就像每次你只给手机充50%的电量。既然连手机你都知道要爱惜使用，对你的大脑是不是应该给予同样的呵护呢？就算不困，大脑也得充满电。大人给小孩规定上床时间，不是为了显示家长的威风，而是因为充足的睡眠对于生长发育非常重要。

我希望你能理解，为什么妈妈要给你规定上床时间。如果你想试试看晚睡会有什么样的后果，我也不介意。这样吧，每周有两个晚上你可以晚睡一个小时，就周三周四吧。要是一个月下来，我没有发现任何不好的影响，那可以考虑每周给你再加一天。不好的影响包括：成绩滑坡，白天脾气变得暴躁易怒，不容易交流，容易忘事，注意力很难集中，或者起床困难。我们这周就开始吧!

跟孩子谈论健康时,父母最应该做的就是要引导孩子,同时设置合理明确的预期,情绪要平稳,这样孩子才愿意与你推心置腹,进一步交流。

危险物品

跟我们那代人相比,初中生饮酒之风已经收敛了许多。2010年俄勒冈州里德学院所做的研究表明,现在的初中生最常见的饮酒方式是三四个朋友聚在一起饮酒,仿佛在偷偷摸摸搞地下实验,不像我们那代人,更喜欢疯狂的派对。下面要讲的问题对于家长而言更棘手,因为我们对它了解得并不多。

我们的孩子正面临着一场愈演愈烈的健康危机。虽然我们听到了不少利好消息——新的研究表明,在高中阶段发生性行为的人数在减少,无防护措施的性行为也在减少,青少年饮酒人数和吸食大麻的人数创下了20年来的新低——但一种新的诱惑,电子烟正在悄无声息地走入青少年的生活。

由于电子烟的流行和电子烟制造商Jull的崛起,青少年吸食尼古丁的人数出现大幅攀升。Jull标榜他们的产品可以帮助吸烟者戒烟,但实际上它在中学生中非常受欢迎,不少孩子第一次接触尼古丁就是通过Jull的产品。2016年的一项研究发现,约有500 000名中学生承认自己在过去的30天中吸过电子烟。电子烟的流行无外乎三个因素:(1)最初面市的果味电子烟很能吸引年轻人,虽然现在很多口味已经被明令禁止;(2)尼古丁会让人兴奋,对于孩子来说,这是新奇有趣的体验;(3)偷偷做不被父母允许的事情所带来的刺激感，这或许是孩子最难以抗拒电子烟的原因。十一二岁的孩子多少都会有些叛逆，而吸食电子烟对他们而言是表现反叛的一个简单途径。电子烟能快速消散，没什么气味，所以哪怕是上课时抽烟也不会被人发现。电子烟又很小巧，能很容易地藏到衬衣袖子里，而且看起来又有点像U盘，因而即便在老师或者父母的眼皮底下也无须收敛自己的反叛行为。

家长很有必要跟孩子谈谈电子烟泛滥的问题。但不要总想着一次长谈就能解决问题，不妨跟孩子多聊几次，每次聊一小会，效果更好，因为孩子容易不耐烦，说得再长也是白费口舌。（在第二章，我给大家介绍了跟孩子谈话时的注意事项。这里再强调一遍，要舒展眉头，尽量面无表情。）

电子烟能吸引孩子是因为它是一种冒险，能体现出青少年的反叛精神，所以我们在跟孩子对话时不要表现出敌对的态度，这只会让孩子跟大人唱反调。绝对不能说："我知道电子烟很流行，但我真的很讨厌电子烟，那玩意对人很不好，你要是抽了麻烦就大了。"我们应该一步一步地询问试探。首先，你可以告诉孩子你听说电子烟很流行，你很好奇他们的学校大家是否也是如此。假如孩子乐意开口，你听着就好。在这里我想给大家介绍个小技巧，这个技巧在我跟孩子谈敏感话题时特别管用——我们可以把自己的孩子想象成别人家的孩子，想象自己能脱离眼前的身份，这样我们就不会那么焦虑不安、忧心忡忡，对孩子所讲的内容自然而然会多几分好奇，少几分责备，双方的关系也会更和谐，能了解到的也就会更多，而孩子也更愿意侧耳细听。

很多父母会告诉孩子电子烟对他们的健康影响很大，以此震慑孩子，比如电子烟能造成气管损伤，从而形成爆米花肺，但这些说法并未得到科学的证实。2015年12月哈佛大学所做的研究表明，电子烟并不一定会导致爆米花肺，只是有可能而已，目前科学依据尚不完全。而且，网上那些

"标题党"文章为了增加点击量，还在标题旁配了一张男子的照片，称该男子因为吸食电子烟患上爆米花肺而住院治疗，但实际上那个男子入院是因为电子烟爆炸受伤。

你或许会觉得我太较真了。电子烟把嘴都给炸伤了，这多可怕啊！父母当然不希望这样的事情发生在自己孩子身上，所以用照片震慑一下孩子有何不可呢？如果你的孩子擅长利用网络，他就会很容易发现电子烟与爆米花肺并无因果关联，并找一些文章来反驳你。重点是我们跟孩子讨论健康问题时要讲究信息的准确。我们应该访问具有公信力和影响力的网站，收集实证研究的数据，当然，也要不断更新知识。我最开始写这一章时，有关电子烟所造成的死亡的数据还是一片空白，到了2019年12月，美国疾病控制中心公布，电子烟所造成的死亡已有12例，确诊病例达805例。在这本书出版之际，数据又变化了不少。因为相关数据一直在不断更新，所以我们必须掌握准确信息，否则孩子自然不会对我们的知识和观点心服口服。

下面我们来看看有关电子烟问题的对话示例。

B：心平气和地开始

家长：今天上班时有同事提到了电子烟这个事，他们说现在很多初中生也会买电子烟。

孩子：我觉得还好吧。

家长：你的意思是这没什么大不了的，还是说买的人其实并不多？

孩子：都有吧。

R：与孩子共情

家长：有意思。你是不是觉得大人有些小题大做？

孩子：算是吧。

家长：我明白了。我知道大人，当然也包括我自己，总是担心孩子的健康，所以难免有时会反应过度。不过你可不能因为这个就拒绝跟我谈这个话题。

孩子：当然不会。

I：提出问题，收集信息

家长：你觉得没什么大不了的，那你估计你们学校有多少孩子吸过电子烟？

孩子：我也不知道，大概20个？

家长：嗯，那么你了解电子烟吗，知道它有什么作用吗？

孩子：管它呢？我又不打算买！你不用担心。

家长：好，就算你没打算尝试，我们也可以聊聊啊。咱俩都了解一些这方面的知识，我看挺好，我可不是怀疑你。我们就随便聊聊，你看行吗？

孩子：好的，没问题。

家长：那你听别人说过电子烟抽起来有什么感觉，有什么作用吗？

孩子：没有。我感觉就跟烟一样。我在洗手间看到别人抽过，不过你也没什么好担心的，那些学生就是课间抽，之后也都接着上课了。

家长：哦，在洗手间啊，胆可真不小。

孩子：他们不会被发现的，因为电子烟没什么烟。

家长：你经常看到吗？

孩子：一周大概几次吧。

E：重复听到的话

家长：嗯，看来你和我都不是很了解啊。我那同事也是够夸张的，照他的说法，初中生个个都抽电子烟，但听你一说也不是那么回事。

孩子： 对。

F：给出反馈

家长： 我还真是挺好奇的，于是就上网搜了搜。的确有证据证明电子烟里的有害化学物质，就是人们用来给尸体做防腐处理的那种化学物质能导致DNA损伤！但目前科学家还无法确定吸电子烟会不会导致癌症，因为这类研究通常要花上很长时间，恐怕还得再等上几十年才会有比较肯定的结论。

所以很多事情都是未知的，这也是我感到好奇的原因。我知道孩子们对此也很好奇，说到底，身体是你的，你有权决定如何对待自己的身体。父母都不希望孩子接触对身体有害的产品，但有时候也没办法——你在学校也看到了。你既然说了你不会吸电子烟，我当然相信你，但我还是希望你能对它多些了解，毕竟你身边就有吸电子烟的人。

要是以后有朋友喊你也试试，你可得记住了，你一直是个很有自己想法、很会独立思考的孩子。有空的话不妨继续多了解了解电子烟对于健康的影响，希望你能认识到它的危险，不会拿自己的健康冒险。

最后我还想跟你说一点：随着年龄的增长，你周围的孩子尝试的东西也会越来越多。只要你愿意跟我聊，我都会认真听，哪怕你说："爸爸，我犯了个错误，我需要帮助。"对我来说，帮助你解决问题是最重要的，我不会发火，爸爸一直是你坚强的后盾。

自杀与自我伤害

这是有关健康问题的最棘手的对话。相当一部分12—14岁的孩子会尝试通过自残来释放自己的负面情绪，比如悲伤、苦闷、焦虑或者迷惘。

研究表明，三分之一到一半的美国青少年都有过自残的经历。虽然自我伤害与自杀并不是直接相关的，但它确实表明孩子需要外部干预。再次强调一遍，孩子伤害自己（比如发现割伤、挫伤等蓄意引起疼痛的伤口）并不一定是有自杀倾向，这只能说明他们需要别人的帮助来处理负面情绪。

父母如何应对孩子的自残行为非常重要。如果父母表现出恐惧、惊慌或是反感，孩子很可能会缄默不语，不愿意告诉你他所面临的情绪难题。

反过来，有些父母则认为现在青少年自残行为太普遍了，他们只不过是想吸引别人的关注，想跟其他同龄人一样，或者就是闹着玩，过段时间自然会好的。自残行为确实会暂时消失，但如果孩子没有掌握合理应对负面情绪的技能，自残的行为很可能还会卷土重来。这时我们就得通过辩证行为疗法对孩子进行干预，这种方法能高度有效地教会孩子如何处理难以忍受或者压倒性的强烈情绪。

即便你确信你的孩子不会自残，也还是要跟他提一下这个问题，因为学校如果有孩子自残或者同学们谈起这个话题会让他感到焦虑。跟其他敏感话题一样，我们可以通过一个其他人的例子引入话题，这对双方都有利。如果孩子误以为你是在怀疑他，那他一定会对你产生很强的戒备心。我们不妨以书里或电视里的角色、新闻报道中的事件或者在公开场合谈论自残的某个名人为客观切入点，接着问问孩子怎么看待这个问题，这样孩子会觉得自己是在帮人出谋划策，而不是在为自己或者朋友辩护。

自杀也是当今孩子们讨论的重要话题。统计表明，2016年美国10–24岁人群的第二大死因就是自杀。在这样一个媒体高度发达的社会，名人自杀的消息会立刻传到孩子耳中，有朋友在社交媒体上表现出自杀或自残倾向时，他们也能很快察觉。实际上，通过网络，孩子们能联系到朋友的朋友，所以一旦有悲剧发生，消息会传播得非常迅速。总而言之，现在的初中生跟我们那个年代不一样，他们可以从多种渠道了解到有关心理健康的大量信息。因而我们最好在孩子上初中之前，开诚布公地跟他聊一聊心理健康、自我伤害和自杀的问题。

重点提示：有些电视节目中会有虚构人物企图自杀的情节，观看这样的节目也会增加孩子的自杀意念，所以尽量不要让孩子观看渲染自杀的电视节目；而研究表明，跟孩子谈论自杀并不会产生这样的负面影响，询问孩子是否有自杀的念头不仅不会增加自杀意念，反而能改善他们的想法。也就是说，自杀和自残问题可以尽早谈，也应该尽早谈，日常家人聊天时就可以谈。

别做谈话终结者——谈论自杀问题的禁忌

跟孩子谈论自杀和自残问题的方式尤其重要。为此我特别咨询了临床心理学博士、美国自杀预防基金会北卡罗来纳州分会主席阿曼达·麦克考芙（Amanda McGough），她致力于自杀的预防工作。她的建议如下：

千万不要问"你为什么这么做？"

很可能你的孩子自己也不知道为什么，问一个没有答案的问题只会让对话戛然而止。抱抱孩子，从情感上支持他，让他知道，不用一个人背负起所有情感的包袱，你愿意倾听他的心声，会找到能帮助他的人。

不要表现得提心吊胆

尽量保持情绪的稳定。有自杀念头的孩子经常会觉得自己是累赘，是负担——"要是没有我，爸爸妈妈就不用担心我，他们会更幸福。"你的担心或恐惧只会更让孩子觉得自己真的是负担。我们应该跟孩子强调，自杀不是唯一的选项，我们可以帮助他们寻求支持。

千万不要说那是"疯狂的举动"

麦克考芙所接触的青少年告诉她，如果父母说"你绝对不会产生自杀这样疯狂的念头，对吗"这样的话，他们就更不愿意把自己内心的情绪告诉父母。如果父母能问一些开放性的问题，比如："你对于自己的人生有哪些想法？"他们则愿意向父母吐露心声。

不要让孩子产生羞耻感

比如谈到明星自杀时，千万不能说"我简直搞不明白这些人怎么能这么做"或者"那太自私了"。这种言论所释放出的信号只会让孩子把自杀的念头默默地藏在心里。麦克考芙博士建议，就算心里感到害怕恐慌，家长也应该多去理解和同情孩子的情感。

不要说"我多希望你能跟原来一样"

身为父母，我们有时很不愿意看到孩子的变化，尤其是当孩子变得不开心的时候。成长的道路从来都不是一片坦途，遇到坎坷时，我们会希望孩子能像小时候那样无忧无虑，快快乐乐。但正如西奥多·罗斯福所言，"攀比是偷走快乐的窃贼。"攀比不仅限于人与人之间的横向攀比，也包括与自身的纵向攀比。缅怀过去只会剥夺当下的幸福。孩子受伤了，他一定也想好起来，我们不能因为孩子难过或愤怒就说他们不是自己，应该认可他们的痛苦，让他们明白痛苦只是暂时的。

不要想当然地以为单凭一己之力就一定能解决问题

如果孩子老是觉得自己是个负担，或者流露出自杀的念头，那就得给孩子找一个训练有素的心理治疗师。一旦觉察到孩子不对劲，比如在网上搜索如何自杀或者已经计划好了如何结束生命，必须立刻带他去看心理医生。绝对不能把孩子说要自杀之类的话当作是吸引别人关注的手段，应该让专业人员评估风险。

小学三年级的孩子其实已经知道自杀是怎么回事，所以跟这么小的孩子谈论自杀完全没有问题。如果孩子的悲伤、焦虑或者迷惘等负面情绪已经严重到了谈论自杀或者自残的程度，那么家长必须跟孩子谈一谈，但亲子谈话不能等同于治疗，专业的心理问题离不开专业人士的帮助。告诉孩子，如果他的朋友有类似的念头，或者他看见了朋友的自残行为，一定要告诉大人。要让孩子放心，告诉他你会跟他一起想办法，为他的朋友寻求支持和帮助。最后，你可以把青少年心理咨询和法律援助热线的号码（12355是中国青少年心理援助热线）存到孩子的手机里，当他或者朋友遇到困难时，可以拨打这个电话。

没时间仔细看书？那来一堂速成课吧。

本章小结

- 在每天忙碌的学习和生活中，我们有时需要给孩子按"暂停键"，可以温柔地提醒孩子，问他："今天你是不是累坏了？"或者："需要我帮助你调整一下情绪吗？"要让孩子留些时间去觉察自己内心的情感，但不必要求他一定要讲给大人听。
- 我们大人也需要充电，可以通过这个方式让孩子知道爱护自己、照顾好自己的重要性。
- 就算孩子不用体香剂，你也无须太烦恼，不妨在家里显眼的位置和车里多摆放几瓶体香剂，几乎所有的孩子最后都会明白家长的用意。
- 情绪低落时做些什么能让自己心情好起来呢？让孩子自己列一张表以促进他应对技能的发展，情绪出现问题时就照着表做，也可以让他给你列一张表。
- 12—16 岁男孩的体重平均会增长 23—27 千克，而 10—14 岁女孩的平均体重则会增长 18—23 千克。
- 谈到饮食，对孩子健康最有利的做法是让他们学会自我调节，根据身体的需求选择食物。
- 十一二岁的孩子每天必须保证 9 个小时的睡眠。大人自然没法逼孩子入睡，所以最好是给孩子创造一个容易入眠的环境，让他们明白睡眠的重要性。
- 跟孩子谈论喝酒或者抽电子烟这种有害健康的问题时，不要说教，不要言过其实，也不能以讹传讹，要用事实和数据说话，把自己的合理预期告诉孩子。
- 自我伤害与自杀并不直接相关，但需要心理治疗。
- 怎么跟孩子谈论自我伤害和自杀的问题呢？谈话的方式非常重要，而且三言两语很难说清楚，所以还是建议读者回到上文仔细阅读。
- 研究表明，询问孩子是否有自杀的想法并不会增加自杀意念，实际上，坦诚地跟孩子聊一聊自杀能够改善他们的看法。

第 9 章

谈论公平

　　青少年对于公平的理解会随着年龄的增长而改变，这对"什么是不公平"的谈话也会产生影响。通过这一章，你会更加明确公平的定义，这样你跟孩子谈起这个话题来也会更轻松；你还会学到当孩子觉得自己受到不公平的对待时，你如何引导他理性地看待问题，又如何激励孩子敢于仗义执言，打抱不平。还有个好处，就是你会明白要想做一个公正的父母，哪些话可以说，哪些话不能说。

我相信很多父母都会跟孩子这么说：

　　公平？生活本来就不公平，生活就是这么回事，
　　你越是能早点接受现实，你就能活得更快乐。
　　（一句话把孩子打发走）

其实我也想这么说，但我的脑海里翻来覆去会出现几个问题。比如，受到不公平对待时该怎样消解委屈的情绪？看到其他人碰上同样的遭遇时，孩子应该怎么做？是假装没看见，该干嘛干嘛，还是挺身而出，打抱不平？

什么是公平？十一二岁的孩子在青春期的成长中会经常遇到这个问题，最开始他们只会关注自己遭受的不公正的待遇，然后逐渐成熟为一个关心其他人处境的人。父母应该把眼光放长远，早些跟孩子聊聊这个问题，帮助孩子培养批判性思维，这样当孩子遇到不如意时，才能用理性指导自己的思考和行为，更全面地看待问题。

孩子对于公平的理解会随着年龄的增长而改变

不知你注意到没有，"不公平"是一个很有煽动力的词？有个词说得好，"同病相怜（同忧相救）"，事实说明，无论是在网络上还是在学校里都是如此。比如，要是有一个孩子抱怨老师无缘无故给她打了个很低的分数，很快就会有一堆孩子对她表示同情。有些孩子只是觉得安慰别人是理所应当的，这么做自己心里也会好受些；而有的孩子则是觉得有人替自己挡了一枪，如果不是她，那个担惊受怕的人就是自己了；而有的孩子则很乐意成为某团体的一员，哪怕维系这个团体的共同点是同情和愤慨。愤慨常常能把人团结到一起。对那些亦敌亦友的人而言，表达同情看似符合社会规则，但实际上，他们正是通过情感操纵来行使权力。他们为了继续谈论别人的痛苦，不惜让对方痛上加痛。（我告诉孩子们，识别这种人其实很简单：只要看看他们听到你的好消息和坏消息时会分别作何反应。听到好消息时，他们通常会很不以为然，"噢，你被选拔到足球队去了？不错，但我听说今年足球队只要想参加就能参加。"听到坏消息时,他们恨不得在你的伤口上再撒把盐,"什么?你没选上?还有比这更糟的吗?到底怎么回事,赶紧告诉我!")

不知道是什么原因,十一二岁的孩子都喜欢跟风抱怨不公平。有趣的是,青少年的这种倾向会随着年龄的增长而改变。2017年达特茅斯大学做了一项研究,调查从9岁到23岁的个体对于公平的看法,结果发现,青春期的个体对于公平的认识会随着大脑的发育而改变。具体来说,十一二岁的孩子认为公平就是平等,而高中生和大学生的理解则更灵活,他们在评价是否公平时,会把个人意愿和情感考虑进去。换言之,大一点的孩子会明白,公平并不意味着一定要平等,只要自己觉得公平就行。这有点像美国最高法院大法官波特·斯图尔特那句出名的话,他说他无法定义究竟什么是色情,"只有看了才知道"。随着孩子们的心智日趋成熟,他们会逐渐体会到什么是公平,虽然他们并不知道具体该如何界定公平。只有了解了这一点,我们才能更好地引导孩子。

从达特茅斯大学的研究结果中我悟出两个道理:(1)即便孩子总是嚷嚷"这不公平",你也别太担心,这是个体的发展规律;(2)孩子对于公平的认识的加深是一步一步的,是和大脑的发育相关联的。我们要保持中立,表现出好奇,这是最简单易行的谈论公平的方法。问问孩子他是如何理解公平的,为什么这么理解,然后委婉地提醒他们,个体的动机和意愿也是考虑的因素,引导他们从更成熟的视角看待问题。根据我的经验,孩子们很喜欢听和大脑有关的知识,所以你可以大大方方地告诉孩子大脑的形态、结构和工作原理等。家长不妨跟孩子一起讨论脑科学的相关研究,并指出不同年龄和阶段的个体对于公平的理解有何差异。

仗义执言，打抱不平

随着年龄的增长，孩子会把焦点从自己身上转移到别人身上，更关注别人的境遇。当父母跟孩子讨论别人遭受不公平的对待时，他们很可能会跟父母叫板，毕竟青少年总以证明大人是错的为己任。他们迫切地想解决成人给这个世界带来的种种问题，而且志在必得。他们是天生的激进分子，无论是校园枪击、气候变化、性侵犯还是种族不平等问题，今天的青少年都会利用社交网络和媒体发声，通过游行示威、罢课、诉讼等方式朝着大家共同的未来——更安全、更公平的未来努力。我替孩子们感到骄傲，也对未来充满了希望。

从 2004 年到现在，由于工作的原因，我一直在跟初中生打交道，我经常会想起那么一件事——2008 年，加拿大新斯科舍省有个上初中的男孩在新学期的第一天穿了件粉色的 polo 衫去学校，然后被一个爱欺负人的孩子当众羞辱，说他是个"基佬"。两个高年级的孩子听说了此事，便在放学后去折扣店买了 50 件粉色衬衣。第二天，学校变成了一片粉红色的海洋。后来媒体报道了这件事，最后粉红衬衫日席卷整个加拿大。

这种激进值得称赞，因为其中包含的思想已经相当成熟。但我们得记住，孩子对于道德正义形成成熟的认识是一个漫长的过程。十一二岁时，孩子需要从微小琐碎的个人遭遇开始实践，只有这样，将来在遇到别人遭受不公平待遇时他们才能承担巨大的社会风险。我们应该激发孩子的好奇心，让他有意愿搞明白什么是公平，然后再不紧不慢地转移孩子关注的焦点——从只关心"有没有人亏待我"到"也要确保其他人没被利用"。我们不能要求十一二岁的立刻就能抛却社会压力的羁绊，投身到正义的运动中去，但我们可以先种下正义的种子。

你可以这么引导孩子思考：

- 让他们看见你在生活中仗义执言。
- 如果有人遭受了不公平的对待，可以跟孩子讨论讨论，"我们能做些什么呢？"
- 让孩子明白，小善举也有大作用，一起想想如何从小处着手帮助别人。

公平不是一视同仁

根据我的经验，孩子们在理解公平这个概念时常常会有一种误解，下面我们就来看看这种误解是怎样的。

克雷格·弗洛赫尔（Craig Froehle）画过一张图，非常有名，人们经常用这张图来说明公平和平等的区别。从这幅图的左面我们可以看到三个身高不等的人都想看棒球比赛，但球场周围的栅栏挡住了他们的视线，为了平等起见，有人给他们拿来三个同等高度的木箱子让他们站上去看。结

果最高的男子站上去后，栅栏才到他的腰部，所以他毫不费力地就能看到比赛，第二个男子站上箱子后也能看见，但最矮的那个人的视线还是被栅栏给挡住了。

给予每个人相同的资源，哪怕最高的人不需要那么多，最矮的那个人远远不够，这是不是公平呢？这幅图的右面同样是这三个人，不同之处在于，高个子把自己的木箱子给了最矮的那个人，这样高个子矮个子都能看见比赛了。真正的公平不在于每个人得到的是相同的资源，而在于每个人都能得到走向成功所需的资源。美国人在争论种族问题时，经常会误用"公平"这个词。"所有的生命都是命"——这句话本身其实很包容，也无意冒犯任何人，放在50年前一定很受公众欢迎，可现在却让很多人愤愤不平，也引起了很大的争议。其实"所有的生命""都是命"这两部分放到一起并没有歧视任何人群的意思，表述也没有任何错误。当然，所有的生命都是命。只是在特殊的情境下，在白人警察杀死黑人的情况下，在黑人高呼"黑人的命也是命"的情况下，这句话才会遭到口诛笔伐。所以，一句看起来公平合理、简简单单的话，如果和某个个体的痛苦关联起来，也会变得不公平。公平这个概念不会在真空里存在，我们应该让孩子明白，社会中的公平和其他因素常常是互相关联的。

> **真正的公平不在于每个人得到的是相同的资源，而在于每个人都能得到走向成功所需的资源。**

在一个家庭里，如果父母分不清公平和平等的话，那么结果常常是那个不需要很多的孩子却得到了很多，而另一个孩子得到的却远远不够。比如，一个孩子需要补习数学，但没必要对其他孩子也一视同仁，让他们也补习数学。我们没必要给予每个孩子一样多的资源，更应该关注的是不同的孩子走向成功需要的是不同的资源。跟孩子解释清楚，他们一定能够理解你的良苦用心。

孩子在抱怨"这不公平"时，多半时候是想说"我也想要"。不是独生子的家庭总是会上演这样的戏码。比如，本来欢欢喜喜的家庭庆祝会因为姐弟俩哭哭啼啼，争着要吃那块更大的蛋糕而草草收场。孩子争抢东西确实很闹心，但其实调停起来并不难。分享食物时，我们可以采用由大一点的孩子来分配，小一点的孩子先挑的方法；分享玩具时，我们可以给孩子规定各人玩的时间，提前做好安排；对于那种每过十分钟就要为芝麻绿豆大点的事情抱怨一遍的孩子，假装没听见这个老方法最管用。

孩子们都爱抱怨不公平，但如果孩子觉得爸爸妈妈对自己不像对兄弟姐妹那样信任，也没有得到同等水平的关注和支持的话，问题就没那么简单，我们就得慎重考虑。有的孩子比兄弟姐妹更有责任心，他就可以晚一些回家；有的孩子更容易焦虑，父母对他的关注就得多些。没有完全一样的孩子，所以天平就没法完全平衡。

举个例子，我家两个孩子上初中的时候，一个很容易焦虑，为了完成老师布置的项目，会花上很多天忙前忙后，然后眼看就要完工的时候却要推倒重来，理由是"看起来有点乱"，而另一个则成天无忧无虑，只是在项目截止那天把闹铃定到早上5点，然后在餐桌上捣鼓两个钟头，就自信满满地边喊着"我觉得好极了"，边慌慌张张地跑去上学了。我也曾试着让两个孩子往中间靠拢。有没有办法能让那个焦虑的孩子认识到，他花了那么多时间，一定能满足老师的要求，甚至超出了老师的预期？有没有办法能让那个敷衍了事的孩子提前做好计划，每天完成一部分，而不是把所有的工作都压到最后那天早上呢？我努力尝试，却失败而归。我以为我是在帮助他们进步，但实际上，我只是让他们更相近。我希望他们平等，希望他们站在一样高的木头箱上，从一样的高度看事情。

我的孩子需要的不是相同的规则或者同等的对待：老大是个连涂色涂

出边界都会烦恼半天的孩子,所以我得鼓励他去冒险,我曾经建议他跟朋友一起去看R级电影[1],希望这能帮助他打破焦虑的魔咒;而另一个孩子……则完全没有这样的烦恼,老二是个"社交控",上了初中后总要跟朋友"腻"在一起,以至于不仅影响到睡眠,甚至于把家人和理智都抛到脑后。两个孩子性格迥异,但他们都很有责任心、会替别人着想、幽默风趣,而且俩人也是很好的朋友,过去如此,现在如此,我相信将来也会如此。我很自豪,因为我没有用同样的尺度来要求他们。

做自己的公共关系专家

但两个孩子十一二岁的时候经常争执,一个总爱嚷嚷另一个得到的更多,这其中的原因在于他们看待问题的方式——每个孩子都认为对方为了能让别人更多地接受自己、帮助自己、同情自己、关注自己,为了得到更多的资源和自由而不择手段。他们把我的每一次"同意"或"拒绝"都暗暗记在心里,记在心里的还有具体在什么情况下我会同意或拒绝,答应得是否爽快,拒绝得是否彻底等。于是"可是妈妈,他……!""但是他……!"这样的叫喊就成了父母必须面对的家常便饭。

兄弟姐妹之间争风吃醋这个问题很难彻底解决,但跟孩子聊一聊为什么要用不同的方式来养育他们会有所帮助。下面我们就来看看如何以BRIEF原则为指导跟孩子对话,以有效避免这种情况的发生。通常先有一个孩子挑头,控诉父母如何不公正,这时想要做到心平气和真的是一种挑

---

[1] R级电影,17岁以下必须由父母或者监护人陪伴才能观看,该级别的影片包含成人内容。

战，但也不是完全做不到，我们都在电影中看到过谈判专家是如何说服对方不要铤而走险的。首先，我们要合理引导孩子愤怒的能量。虽然命令孩子立刻停止无理取闹，照大人说的做是制止这种行为最直接的方法，但作为父母，我们必须学会"见机行事"。对于那些不是那么敏感的问题，你或许可以用简单的一句"因为我就是这么说的"来结束纷争。但如果孩子觉得受到了不公平的对待时你也这么处理，很可能孩子会对你失去信任，也会铤而走险。而且，我想你也更愿意跟一个头脑已经冷静下来，并能保持开放合作心态的孩子对话吧。

B：心平气和地开始

孩子：这不公平！你规定我写完作业才能玩，可为什么他放学后可以先去朋友家？！

家长：嗨，别那么着急啊，我们正好聊聊这事，我也想听听你的看法，你可以把平时看到想到的都告诉妈妈，但你冲我这么大吼大叫我可就没办法了。你冷静下来，我们才能好好谈啊。你是愿意现在就聊聊，还是愿意先花上几分钟理理思路？

孩子：我很冷静！他想干什么都行，可你为什么管我那么多？！

R：与孩子共情

家长：我明白你为什么这么说，你肯定觉得糟透了。我跟你这么大的时候也有同样的感觉，但爷爷奶奶那会儿怎么也不能理解。爸爸会努力做得更好的。

孩子：嗯，谢谢。可你为什么就不能对我们一视同仁呢？你这样差别对待很不公平。

1：提出问题，收集信息

家长：嗯……好。你的意思我大概明白了，你希望我能用完全相同的标准要求你们，对吗？

孩子：如果你也想公平的话！

家长：那么……我们假设马上就要考试了，一个孩子足足复习了一个钟头，而另一个孩子只用了半个钟头的时间就全把知识点全部掌握了，那我是不是得要求两个孩子都必须复习一个钟头呢？这才是完全相同的标准啊。

孩子：不，那不一样。我的意思是你对他太宽松了，他高兴做什么就做什么，对我却太严厉，总是让我先写完作业再玩。

家长：好吧，我们把这件事放一放，先来看看我俩理解的"公平"是不是一回事。你觉得"公平"就是"平等"吗？

孩子：是这么回事。

家长：我觉得公平是指你能得到走向成功所需要的东西，他也能得到他走向成功所需要的东西，因为我希望你们俩都能做到最好，而且我认为你们是两个不同的个体，需求并不相同。

孩子：好吧，那你凭什么以为他需要的是更多玩耍的时间，而我需要的是严厉的管束呢？

家长：嗯，说到家庭作业，我发现了，要是我不要求你放学回到家立刻写作业的话，你会一直拖到睡觉前，然后一看还有那么多作业又会不高兴。有时你会因为这个心烦意乱，生气发火，甚至大喊大叫。但弟弟就不会这样，作业留到晚饭后做也不着急。我给你立这个规矩只是希望你不要因为作业拖拉而情绪崩溃。你觉得还有什么好办法能帮到你吗？

孩子：我也想放学后能先玩一会，你可以先给我规定时间，比如一小时，这样才公平。

E：重复听到的话

家长：我晓得了。对你来说，放学后能放松一会非常有必要，最好能先玩上一个小时再写作业，这是你的想法，对吗？

孩子：是的。

家长：我很高兴你能把你的需求告诉我。

F：给出反馈

家长：我可以试试。不过还记得以前，你都玩了一个小时游戏了，我喊你停下来有多难吗？我们还为这事吵过，每次我都得忍着不发火。这回咱们先说好，用闹钟定好时间，一个钟头到了你就自觉地去写作业，你看行吗？

孩子：没问题。

家长：听起来不错。我希望你能明白，我之所以会用不同的标准要求你们，是因为你们是不同的个体，需求自然也不同。要是你觉得自己得到的不足以让你有最好的表现，一定要告诉爸爸，这样我们才好沟通。不错吧？

我知道有的家长会说，"这亲子对话也太理想化了。现实生活中遇到的经常是意想不到的冲突，我家孩子才不会那么配合大人呢。"这话没错。但以我的经验来判断，如果家长在之前跟孩子谈判的过程中能抱着合作共赢的心态，那么孩子也会更灵活机动。不过这也需要时间。如果孩子提出的要求并不像"写作业之前可以先玩一个钟头"那么合情合理，那么我们该怎么办呢？比如孩子坚持不睡觉，坚持要熬夜补作业或者要求在自己房间边吃饭边写作业，再比如作业拖到半夜还没做完，只能靠咖啡提神。

我经常会在意想不到的地方发现灵感。在上文中，我把父母比作危机谈判专家，所以我特意查阅了美国联邦调查局在危机谈判中会用上哪些策略，结果发现了行为影响阶梯模型是一个非常重要的手段。这个方法用在十一二岁的孩子身上也很合适，而且也能凸显出 BRIEF 谈话模式的本质特点。如果孩子提出不合理的要求，你可以采取以下几个步骤。

1. 积极地倾听

"给我说说具体情况吧。"大部分的时间都应该用来听孩子说话，只要孩子愿意讲，家长就应该认真听。

2. 同理心

"看得出这让你很难过。""我一下子就能反应过来，为什么那是个不错的主意。"

3. 互相理解和尊重

"其实我们的目标是一样的，只是实现的方式不一样。不如我们一起想想办法？"

4. 影响

"这一点我是有些经验的，当然，得咱俩都满意才好，你相信我的判断吗？愿意我帮你推荐一下吗？"

5. 行为的改变

"这个计划我们先试行一周，然后再看看管不管用，需不需要调整。"

也就是说，父母要先获得孩子的信任，然后大家齐心协力，想出一个更好的解决方案。尽量按照这五个步骤来，否则很难达到理想的结果。

怎样做才能让孩子更多地认同你是一位公平的父母

定义概念

你和孩子赞成或争执的东西究竟是不是一回事？澄清概念以避免进一步的冲突。孩子所理解的"公平"或许跟你理解的不一样。

以开放的心态面对冲突，积极沟通

不要敷衍孩子，要发自内心地对孩子的想法感兴趣，感到好奇，然后再说明自己的立场。

提前给孩子"打预防针"

我们不可能那么有先见之明，每次孩子违反约定或规则都能预料到，所以我建议在孩子第一次忘记承诺时扮个白脸，这有两个好处，其一，你无须对孩子的每个承诺都立下违约的惩罚，其二，这么做会让孩子觉得你是个通情达理的人。（别忘了，孩子越是尊重你，就越会努力达成你的要求。）

比如，孩子跟你说好了要在晚饭前把自己的房间打扫干净，可结果他食言了！这时你不要立刻惩罚他，你可以这么说，"今天你本来应该打扫自己的房间，但你没做，这次我就不跟你计较了，但如果有第二次那就得惩罚了。"在宽宏大度的同时要明确地跟孩子讲清楚你的期待以及不遵守约定的后果，这样孩子心理上才能有所准备。"我希望你能在明天晚饭前把房间打扫干净。从今往后，要是你明明答应了做某项家务，可到时还没做好的话，惩罚就是你不仅必须立刻完成家务，而且下面一周这活都交给你了。"

惩罚必须具有合理性、相关性和私密性

合理的惩罚既能给孩子带来足够的不适，也会对孩子起到警醒作用，让他以后不会再犯同样的错误，却又不至于痛苦到害怕。假如只是因为没打扫房间，家长就不允许孩子周末跟朋友一起玩——这样的惩罚就是痛苦的。规定孩子两个月不准出去玩——这样的惩罚则过于严厉，结果只会事与愿违，孩子觉得父母这样处置自己有失公允，很可能会偷偷行动。最能起到警醒作用的惩罚不仅仅要合理，而且要和孩子所犯的错误相关联。比如，如果孩子没打扫房间，那么给他多分配点打扫的活，比一周内都不准出去玩的惩罚更合适。"这次我就原谅你了，但要是到了明天晚上要是你的房间里还是乱糟糟的话，你不仅要立刻把房间清理干净，周六还得去整理车库。"父母们往往会下意识地没收孩子的手机或者 iPad 以示惩罚，但我倒是更愿意看到孩子做家务，为家庭做贡献，而不是百无聊赖地盯着墙发呆。最后，没必要把惩罚孩子弄得人尽皆知。把孩子干活时闷闷不乐的样子拍下来发到朋友圈，跟朋友谈笑风生自己是怎么惩罚孩子（孩子就在边上）……这只会让孩子心生怨恨，他们绝不会因此表现得更好。

告诉孩子确切的改进方法

孩子都希望父母会因自己而骄傲。他们渴望更多独立的空间和责任。我们应该明确地告诉他们如何去做。"等到你能做得更好了"或者"等到我可以完全信任你了"这样的表达太模糊。我们应该花些时间去仔细思考一下成长究竟是个怎样的过程，然后再去跟孩子沟通。"记得要随时告诉我你和你朋友的位置"，"别忘了定期参加补习班，并且努力把成绩提上来"，或者"要花上多少多少分钟努力练习"这样的表达则很明确。每个

家庭、每个孩子的情况并不相同,所以标准也会有差异,但你越是能明确地告诉孩子方法,就越能把你的合理期望与孩子的诉求联系起来,孩子也会感觉更公平,更愿意配合你。

打造团队意识

没有人喜欢孤军奋战的感觉。跟孩子聊聊为什么每一个家庭成员都很重要,每个人的贡献都让家庭更稳固。不忙时可以陪着孩子一起劳动,比如帮着孩子做做他们的家务,或者处理一些自己的事。

别做谈话终结者——谈论公平的禁忌

"别那么冲动,过会儿就好了。"

听到有人在自己跟前抱怨,谁都希望对方能赶紧闭嘴,这心情我能理解,但换位思考一下,要是你遇上了什么烦心事,你能很淡定吗?这句话显然不能解决问题。孩子愤愤不平的时候,我们不妨先听他们倾诉,然后提出问题,这样他们才会去思考解决的办法。孩子如果情绪失控,那你再怎么讲道理也无济于事,他不会因此而平静。这时不妨鼓励孩子先去冲个澡、运动一会或者看半个小时电视,让他知道,过会儿你们可以再聊。当孩子不再被强烈的情绪牵着鼻子走时,他才更可能冷静理性地与大人对话。

"我就是不达目的不罢休。"

有些父母的想法是不惜一切代价也要取得成功,我听他们说过这样的话,也就是说为了成功,他们宁可不择手段或者不遵守规则。虽然说顽强拼搏的精神在很多情况下都值得赞扬，但固执己见，不愿意面对结果只不过是自欺欺人罢了。有些事情是我们无法改变的，比如选举计票结果都已经出来了，难道还有人能扭转乾坤吗？有时候体面地退场才是最明智的决定，毕竟来日方长。父母要懂得有气量风度很重要，这样孩子才会觉得你行事公平，失败过后能重整旗鼓也是能力与优良品质的体现。

"你要是觉得哪里不公正，那你就想办法让它变得更好。"

这话没错，但想想对方的年龄吧，这个要求对于一个十一二岁的孩子而言几乎是不可能完成的任务。这就好像你命令一个人"一口气爬到山顶去！"对方听了心里很可能会怵得要命，还没迈出第一步就开始打退堂鼓了。我们可以换种说话方式，"这事情一个人解决确实太难了，那你能采取哪些行动改善这个局面呢？"

没时间仔细看书？那来一堂速成课吧。

本章小结

- 首先要明确你和孩子对于"公平"的理解是否一致。很多孩子认为公平对待就是一视同仁，但成人所理解的公平对待是每个孩子都能得到走向成功所需的资源。公平不是一个孤立存在的概念，要结合情境去理解。
- 多数情况下，孩子抱怨大人不公平是因为他们没得到自己想要的东西或待遇。孩子的诉求或许有一定的道理，父母有必要弄清楚他们的感受和想法，但孩子的诉求和真正的公平关系并不大。

- 对孩子一视同仁实则会造成一定的不公平，因为家长没有根据孩子的差异而区别对待。兄弟姐妹是不同的个体，因而需求也不尽相同。
- 若能向孩子解释清楚区别对待的原因，以开放的心态倾听孩子的反馈，那么孩子也不会冲父母大吼大叫。
- 把你的想法表达清楚，对于奖惩尤其要明确，这样孩子才会更多地认同你是个公平的父母。孩子在没有任何心理准备的情况下受到惩罚，他们会觉得你不公平，于是就理直气壮地奋起反击。
- 大一些的孩子更能从多方面去理解公平，除了自己的诉求，他们也会考虑到别人的动机和意图。
- 对于十一二岁的孩子而言，为别人打抱不平可不是件容易事。要有耐心，看到孩子的勇气，看到孩子一点一点在进步。

第 10 章

谈论电子产品

电子产品对青少年有着怎样的影响？这是一个非常有争议性的话题，无论是家长还是孩子都有着自己的看法，甚至每个家长的观点也不尽相同。我们在这一章首先要了解的是电子产品有哪些价值（后面也会谈到电子产品所带来的危险），回忆一下在我们十几岁的时候电子产品给我们带来了怎样愉悦的感受，并把这种愉悦感带到亲子对话中去。数字技术一直在发展，电子产品一直在升级，家长与孩子的对话不能拘泥于技术的细节，而应该帮助孩子形成一种正确的处理自己与电子产品关系的观念，而这种观念同时也可以应用在现实生活的其他方面。

初中生和硅谷的 IT 公司有一点非常相似：他们所处的环境中每天都充满了起伏和变动，朋友（客户）的情绪喜好也变化无常。初中生喜欢赶潮流，同样，技术也需要不断地更新才能持续吸引大众，不被时代所淘汰。哪些公众人物的粉丝最多？哪种时尚能站在潮流尖端？哪些财富人物最受关注？大众的喜好可以说是反复无常，但IT公司总能很好地把握住流行趋势（初中生亦是如此）。

这两者怎么能混为一谈呢？对此你或许会非常反感。但实际上我们家长的态度同样反复无常，孩子刚接触电子产品的时候我们把它视为洪水猛兽，但接触久了我们也能认可技术带来的长期的积极影响——iPad可以安抚孩子的情绪，网上有那么多丰富的教育资源，语音助手给我们省了很多麻烦——总之，电子产品也带来了许多便利，让孩子的生活更加轻松。我认为，让孩子接触电子产品通常是父母有意识的决定，在一开始，父母差不多都以为一切都在自己的可控范围之内。最后真正让父母感到恐慌的其实并不是智能手机或者社交媒体，而是孩子们可以在其上行使自己的自由意志，更确切地说，这意味着父母在与此相关的方面的控制权的丧失。

孩子们就像飞蛾扑火一般热衷电子产品——只不过他们扑向的"火"是电子屏幕发射出的短波蓝光。为什么孩子会如此热衷呢？原因有很多，我认为在十一二岁这个年龄段最主要的原因有三点：首先，这种娱乐方式易被同龄人认同。小时候玩的洋娃娃和奥特曼玩具人偶已然失宠，但十一二岁的孩子对幻想游戏并未完全丧失兴趣，于是电子幻想游戏成了他们的新欢，能让他们体验到无限神奇。其次，电子产品是和朋友交流沟通的可靠途径，毫无疑问，对于这个年龄段的多数孩子而言，与同龄人建立友谊是头等大事。最后，通过电子产品，孩子可以保护自己的隐私，毕竟大人很难看到电子产品中的内容。

技术的发展突飞猛进，家长没必要亦步亦趋

技术在飞速发展，而孩子们又如此地喜新厌旧，让人捉摸不定——所

以我们大可不必为孩子用什么应用软件（App）而头疼。大家经常能看到这样标题的文章:《最危险的社交媒体网站！而你的孩子还在用！》《利用这些小方法，孩子就能骗过你！》《好父母绝不允许孩子用的小程序！》但实际上你会发现，这些文章中所列出的应用软件很快就鲜有人问津，因为软件开发者一直在推陈出新。我们大可不必为这些文章所困扰。与其关注那些让父母谈虎色变的应用程序，倒不如关注应用程序功能性的发展趋向，然后给孩子设立明确的边界。比如，我们可以禁止孩子使用含有以下功能的应用程序（或平台）：可以向其他用户分享自己的地理位置；用户可以给其他用户匿名打分或反馈；所有用户可以随意交流，即使并不是好友。我只是简单列了几点功能供大家参考，总而言之，我们要把握的是大方向而不是细节。

如果你感觉自己像是在黑暗中被人牵着鼻子，小心翼翼地提防前方潜伏的危险，害怕它会对孩子造成伤害，那么你的策略就有问题——你只是被动防守而不是主动进攻。对于网络世界所发生的一切，没有人能洞若观火，这其实没有关系。但对于电子产品这个问题，我担心总有些父母"只见树木，不见森林"；我们应该放宽视角，不要纠结于细节，应该鼓励孩子跟自己一起广泛讨论、深入分析我们应该如何与技术相互作用，这样，即便在这个数字技术日新月异的时代，孩子也能更好地管理好自己的网络生活。

别忘记你当初的快乐

11岁那年，爸爸妈妈给我买了台雅达利2600游戏机和《大金刚》[1]的

1　是雅达利（Atari）在1977年10月发行的一款游戏机，当年风行一时。

卡带，他们把游戏机连到客厅橱柜上摆着的那台 14 英寸的电视上——太过瘾了，客厅成了我的电子游戏室！我记得自己那会儿能站在电视机跟前一玩就是几个钟头。在写这段文字的时候，我耳边回响的正是首发版《大金刚》游戏的配乐，这音乐现在听起来可真是刺耳。奇怪的是，配乐中狂躁又尖利的哔哔声和电子乐的爆炸声当时居然没有让我发疯。虽然现在听着是种折磨，但 11 岁那会儿我可是觉得既好听又时髦——那种迷失在像素世界的感觉真让人沉醉。

我记得有天晚上一家人正准备出门，妈妈打发我去楼上看看爸爸到底在磨蹭什么，这么久还不下来。结果我看见爸爸站在电视机跟前，手里紧紧地抓着游戏机手柄，领带也没系，而妈妈在楼梯口吆喝着要爸爸赶紧下来。"好，好，"一贯严肃的爸爸敷衍我道，"再打一级，就一级。"

你大概也还记得自己第一次因为电子产品而发自内心地激动的场景。是第一次发电子邮件吗？还是父母买了台录像机？或者是第一次看高清电视，第一次用 iPhone，第一次下载音乐？电子产品能让世界变得更广阔，也能让世界变得更小，更令人兴奋，更具有可塑性，如果能找回它当初带给我们的震撼和惊奇，那么我们和孩子之间就多了个联结点，我们可以更好地理解孩子在接触电子产品时的情绪反应。写这本书时我儿子 17 岁，我问他，电子产品是否让他感到过震撼，还是说他觉得电子产品不过是稀松平常、理所当然的存在。他想都没想就回答道，"五年级那会儿打《使命召唤：黑色行动》对我的冲击太大了。我真希望能找回那样的乐趣，每天早上起早打篮球，放学后就跟朋友一起玩《黑色行动》。"电子产品能激发人的想象力，看来就连数字一代也会为逝去的快乐和激动而感伤。

如果说微波炉的出现和来电显示等技术让我们那代人大开眼界的话，那么让当今孩子"为之痴迷"的则是智能手机、应用程序、电子游戏和 Netflix、YouTube 这样的流媒体。身为父母，我们总会不由自主地夸大它

161

们对孩子的负面影响。我们担心他们对于技术的痴迷会导致社交技能的缺失，会引起不怀好意的陌生人的注意，会让他们过于自恋，会让他们在懵懂中犯下大错，毁了自己的未来。顺便提一句，实际上在"电子产品"成为高频词之前，父母们就为此担忧。恰逢孩子到了十一二岁，行为态度自然变差，跟家人疏远，过分在意别人对自己的看法，同时也对技术产生了极大的兴趣，这对父母来说无异于火上浇油。但相关性和因果性不能画等号。孩子对电子产品突然着迷并不是网络成瘾的信号，这只是因为他发现了一些有趣的人或事，而电子产品能让他与它们保持联系。

电子产品家庭会议

听起来有些令人生畏，但其实教孩子合理使用电子产品与教孩子使用其他工具，比如剪刀、煤气灶或者汽车并无多大差别。无论教什么内容，我们先要有一套基本方法——想要教会孩子一项新技能，最开始我们要指导、辅助，接下来让孩子自己做，我们只观察不插手，给出反馈意见，最后再彻底放手。

但你或许会注意到两者还是有一点不同：之前教给孩子的技能你都非常熟练，而对于电子产品，你不仅不熟练，甚至还非常陌生，我们看着孩子头也不回大步流星般朝着电子产品奔去，那感觉像极了站在月台上望着孩子渐渐远去的父母，只能怅然若失地冲着越来越模糊的列车挥手作别。

但如果能换个角度看问题，我们就会轻松很多，你不妨设想等孩子到了一定的年龄，你要送他去参加技术训练营，这个训练营跟上驾校差不多，有专门的课程和训练有素的教练，孩子在那儿能学到基本的知识和

第 10 章 谈论电子产品

技能。教会孩子与电子产品建立正面积极的关系或许会让很多父母勉为其难,但你不要过分担心。你期望孩子能遵守哪些基本的行为准则呢?我们只需把焦点放在这些基本的行为准则上,因为它们不仅适用于现实生活,在虚拟世界上也同样管用。

> 你期望孩子能遵守哪些基本的行为准则呢?我们只需把焦点放在这些基本的行为准则上,因为它们不仅适用于现实生活,在虚拟世界上也同样管用。

我们在和孩子的谈话中经常会牵扯到和电子产品有关的话题,如果不能给孩子明确基本的行为准则,那最后只能被最前沿的技术潮流牵着鼻子走。从一开始我们就得确定基本理念,这一点至关重要,然后再以理念为基础明确行为准则——孩子应该如何与电子产品互动,如何与之建立健康的关系,如何享受科技带来的便利?我之所以推荐家庭会议的形式是因为孩子也能参与进来,和父母共同制定准则规范。好处是一来他们不会有什么怨言,二来要是今后孩子问你:"我能下载这个应用程序吗?""为什么我现在不能玩手机?""这条朋友圈有问题吗?"你的回答有规可循,有据可依。

关于家庭会议的几点建议

要乐观

电子产品跟其他工具一样,既有好的一面,也有坏的一面,也有不好不坏的一面。千万不能在会议一开始就强调电子产品有多可怕,多危险,若是这样,孩子就会觉得父母已经跟时代脱节了,自然也不愿意配合父母,坦诚说出自己的想法。

163

要保持开放的心态

有些电子产品家长接受起来毫无困难，比如让妈妈觉得更安全的家庭防盗系统、说不定能救人一命的血糖监测智能手环、让支付更快捷的支付软件等。至于 Snapchat[1]？你或许实在是想不出这样的应用程序有什么好处，但我敢打赌孩子一定能告诉你它的魅力所在。我们应该保持开放的心态，在下结论之前先听听孩子如何判断它的价值。

设定目标

比如，"今天我们家庭讨论的目的是要确定一个基本理念——在我们家电子产品应该起到哪些作用。"

集思广益，所有人都要参与

电子产品应该怎么用？不能怎么用？对于这些问题，哪怕年龄最小的家庭成员也有自己的看法。集思广益能兼顾所有人的感受。

不要预设结果

要敞开心扉认真听取孩子的想法，一旦孩子发现家庭会议不过是一场设计好的、让自己无条件服从大人意见的"骗局"，他们会非常排斥。

---

[1] Snapchat 是由斯坦福大学两位学生开发的一款"阅后即焚"照片分享应用。利用该应用程序，用户可以拍照、录制视频、添加文字和图画，并将他们发送到自己在该应用上的好友列表。

灵活变通

要尽可能地跟孩子达成一致。虽然让每个人都满意很难，但我们可以让孩子感受到大人确实也做出了妥协与让步。同时也要提醒孩子，规则也不是一成不变的。告诉孩子，如果有些规则实施起来效果不明显的话，那么大家可以重新讨论，对规则进行修改。

家庭会议的开场问题

- 对于我们家庭而言，电子产品有哪些用途和好处？
- 电子产品是如何分散我们的注意力的？又是如何打断我们做事的？
- 电子产品能给我们带来很多乐趣和帮助，那么怎样使用电子产品才算对正常的学习生活产生了干扰？
- 有什么方法能更好地使用电子产品吗？还有更多可开发的有益空间吗？
- 如果没有电子产品，大家喜欢哪些活动？我们是不是忽略了一些健康有益的活动呢？

关于电子产品的个人陈述

在网络世界中，时间、空间和关系变得非常模糊。但我们得提醒孩子，网络世界也有真实的一面，现实世界的规则在那里同样适用。写个人陈述也是个好办法，它可以作为行为的参照。你希望别人认为你有哪些优良品质呢？我会这么写：我希望在别人眼里我是个富有创造力、有趣善良、正直可靠的人。我可以以此为参照来约束自己在网络世界中的行为。在发表评论（留言、跟帖）或做其他事情之前，我会问自己：根据这些行为，别人会如何判断我呢？他们会认为我具备上述优良品质吗？

我必须跟孩子聊聊电子产品吗？

电子产品当然不是每个家庭的必需品！每个家庭都可以自行决定什么时候让孩子接触电子产品，通过什么样的方式接触，比如看电视或者玩《魔兽世界》游戏。也有些家庭压根就没有电视，孩子全靠读书来娱乐。但无论哪种情况，你都应该跟孩子聊聊电子产品的问题。

或许孩子在家时，你对电子产品控制得比较严格，而且他在学校或朋友家时也能遵守你所制定的规则，但你还是得为将来打算，教会他如何与电子产品建立健康的关系，而且经常引导、及早引导的效果最好。我们都知道，家长得在孩子进入性活跃阶段之前，多跟孩子聊聊性知识，其实这两者是同样的道理，我们不能等到孩子沉迷于上网时再跟他谈电子产品的问题。或许你的孩子现在还没开始用社交媒体，但只要有同龄人在用，就一定会对他产生影响。一旦孩子开始独立使用 iPad，首先面临的问题就是网络色情。父母要告诉孩子，如果在网上看见暴露隐私部位的图片，一定要及时告知父母，而且你不会因此而大发雷霆。（更多内容详见第 14 章：谈论性）

我给家长和孩子们做有关社交媒体的讲座时，会先让大家看 PPT 上的四张图片：炉灶上的茶壶、锤子、菜刀和一瓶漂白剂。然后我会问孩子们这四样东西有什么共同点，结果大家的回答大同小异——"很危险！""会让人受伤！""一定要小心！"——等五六个孩子吆喝完，才有一个孩子犹犹豫豫地举起手来，怯生生地说出一个截然相反的答案，"它们也能帮到我们？"

没错。所有的事物都有两面性，只有好处没有坏处的东西是不存在的。

有一篇刊载于《急诊医学杂志》上的论文指出，在美国，造成最多伤害的手持工具是刀子，每年平均有1190名病患因为刀伤而入院抢救。可却有很多父母希望孩子能自己切菜做饭。同理，交通事故是导致美国青少年死亡的元凶，但等到孩子够年龄了，多数父母都会鼓励孩子去考驾照。让孩子开车、乘公交地铁、去海边游泳、踢足球、自己切水果吃——你会发现，我们每天都在默许甚至鼓励类似危险行为的发生。为什么我们会对有些统计学显示高危的行为如此纵容，而对有些则谨小慎微呢？

我认为父母之所以会忽略某些风险主要有以下几条原因：首先，回报大于风险。以开车为例，要想让孩子学会开车，我们必须忽视其潜在的危险，并且相信这么做是值得的。的确，我们几乎每天都能看到关于交通事故的大量新闻报道，但……我们不能顾虑太多，毕竟孩子将来长大了总得奔波忙碌，不能再指望父母当专职司机，四处接送。其次，我们会认为潜在的危险与自己的生活并无关联，除非自己或者自己所爱的人遭遇不幸。而且，谁都知道路上总有粗心鲁莽、不负责任的司机，他们会直接威胁到其他人的生命安全，可就算孩子真遇上了交通事故，又有谁能责怪孩子的父母看护不周呢？最后，孩子自己会开车也具有重要的社会意义。获得驾照是人生重要阶段的标志性事件。要是孩子同意，我们还会把他们拿到驾照的照片发到朋友圈。毫无疑问，我们都想确保孩子的安全，可同龄人都能自己开车，只有你的孩子是个例外，这会让他显得很不合群，不是吗？

可一旦把学开车换成使用电子产品，家长们的态度就会截然不同。首先，我们完全不认可它的回报大于风险。我们以为电子产品是娱乐产品，它浪费孩子的时间，是逃避现实的手段，很少有家长会把它当作一种工具，我们根本就没有权衡电子产品的优缺点就直接将它划成固有的危险，而不是需要学习的对象。但这么做只会带来更多危险，因为孩子不知道如何合理使用电子产品。其次，不同于其他事故，新闻里报道的电子产品所酿成的悲剧会让家长惶惶不安。有那么多交通事故的新闻报道，但我们并不会为之所动，可只要听说了谁家孩子去见陌生网友或者有孩子不堪忍受网络暴力而自杀的消息，我们马上会联系到自己的孩子，"换成我是那个孩子的父母应该怎么办？"第三，对遭遇车祸的孩子我们心怀怜悯，但我们并不同情网络受害者，我们认为受害者应该清楚电子产品的利害，就算孩子不懂，大人总该更谨慎一些。我们会立刻分析判断——要想避免这场悲剧，孩子家长应当怎么做。受害者责备[1]似乎成了一种隐形的护身符，能让我们避免类似的不幸。

电子产品是健康幸福生活的一部分

如果你觉得电子产品侵占了孩子太多时间，那么就需要适时调整，均衡分配时间。下面的 BRIEF 对话示例就是围绕着这个问题展开的。这个对话示例相当之长，因为电子产品的使用是孩子们非常关切的问题，必须谨慎处理。要小心地切入这个话题，不要怕费口舌，不能激怒孩子。

---

[1] "责备受害者"一词最早由心理学家威廉·瑞安提出，用于探讨个体处境背后的社会结构性因素。"责备受害者"思维往往会预设一个"完美的受害者"，其中一个后果是导致对受害者的"二次伤害"。

B：心平气和地开始

家长： 嘿，今天心情怎么样？

孩子：（看手机）不错。

家长： 那太好了。你是在放松休息吗？

孩子： 对啊。

家长： 看你这样我挺高兴。你确实也需要时间给自己充充电。我可没想要打断你，能告诉我你什么时候能充完电吗？

孩子： 怎么了？

家长： 没事！我就是想跟你聊聊，过30分钟吧，你看行吗？

孩子： 好啊。

R：与孩子共情

家长：（30分钟过后）呵，时间到啦，我们聊两句吧。

孩子： 有事吗？

家长： 也没什么，就是今天早上我突然想到你现在事好像挺多的，我现在也不怎么管你时间是怎么安排的，不像你小时候那会儿。我挺喜欢这样！但又担心你有没有什么事忘了没做，所以就问问看。

孩子： 都做了。

I：提出问题，收集信息

家长： 嗯，很好。那我能简单问问吗？只是想确认一下你都做完了。

孩子： 能。

家长： 谢谢！我也不想让你太累，你有那么多事，要完成学校作业，要锻炼身体，要约朋友一起玩，还得陪我们，一方面我得确保你该做的都做完了，一方面也得让你有充电的时间。

孩子： 嗯，好。

家长： 那……任务单给我看看。要是需要爸爸帮忙，你直说就行。家庭作业都提交了吗，没什么问题吧？有没有哪门功课布置了什么项目，需要我给你准备硬纸板吗？

孩子： 等一下，对了……科学课有个研究项目，你能给我点硬纸板和绒毛球吗？老师让我们回家做一个细胞模型。

家长： 当然可以。明天给你准备好。你能告诉我很好。嗯，老师要求要经常锻炼，周六还有两场比赛，你准备好了吗？（孩子点头）。还有家务，你的房间还没打扫，我记得之前说过……

孩子： 我今天就打扫。

家长： 好，说话算话啊。晚饭前打扫干净，否则我们就得商量商量该怎么惩罚了。还有你打算跟谁去哪儿玩吗？最好提前告诉爸爸。

孩子： 我真没想好。

家长： 好，没问题。要有什么打算最好能提前一天告诉我。

孩子： 好。

家长： 还有最后一样，我希望你能有足够的时间放松一下，但又不要沉迷其中，忘了自己还有事要做。

孩子： 好，那能玩多久你定吧。

家长： 嗯，完全由我来决定不知道合不合适。我觉得玩手机是你最喜欢的放松方式，是这样吗？

孩子： 我不知道……我也玩其他的啦！（孩子以为这是大人的圈套，他会担心要是让大人看出来手机对自己而言非常重要的话，大人就会没收。）

家长： 你当然也玩别的。那你能不能自己给自己规定每天用多久手机呢？

孩子：为什么要规定时间，我把该做的都做完还不行吗？

E：重复听到的话

家长：我赞成，所以才不愿意由我来规定时间啊。

孩子：好耶！

家长：我们俩都认为平衡好放松时间（使用电子产品时间）和其他重要的事情是最关键的，这你赞成吧？

孩子：当然。

F：给出反馈

家长：太好了！目前呢，我觉得你每天得做好下面这些事情才算平衡：

- 保质保量地完成学校作业，每天阅读时间最少 30 分钟。
- 运动。每周训练那几天运动量肯定是够了，不训练的话每天运动 45 分钟，遛狗、骑车、出去玩，怎么运动随你。
- 做家务。这个家也需要你的贡献，所以每天最好帮忙做点家务，具体怎么分配，我们可以再谈。
- 在现实生活中与朋友相处。我知道你和朋友会通过手机联系，但这并不能取代面对面的交流。如果周末你能和朋友一起玩，我会非常高兴，在家里玩也行，开车送你们出去玩也行。
- 留些时间，远离电子产品。首先说明，我并不是痛恨电子产品，但有时没有电子产品感觉会更好，反正我是这样的！吃饭时、开车出门时、家里有特殊活动时不可以用手机，这样一家人可以开开心心地聊聊天。另外，睡前 30 分钟也不能用手机，那会影响睡眠。

171

- 如果刚刚说的几条你都能做到,那说明你两方面都能兼顾,那我也没必要给你规定使用电子产品的时间。但要是你做不到的话,爸爸妈妈只能严格控制你用手机的时间了。总之,这取决于你能不能合理安排时间。

无论是对父母还是对孩子而言,电子产品的使用都可以说是一个一触即发的焦点问题,但两方对于"上网"的理解却不尽相同。孩子对着屏幕那么长时间到底做了些什么?我们该如何询问?下面的对话为家长做了个很好的示范。

B:心平气和地开始

孩子: 妈妈,我想下载个应用程序,你看行吗?

家长: 把我手机拿过来,我看看。什么应用程序?

孩子: 叫……,能把自己拍的照片做成表情包。

R:与孩子共情

家长: 听着还挺好玩的,你能发个表情给我看看吗?

孩子: 呃,有点怪怪的那种,你确实想看?

家长: 当然啦!

孩子: 好,行吧。

I:提出问题,收集信息

家长: 你别着急,我先问你几个事。你知道这个程序适合什么年龄段吗?

孩子: 我看了,满10岁就行。

家长: 很好。那做了表情包你想干嘛用呢?

孩子：就发给朋友啊。

家长：是用这个程序发，还是先保存到手机然后再用聊天软件发呢？

孩子：我也不清楚。

家长：嗯，那你先上网查查。查好了告诉我好吧？

孩子：这很重要吗？我的意思是，如果是程序发表情包的话你会不同意吗？

家长：说实话，我现在也不确定。不过咱们在用这个程序之前是不是多了解一下更好。万一程序开放者把用户的表情包用于商业目的就不好了，所以最好还是弄清楚。

（孩子研究完之后过来跟父母进一步解释。）

E：重复听到的话

家长：你查得可真仔细！真让妈妈刮目相看。看来关于隐私权的问题你是下了一番功夫。

孩子：谢谢妈妈。我觉得10岁小孩都能用的程序是不会侵犯个人隐私的。我们能不能商量一下，确定一个最大年龄，凡是到这个年龄就能下载使用的程序，以后我就直接下载，不用征得你的同意，你看行吗？

家长：你能注意到应用程序的年龄限制，而且愿意上网做一些功课，愿意跟妈妈一起制定规则，这非常好。我完全能理解你刚刚的想法，我们先简单聊聊这事吧。

F：给出反馈

家长：你刚才说10岁小孩都能用的应用程序应该不会太糟，这话有一定的道理……但是难保有居心不良的人利用它来达到某些目的。你看，锤子不是什么坏东西吧……要想在墙上挂幅画，我们得先用锤子把钉子敲好，但锤子也能把窗户砸烂。所以首先我需要了解程序的用途，其次我还得知道会不会有居心叵测的人用它来伤害别人。你觉得我说的有道理吗？

孩子：嗯，你比较谨慎。

家长：对！是得聪明点。技术一直在发展，这一点你最清楚。开发者会不断更新程序，用户也会发现新的用途。同意你使用一个新的应用程序，这和同意给你买个新足球或者一套新乐高可不一样，因为应用程序一直在更新。今天妈妈就答应你，但妈妈可能得时不时过问一下，以确保：（1）这个程序与开发者的说明相一致；（2）用户能够规范使用，这当然也包括你。使用电子产品实际上跟在大海里游泳差不多，咱们都知道，大海是很好玩，但也有危险，妈妈不能阻止你去享受大海的乐趣，但同时也得保证你的安全。你就想象自己身上戴了个救生圈，你可以往海里去，但一旦海水漫过你的头顶，我就得把你往岸边拉一拉。暂时我们就先这么处理吧，等到你再大一些，能保障自己的人身安全了，再放手让你自己游泳。关键是你得愿意坦诚友好地跟爸爸妈妈对话，现在这样就很好。嗯！妈妈准许你下载这个程序，开心吧？

最后一条重要建议：记住，你是孩子的好老师，或许你对自己的能力有所怀疑，但只要我们能看透电子产品这层表象，重点关注人性的一面，我们就能很好地引导孩子。另外，你也是个好学生！遇到任何让你感到好奇的东西时，不妨向孩子虚心求教，他们肯定比别人教得要好。

别做谈话终结者——谈论电子产品的禁忌

"太长时间盯着屏幕对你不好。"

这句话表达得过于模糊。"太长时间"是多长？而且，美国儿科学会最近修改了对于电子产品使用时间的说明，不再有推荐时长，而是建议家长注重电子产品使用的"质量"而非"数量"。用的时间相同，但产生的效果不一定相同。与其批评孩子"老是对着屏幕"，还不如跟孩子商讨一下如何均衡分配时间。只要孩子能够保持良好的学习生活习惯，把支配权交给孩子也未尝不可。

"我看你都要上瘾了。"

这个威胁听起来有些吓人，实际上空洞宽泛。这让我想到过去家长经常会恐吓孩子说，看电视靠太近的话就会永远变成斗鸡眼。不可否认，有些孩子确实存在成瘾的问题，但成瘾的机制很复杂，怎么样才算是电子产品成瘾，目前还没有严格的定义。常识媒体[1]曾发表过有关电子产品成瘾的相关深度研究报告。我建议所有焦虑的父母先把这些报告找来读一下，再去判断孩子有没有问题。电子产品成瘾、酒精成瘾、药物成瘾、赌博成瘾和游戏成瘾不是一回事，每种问题都有其特性，只有在全面了解情况的基础上才能确诊。

"我可不希望一个错误毁了你的一生。"

家长怎么能不担心呢？孩子上网时的一个疏忽，结果造成了不可逆的伤害，这样的故事我们听得太多了。每一个青少年都会犯错，他们必须接受错误导致的结果。对孩子而言，这样的话没有任何意义。他们关注的是当下，而不是遥远的未来。今天发生的事情会对将来 25 岁的自己产生怎

---

[1] 常识媒体（Common Sense Media）是一个成立于 2003 年的非营利组织，其目标是确保家长在这个媒体和技术时代成为影响孩子生活的主要力量，它声称将帮助家长和其他社会人士教会孩子们怎样利用媒体，而不是被媒体利用。

样的影响？他们暂时才不会考虑这个问题。你知道他们在意的是什么？是同龄人和朋友现在对他们的评价。用可怕的未来恐吓孩子纯粹是在浪费时间。我们倒不如跟孩子聊聊使用电子产品为什么影响当下的幸福感；当孩子觉察到朋友面对面的交流越来越少时，跟他聊聊什么是孤独社交[1]；十一二岁的孩子非常看重个人声誉，我们也可以跟他聊聊怎样才能获得别人的认可。

没时间仔细看书？那来一堂速成课吧。

本章小结

- 家庭与电子产品应该是什么样的关系？要想解决这个问题，重点是要确立一套有生命力的良好理念基础，而不必紧跟最新的科技潮流。
- 电子产品也曾经让我们惊喜雀跃。还记得你第一次因为电子产品而极度兴奋的经历吗？为什么你会那么兴奋？其实孩子跟你也有同样的感受。试着向孩子学习，重新体验一下电子产品的乐趣吧。
- 孩子并不见得多喜欢电子产品，但电子产品可以帮助他们与外界相关联：与人关联、与人沟通、发现有趣事物。
- 通过家庭会议的方式制定共同的基本行为准则，通过个人陈述来指导网络世界中的行为。

---

1 孤独社交指的是网络上粉丝朋友很多，现实中能谈得来的朋友却很少。使用社交网站的多为80后以及90后的职场人，其中半数以上人士更将其作为人际关系的主要沟通方式，"网上活跃，网下落寞"成为不少人的现实写照。

- 任何工具都是有利有弊。电子产品亦如此，关键是要平衡其利弊，电子产品并非一无是处，但也绝非完美无缺。

- 要是有人在使用电子产品的过程中犯了错误，不要苛责，这其实跟交通事故差不多，但谁会忍心指责交通事故受害者呢？我们都是人，都在不断地学习。

- 电子产品是幸福健康的生活的一部分。关键在于如何均衡分配时间。

- 使用电子产品同样长的时间，但效果不一定相同。鼓励孩子利用电子产品发挥自己的创造力，多与人沟通。

- 对于十一二岁的孩子而言，电子产品是个充满火药味的话题，他们害怕大人随时可能没收自己的手机。切入这个话题时不能急，要放轻松，接受电子产品的优点和缺点。遇到疑问时可以向孩子请教，听听他们对于问题的认识，了解他们为什么会喜欢某产品。

第 11 章

谈论批评

要想能跟孩子更好地聊聊有关批评的话题，我们得明白，为什么到了十一二岁，孩子对于他人的评价与反馈更加敏感，为什么有必要教会孩子区分建设性批评与破坏性批评，为什么表扬孩子的优点是比指出孩子的缺点更有效的反馈手段。

那天是个春风拂面的好天气，我带八岁的女儿去游乐场玩，同行的还有女儿新认识的朋友佩奇和她的妈妈黛安。两个小伙伴很玩得来，我们两个妈妈也一见如故，坐在边上的长凳上相谈甚欢。这时佩奇犹豫着走到妈妈跟前，脸上一副伤心的表情。"怎么了呢？"黛安温柔地问道。佩奇把小嘴巴凑到妈妈的耳朵边上，压低声音，把前因后果告诉了妈妈，而我在边上则如坐针毡，生怕女儿哪里做得不合适，果真如此的话，恐怕我和新朋友黛安以后再也不能这样推心置腹地聊天了。等佩奇说完，黛安问道："好像别人说你什么了，对吗？你打算怎么办呢？"

这件事我一直记在心里，因为我不仅从黛安身上看到了良好的养育方式,同时她明白如何在其他人面前顾全孩子的尊严。孩子们总爱对其他孩子评头论足,而且说起话来口无遮拦,这会让父母非常难堪,尤其是当其他孩子父母也在场的时候。"我应该追问清楚吗?要惩罚哪一方吗?究竟是谁的错?我在边上坐得好好的,冷不丁地来了这么一出,下面我应该怎么办呢,这可关系重大呢?"

但黛安并没有急着要去化解两个孩子的纷争,也没有表现得圆滑老练,而是对我女儿所说的话保持一种客观中立的态度(我到现在也不知道那天女儿究竟说了佩奇什么话),同时让佩奇自己对别人的话做出评估。在女儿感到受伤时,黛安赋予了女儿自信和自我价值感,她的方法真是太巧妙了。

如果你也认同这种方法,那么你会发现,生活中有很多实践的机会。十一二岁的孩子或许是地球上被诟病最多的人。每天来自各方的批评让他们应接不暇——从衣着("你怎么穿成这样就出门了!?"),到家庭作业("请你认真点!"),到交友的选择(家长摆臭脸、翻白眼)。上了初中后,孩子还要面对老师、教练、学校管理人员的评价,所有这些人的期待和偏好并不相同,除此之外,学校里的孩子也会喋喋不休,对别人品头论足。十一二岁时,形形色色的评价接踵而至,从那之后,每个人都会在各种评价中度过一生。因而,是否能正确面对和处理别人的评价非常重要。

评价是个体成长不可或缺的一部分,对于相对敏感的人而言,他们要付出更多成长的代价——虽然不愿意回想起被别人伤害或者羞辱的经历,但它们却又在记忆中抹之不去。我至今还记得自己的经历——因为穿的牛仔裤是杂牌子而被班上的同学嘲笑,在社交媒体上发表自己的政治观点被别人喷,朋友本来是一番好心但说出来的建议却让我心里很不痛快——我对别人的负面评价总是非常在意。

现在回想起来,我明白有些评价的初衷是好的,但我当时的心态就是非常抗拒；而有些评价则毫无根据，可我的心里又没有强大到足以对它们置若罔闻。很多时候，别人也并不是专门针对我，只是一些细微的肢体语言，比如叹气、匆匆一瞥、心不在焉、迟疑的笑声就让我感到不自在。我真希望自己的脸皮能更厚些，神经能更大条些，不那么在意别人的看法。但是敏感也有敏感的好处，对于我的工作而言，敏感也是个优点，因为想要成为一名好的老师，我就得设身处地地为别人着想。如果你的孩子跟我一样敏感，你可以帮助他们发现敏感的优点，这会让他们的内心更为轻快。

无论是对于脆弱敏感的孩子，还是十分自信的孩子（或者介于两者之间的孩子），父母的评价方式都会影响着他们处理事情的方式。如果孩子跟父母的性格比较接近，那么我们很容易就会产生跟孩子一样强烈的情绪反应。需要注意的是，我们得克制自己的情绪反应。颇为讽刺的是，更多时候孩子与父母的性格可能截然不同。如果你是个大大咧咧的人，那很可能你压根无法理解孩子为什么那么在意别人的看法；与之相反，假如你是个脆弱敏感的人，你又会担心孩子压抑了自己的情感，但实际上他们本来就没那么多情绪波动。下面我们先来看看如何去理解"评价反馈"，把自己的情绪反应与孩子的情绪反应区分开。

在意别人评价之悖论

从十一二岁开始，孩子看待世界的方式多了一分自恋的色彩。挣脱父母的庇护去确立自己的自主性是这个时期个体发展的重要任务，他们要形成个人偏好、划定边界、确立信仰、明确梦想、培养能力等。听起来这是很合理的发展诉求，但真正落实到孩子身上，我们会觉得他们只关心一件事——世界有没有绕着自己转。

对于十一二岁的孩子而言，独立于父母去确立自己的身份，是一个孤独同时又振奋人心的过程。与父母分离会让他们觉得与世隔绝，这给予他们动力，渴望被更广大的同龄人群体所接受，因而同龄人的评价就变得异乎寻常的重要。班上大家都喜欢的同学的一句夸赞很可能会让孩子高兴得像中了头彩，相反，同学的一句侮辱则会让他沮丧到像是在众目睽睽之下因为自己的失误而输了一场重大比赛。

别的孩子怎么看自己突然变得至关重要。要是能看透孩子的心事，你会发现他心里多半是这么想的："我可不想再当那种离不开父母的小毛孩，但我又不愿意一个人。我需要别人喜欢我！为了让别人喜欢我，我什么都愿意！"

但没有人会一直招人喜欢。你可以把孩子"包裹"起来，不让他们受到批评的伤害。为了达到这个目的，父母们会怎么做呢？不让孩子跟"带来坏影响"的同学玩；给他们买最新潮的服饰；告诉他们不能软弱，不能受人欺负；孩子受到一点情感或身体的伤害时，都要他们报告老师；扮演孩子朋友的角色等。但这么做孩子就不会被同龄人拒绝、孤立了吗？就没有难堪窘迫的时候了吗？答案是否定的。

"别人怎么看我跟我没关系"——这是我最喜欢的一句话，对于我这种高度敏感的人来说，这是一句金句，但从更广阔的视角来看，人类的本质是社会性动物，所以别人的看法当然重要，至少从某种程度上而言是如此。很多父母希望自己的孩子能完全独立，能独立思考，敢于质疑现状，敢于挑战旧的观念，同时又要遵守社会规范和准则，尊重传统和权威，能体恤别人的需求。这难道不是个悖论吗？

我们必须接受事物的两面性。一方面，告诉孩子不要在乎其他人的看法当然非常容易，另一方面，孤军奋战的思维方式在群体生活中其实根本行不通。我们有邻居、上司、朋友、家人，他们不断地给我们各种输入反馈，虽然说我们不想看到孩子习惯于盲目地去讨好别人，但我们的确希望他们长大成人之后能兼顾两个方面——保持自我的同时也能很好地融入群体。而要想很好地融入群体，孩子就得学着去处理评价反馈。

批评的种类

批评和批评并不相同。首先我们得让孩子明白建设性批评与破坏性批评的区别。

- 建设性批评是为了帮助你改进。
- 破坏性批评是为了让你更难过。

我们可以从情景喜剧、电影、书籍、社交网络中找一些例子，或者以现实生活中人与人之间的互动（不能是孩子直接认识的人）入手，自然而然地引入这个话题。我们可以先解释定义，再通过例子补充说明，这样孩子就能更好地区分两者。然后，如果孩子能够谈到自己的亲身经历，大人便可以温和地询问孩子别人对他们是如何评价的。一旦能区分建设性批评和破坏性批评，孩子就可以思考下一步应该怎么应对。

实际演练：如何面对教练的决定

下面我们要看到的场景经常出现：你的孩子报名参加某个球队或活动

第 11 章　谈论批评

选拔、试演惨遭淘汰。我们将通过 BRIEF 对话示例来学习如何跟孩子谈论这个问题。

B：心平气和地开始

孩子：篮球队入选队员名单昨天贴出来了，没有我，我简直不敢相信这是真的。

家长：噢，挺遗憾的。能说具体点吗？

孩子：我以为自己十拿九稳呢。我比有些选上的人打得还好，这我敢肯定。我知道那个教练不喜欢我。真不公平！这下大家肯定都以为我比那些选上的差劲的球员打得还烂。有的孩子都不相信我居然给淘汰了。太不公平了。（孩子开始哽咽。）

R：与孩子共情

家长：我上初中那会儿也经历过这样的事，确实很难受。我能帮你做点什么？要是你想坐下来聊聊我很乐意奉陪，一起看电视也行。当然，假如你想一个人待着我也没意见。这事换到谁头上心里都不好受——但你放心，有老爸在。

孩子：我也不知道自己想干嘛。实在太郁闷了。

家长：我理解。每个人都有沮丧的时候，你也不例外。我能问你几个问题吗？

孩子：当然。（孩子也可能拒绝。家长可以在孩子睡前再谈这件事。）

I：提出问题，收集信息

家长：你知道有多少个孩子被淘汰了吗？

孩子：不清楚，反正选上的有 12 个。有些人打得那么烂居然也能选

183

上！我并不是故意要说人坏话——他们大部分确实水平比我高,但有几个我课间看过他们打球,好多球都投不中,也不知道怎么选上的。

家长: 有时确实会这样。明明能力不行却也选上了,甚至还能当上主力。我们单位也有这样的事,有的人工作能力平平,可上司就是提拔他了,也不知道怎么回事。我再问你几个问题:选拔过后教练给你反馈了吗?有没有认识的朋友也被淘汰了?

孩子: 没有反馈。什么都没说。泰勒和马库斯也被淘汰了,他们打得也挺好啊,当然也有不少打得不怎么样的没被选上。

家长: 好,这么一说我大概知道什么情况了。那泰勒和马库斯这一赛季打算干吗?他们是不是要参加校外篮球队?

孩子: 我不清楚。

E:重复听到的话

家长: 很多孩子都去参加选拔了,很多也被淘汰了。听你的意思,教练选人也没什么明确的标准。我敢说很多球员最开始都有这样的经历,稀里糊涂地就被刷掉了。这事谁遇上了都会觉得很挫败,很没面子,有些孩子还会很气愤。我知道了。

F:给出反馈

家长: 面对我们不想要的结果确实让人很失望,但你敢于尝试,这让爸爸觉得很骄傲。首先我希望你能明白,你这次没选上只是这个教练一个人对你的评价,他的决定不能代表所有人的意见,也未必能代表你的真实水平。你不能因为一个人的决定就放弃篮球这项运动,你只是今年没法在校队打球而已。其次,你得想想下一步怎么办,被淘汰只不过是个开头,下一步要怎么做才是最重要的。你可以考虑参加校外的联赛,也可以给教练写封邮件问问他,他比较看重哪些素质,下一年咱们就瞅准了目标努力。等到了冬天,也不妨尝试其他种类的运动。当然,这完全取决于你的想法,不着急决定,你先想想看。总之,不要太在意被淘汰这件事,想好下面怎么做才更重要。

孩子必须学会处理生活中的不顺心,不如意。听说孩子被淘汰,我们大人无外乎两种反应:一是已经预料到这样的结果,二是跟孩子一样感到意外。

现在我们来看看第一种情况,你为什么会预料到这样的结果呢?可能是因为你知道自家孩子有些好高骛远;或者孩子高估了自己的水平,自信得过了头;或者他所付出的努力跟抱负不成正比;或者教练选拔球员的时候只看孩子的家庭背景。无论是什么原因,都不要告诉孩子。如果你把自己预估到的问题都告诉了孩子,那么孩子就被剥夺了学着去面对失望的机会。哪怕预见到孩子的失败是必然的,我们也应该守住这个秘密,不妨问孩子一些问题,这样才能从孩子的视角看问题,加深对孩子的理解。大人越是表现得无知,孩子越会自我反省,越会努力去寻找答案。

当然,你也可能跟孩子一样意外,一样不明就里。你或许会觉得孩子被淘汰非常不公平,但你绝对不能在孩子面前表现出这种情绪——不满的情绪只能留到在朋友或者配偶面前流露。孩子处理自己的失望情绪已经够艰难了,我们不能再给他增加负担。我们的目的是要教会十一二岁的孩子如何去面对被淘汰的事实,如何去制定下一步的计划,愤怒只会让孩子学起来更慢,效率更低。

跟大人一样,孩子不可能总能得到自己想要的东西,总能心想事成,如果说负面的评价反馈会让孩子感到挫败,那么对孩子外貌或性格的贬损则更容易给孩子带来伤害,下面我们通过对话来学习如何应对这种情况。

如何处理同学的侮辱

大人们应该都记得小时候听说有人在背后说自己坏话的经历。如果孩子遇到了同样的问题，我们应该怎么处理呢？遇到这样的问题，孩子回到家通常会先跟大人诉苦，所以这次对话就先从孩子开始。

B：心平气和地开始

孩子：我能跟你说点事吗？

家长：当然可以。

孩子：今天的午饭是让我感觉最糟糕的一顿饭。卡莉听说班上有几个人说我长得丑，今天吃午饭时她就把那几个人叫过来对质，这叫我很难堪。

R：与孩子共情

家长：天呐，我太震惊了。这么说别人太没礼貌了，卡莉这样做也很过分。发生了这样的事我真替你难过。但你得明白，他们纯粹是一派胡言。不管你信不信我都得说，你一点都不丑，但你心里或许还是很难过，侮辱的话就是很伤人，你放心，有妈妈在。你愿意把这事告诉我，我很高兴，咱们可以仔细聊聊。

提出问题，收集信息

家长：接下来怎么样了？

孩子：卡莉告诉我的时候我可真想哭，但大家伙都在餐厅吃饭，所以我只能勉强挤出点笑容。幸好那几个人很快就走了，但卡莉问他们的时候他们居然还在笑。

家长：嗯。你觉不觉得他们或许笑得跟你一样不自然？他们跟你一样，不知如何是好？

孩子：可能吧。

家长：我在想卡莉说的是不是实情。也可能她听错了或者搞错了？或许他们确实说谁长得丑，但说的不是你？我知道你也不知道答案，我只是把我的想法说出来。

孩子：卡莉说她要告诉那几个人，以后不能这么说话，接着来回问我有没有事。

家长：你感觉卡莉是不是挺喜欢充当这样的角色的？在你和那几个孩子之间传话，然后对你表现得很关心？

孩子：嗯，你说得没错，我感觉她是挺喜欢传话的。这样她就能跟那几个人多接触了。

家长：嗯，好吧，我们也搞不清她为什么要那么做，到底发生了什么，但她确实挺喜欢挑点事，这点值得注意。你现在什么感觉？

孩子：我挺讨厌她跟我说这些的，我宁愿什么也不知道，明天也不想看见那几个人。

E：重复听到的话

家长：相信妈妈，你这样我完全可以理解。对于那些粗鲁无礼、尖酸刻薄的家伙，谁见了都想绕着走。看起来你今天心情很不好，而且卡莉还火上浇油，要是以后她再提这事的话，你最好告诉她你不想再谈这事，要是她继续这样，那就得考虑给她点颜色看看了。

F：给出反馈

家长：我们也可以花点时间弄明白那几个孩子到底有没有说侮辱人的

话，卡莉为什么要蹚这个浑水，但我们不一定能搞清楚事情的真相。有些人就是那么粗鲁，重要的是遇到这样的事应该怎么处理。你可以选择忽视，也可以为自己辩护，也可以跟其他更友好的同学做朋友。你一直是个明白事理的孩子，妈妈希望你能成熟地去思考这件事，你要明白，坏的行为只能说明那些孩子有问题，你没有任何问题，你不妨问问自己，你所尊重和爱的人同不同意那几个孩子的说法。反正我和你爸爸坚决反对！妈妈爱你，要是你愿意，我们可以再聊会，要是你不想再为这事伤神，咱们做什么都行。

如果孩子收到的评价反馈是侮辱性的语言，他们很容易就会被痛苦悲伤的情绪所挟持。在父母的帮助下，尽早学会自我抚慰是非常有帮助的。我们可以鼓励孩子去找点事情做，以打破消极思维的循环模式，只要孩子能动起来（再小的举动也无妨），他们就能保持住对环境的控制感，不会沉溺于无助的情绪。（我们在前文第 8 章已经详细讨论过如何帮助孩子处理负面情绪。）

理论说起来很简单，但孩子在被冒犯侮辱时，通常不会去琢磨传话人的用意。如果孩子能去思考一下对方是什么样的人，心情一定会轻松许多。记得我上初二那年参加了学校的演出，结果听说有个朋友在背后说了我一些难听话。那天晚上我正在苦思冥想下面该怎么办，这时爸爸问了我几个简单的问题："你在乎这个人怎么想吗？你喜欢她，尊重她吗？如果答案是肯定的，那你就考虑一下，她说得有没有道理。如果你根本不在意她，也就不用在意她的看法。"那一刻我真有种醍醐灌顶的感觉。这件事只不过是块试金石，让我认识到她并不是我的真朋友，我感觉如释重负。也就是说，"如果你永远不会向某个人寻求建议，那也不必把他的批评放在心上"，这句话并非出自我口，却是我笃信的一条格言。

来自家人的负面评价反馈

处理来自教练、朋友、校园欺凌者或者爱管闲事的邻居的批评是一回事,但实际上孩子们更多要面对的是来自家人的负面评价,这时他们会愤怒、抗拒,会据理力争,那情形实在是有点吓人,父母们可得小心了。

有没有办法能表达自己批评的态度,同时又不会引起轩然大波?我们不妨退后一步,先思考另一个问题:大人究竟应不应该批评孩子?我的答案是"应该",但在这个"应该"旁边得打上两个大大的星号。第一个星号标注的是,我们批评孩子的方式会产生很大的影响,它决定了孩子是否愿意采纳我们的意见,还是会"火山爆发"。第二个星号是要提醒家长,我们应该大幅降低批评孩子的频率,要比你所预想的少得多才行。

我的观点是:传统的反馈方式并不如我们认为的那般有效。指出孩子的错误或者"进步的空间"并不是帮助孩子成长的有效手段。2017年哈佛商学院的一项研究证实,以纠正错误为目的的反馈会阻碍学习。原因如下:我们的大脑一直在生长,不断地产生新的神经元,形成新的突触。个体在感到自信、感到自己很有能力的情况下,大脑生长得最快。或许你也注意到,如果自己喜欢做一件事情,并且做这件事情非常熟练高效,那么你的成就也会最高。我最喜欢什么,什么就学得最好。相反,如果一件事还没做就觉得自己做不好的话,那么你学会方法、技能的速度也更慢,进步也就更难,哪怕那些方法、技能已经解释得很清楚了。

我们在跟孩子强调他的优点长处的时候,他的大脑中会产生大量新的神经元,形成大量新的连接。但如果强调孩子的错误,他的大脑则会把批评判断为一种威胁，停止生长。简而言之，关注缺点错误会让学习终止。

但这并不是说家长绝对不可以指出孩子的不足之处，也不是要让家长一味地夸奖孩子，把孩子变得自以为是，目中无人。很显然，我们得教导孩子怎样才能做得更好。"我跟朋友说话的时候请不要打断我"，就是非常有益的批评。"你这个孩子，就不能让人把话先说完吗"，则是有害的批评。后一种方式会给孩子的大脑传递一个信息：我得保护自己不受批评的伤害，而前一种方法则能激发孩子的学习，要是和孩子的优点结合起来，效果更好。最好的批评应该是这样的："你有很多好的想法。但我跟朋友说话的时候请不要打断我，我希望你可以把你的想法记在本子上，等妈妈说完了你再跟我讲讲。"

孩子就像是等待浇水的绿植、等待吸水的海绵，或是等待装满水的桶——我们家长的任务就是要给孩子合适的指导，帮助他们学会必需的技能，帮助他们长大成人。如果你还是不确定该怎么给孩子反馈，不妨把自己想象成产品使用说明书的指令，而不是报纸上的评论文章。

我们首先要教会孩子如何正确安全地完成任务，其次才是效率。相对而言，效率是一个比较主观的概念。我们就以让青少年打扫卫生间为例——这个话题在亲子讨论会上出现的频率异常之高。初中生的个人护理产品可谓琳琅满目——从染发剂、剃须膏、彩妆用品到香体喷雾，可很多孩子不知道要保持卫生间的整洁卫生。简而言之，很多孩子需要学会如何打扫卫生间。

我们在教孩子完成这项任务时，肯定要告诉他一些卫生常识，还有卫浴清洁用品的使用注意事项。把禁忌全都交代清楚之后，你或许还想告诉孩子你觉得怎么打扫最好，多久打扫一次，什么时候需要清理，清理的步骤是什么，甚至于要打扫多长时间。千万要忍住，绝不能这么做。如果我们像监工一样喋喋不休，告诉孩子怎样才能打扫得又快又好，就像小时候奶奶唠叨我们一样，孩子一定会抓狂的，而另一方面，孩子的反抗又会让我们抓狂。我们评价反馈得越多，孩子表现得就会越差，这有点像初中生版的墨菲定律。

你或许以为，告诉孩子"有个地方没清理到"，那他下次就能打扫得更干净。事实并非如此。给初中生评价反馈时，一定要尽量把指令和孩子的优点结合起来——"嘿，卫生间打扫不错啊。镜子一尘不染的，别忘了把毛巾扔到洗衣机里……其他都挺好。"就成功地改变一个人的行为而言，表扬和夸赞可以说是无所不能。

在孩子还小的时候，我和丈夫还发现了一个更管用的鼓励办法——只要发现在跟别人分享时，孩子表现得很有耐心、很友善，总之就是当孩子表现出和我们会惩罚的那些行为完全相反的良好倾向时，我们就会激动地大喊，"嘿，妈妈（爸爸）发现你刚刚表现得很好哎！"然后跟孩子举手击掌。这个方法似乎毫无新意，但我们发现，孩子好的行为越来越多。初中生虽然已经开始远离父母，但实际上心里仍然喜欢和渴望你的赞扬。发现他们好的行为时一定不要吝惜你的赞美。

听见正确的声音

孩子每天会接受到很多评价反馈，朋友的、老师的、教练的、媒体的，甚至陌生人的。从清晨睁开双眼，世界几乎一刻不停地在孩子身边运转，在他们耳畔轻声低语："你看起来应该是这样，而不是那样。你应该在意这些，而不是那些。对这些东西好奇才叫酷，而不是那些。在公共场合你得这样，而不是那样……"

那么如何才能帮助孩子过滤掉外界的喧嚣，学会聆听自己内心的声音呢？如果青少年能有机会培养对自己独立思考能力的自信，他们才能忽略无处不在的纷扰。这就意味着我们得经常给孩子自己做决定的机会，并且肯定他们的能力，即便他们的决定与我们的并不相同，尤其是当他们犯了错误，我们自己的信心也开始动摇的时候。我们就像中场休息时给士气不振的球队鼓气的教练，我们得让孩子相信自己的潜力，而这种相信离不开实践和家长鼓舞士气的话语。也只有这样，孩子才能抵御住同辈的压力，学会相信自己的直觉——而这是所有家长期望孩子在上高中前能拥有的能力。

孩子渴望成功。孩子接收到残酷的评价反馈时，会挣扎着去站稳脚跟，这时我们一定要让孩子看到自己的优点和价值。如果你无法确定孩子所遇到的问题和孩子的哪一个优点相关联时，不妨问问孩子自己。

1. 你最擅长什么？
2. 你的长处如何能帮你摆脱眼下的困境？
3. 有什么办法能解决这个问题？
4. 你遇到过类似的情况吗？用什么好办法解决的？

别做谈话终结者——谈论批评的禁忌

"不用那么在意他们怎么想。"

没错，要是孩子对别人的看法特别敏感，家长就老想跟孩子说这句话，甚至每分钟都想念叨一遍。你以为孩子只要能做到这一点，就一定会更开心，但其实这句话就相当于当你沮丧难过时，别人劝你不要小题大做。劝告并不能压制人正常的情绪反应。我们应该说："太在意别人的看法自己会很痛苦。当你太在意时，有没有什么办法能让自己感觉好点呢？"

"那些人真是蠢到家了。"

有时父母真想把贬损自己孩子的那些人给痛骂一顿，但我不建议你这么做。我们都希望孩子从被否定的阵痛中迅速走出来。当然，如果他人的评价非常之粗鲁无礼，非常之主观武断，或者是针对孩子无法改变也不应该改变的东西，比如身份标识（种族、民族、性别、外貌），我们可以直接告诉孩子，"那人就是个白痴。别理他。"总体而言，孩子得学会自己去评估别人的反馈批评。如果每次有人对孩子的某项能力或行为提出了批评性的意见，家长下意识的反应都是嗤之以鼻的话，那么孩子就会养成遇到挫折就怪罪别人的坏毛病，对于一个成年人而言，这个毛病令人讨厌。

"我告诉你，你应该……"

孩子小的时候你可以帮他搞定很多事情，这既是切实可行的办法，也是父母爱的体现。但孩子上了初中后就得自己处理问题，最起码他们得有锻炼这种能力的机会。如果家长明确地告诉孩子应该怎么做，那么孩子的经验就会大幅缩水。哪怕是不那么明确的建议，比如"你得维护自己的权利""明天去找教练，看看怎么回事""报告老师"，都可能会让孩子不愿意与家长沟通，因为这个年龄的孩子再听父母的主意会觉得不自在。更糟的是，如果家长给教练或老师打电话的话，孩子很可能从此之后不再信任你。当我们不确定该如何处理时，不妨把孩子当作一个信任我们的同事看待。抱怨上司时，他们需要我们的倾听，我们耐心听完就行，很多时候他们并不是向我们寻求建议，他们压根不希望我们打电话给上司来解决问题。

"嘿，一切都好吧？"

这话听着没什么恶意，有时也确实没什么恶意。可如果你是怕孩子被批评后心里难受，于是含含糊糊地问了这么一句，那好心也会办成坏事，这跟迈克尔·汤普森博士与凯瑟琳·奥尼尔·格蕾丝在他们合著的书《最好的朋友，最坏的敌人》（Best Friends, Worst Enemies）提出过的"盘问痛苦"（interview for pain）的做法非常相似。其实我们只要跟孩子说一句"要是心里难过，想跟妈妈聊聊的话，妈妈一直在"就够了。然后让孩子自己一个人清净一会儿。孩子觉得痛苦，家长可能比孩子还痛苦，甚至痛苦得还要久，追着孩子问来问去的话，只会让本可以走出阴影的孩子持久地沉溺在痛苦中。

"我会做你的朋友的。"

孩子最需要什么，我就给他什么，这种冲动通常来自我们内心最柔软的地方，但当孩子最需要朋友伙伴时，我们最好克制住想要当替补的冲动。你以为这句话表达的意思是："我爱你，我觉得你是最棒的，我会永远做你的后盾！"可在孩子听来，这句话的意思却是："你既然不太会跟同龄人交朋友，那么就让我来跟你做朋友吧。"父母与孩子当然可以像朋友一样相互支持，相互开玩笑，我们应该珍惜这样美好的时光，但那不能取代同龄人之间的友谊。孩子自我怀疑时，我们应该倾听、支持、不做判断，然后鼓励他们去和朋友沟通或者尝试新的活动，结识新的朋友。

没时间仔细看书？那来一堂速成课吧。

本章小结

- 大人不断地告诉孩子要怎么做，应该做些什么。对于同样的评论反馈，每个人的敏感度是不同的，我们应该根据孩子的性格特点来调整反馈方式。
- 我们既不能过于在意别人的看法，在群体中又要与人协同合作，我们必须平衡这两方面。
- 孩子要学会区分建设性批评（帮助个体进步）与破坏性批评（使个体感受更糟），这对他们大有裨益。
- 在知道孩子收到了负面反馈时，父母必须消除自己的负面情绪，不要让它成为孩子额外的负担，这样孩子才能专注于自己的情绪，也才能认真地思考对策。
- 批评孩子时，尽量不要去评判他们的表现。要把自己想象成产品说明书中的指令，而不是报纸上的评论文章。完成一项任务时，我们应该给他们清晰明确的指令，不要对他们的表现评头论足。
- 研究表明，传统的反馈方式（指出错误）基本上没有什么效果。如果反馈时能突出个体的优点或长处，那么个体的学习效果更好。个体在觉得自信、觉得自己很有能力的情况下，大脑发育得更快。
- 有些负面反馈非常伤人，我们要想帮助青少年处理这样的反馈，可以问他们一些简单的问题，比如："你的哪些优点可以在这时候帮到你？""之前遇到类似情况时，有什么做法帮到了你？"

第 12 章

谈论努力

通过这一章的学习，我们会明白，为什么不能用单一的标准来衡量努力；四种不同的动机对孩子的努力程度会产生怎样的影响；如果孩子努力了但是没达到预期的结果，我们应该怎样鼓励他们、引导他们去正确评估努力的价值；在完美主义和倦怠不断蔓延的现代社会，为什么一定要跟孩子开诚布公谈谈这两个问题。

"当年我可是顶着大雪走很远的路上学放学的，那种艰苦程度你可想象不到，"我们都听过父母形容自己小时候多么不容易。然后你会作何反应呢？不以为然地从沙发里站起身，踏着粗呢地毯，磨磨蹭蹭地走到电视跟前，打算换个电视频道，而这时父母一脸嫌弃地看着你，而这会让你更加不服气。老一辈人总爱跟小一辈人唠叨自己年轻时有多艰苦，有多努力，以至于三线喜剧明星都经常拿这个当笑点。

一直以来，忆苦思甜是成年人通过共同记忆与同辈人相互联结的方式，不过我认为成年人之所以这么做还有一个主要的原因：让孩子知道自己当年有多能吃苦，有多努力，希望他们能把自己当回事——虽然这只是我们的一厢情愿。我们想表达的真实意思是，"你以为妈妈只会开车、烧饭、打扫卫生吗？！妈妈其实努力着呢，你听听，我小时候那会儿有多能干。我希望儿子你能重新认识妈妈。"

标榜自己过去的经历似乎是父母们共同的需求，从中我们可以发现三个道理：第一，父母们渴望得到孩子的尊重，因而会过度渲染过去的经历（当然也包括我自己）；第二，只有通过努力，一个人才能发自内心地感到持久的骄傲和自豪；第三，努力是一个相对的概念。

如何定义努力

其实十几岁的孩子听大人忆苦思甜会很不耐烦。"你看爸爸，整个夏天都汗流浃背地在建筑工地上砌砖（或者在游乐场打扫卫生间，或者在宰客的景点餐厅当服务生，伺候一桌子哭闹个不停的小孩和暴跳如雷的父母），你吃过这种苦吗？"我们中年人一讲起自己年轻时有多能干，多能吃苦，马上就来了劲头，得意得很。

但现在上初中的孩子终归有一天会变成高中生，也终归有机会去体验大夏天里挥汗如雨、辛苦打工是什么滋味，跟我们一样，他们也会有值得骄傲的经历。我们尽量不要去取笑孩子不知道生活的甘苦。不要误会我的意思，不取笑不是说不让他们吃苦，我是说只用单一的标准要求年龄不同、能力不同、身处不同时代的人有失公允。

而且，究竟什么样才算努力？科研工作者认为探索的过程比结果重要，科学家在访谈中会说，"虽然研究的结果跟我们预想的不一样，但通过它我们证实了一些重要的理论是错误的，也算是巨大的胜利！"在我看来已经够辛苦的事情，一个士兵或许会觉得不足挂齿，同理，当孩子抱怨遛狗或者把碗碟放到洗碗机里太辛苦时，我也会下意识地很不以为然。所以说，吃苦努力是非常主观的感受。

以我自己为例，我是那种特别讨厌身体受苦但喜欢动脑筋的人，为了写这本书，我经常一整天都坐在书桌前，除非有基本需求时才起来几趟。可要是让我去跑步机上跑步的话，我可能刚有点胸闷气喘就缴械投降。我的儿子则跟我截然相反，他只要一动脑袋就得经常休息，但到了体育馆马上变得生龙活虎，不知道什么是累。女儿是国家辩论赛的冠军，是个从不怕吃苦的孩子，但她最讨厌火急火燎地赶飞机，对她来说，一路跑到登机口真是种折磨，"我宁愿赶不上飞机，也不愿意跑得上气不接下气。"这点我跟她的想法一样，但我儿子就算扛着姐姐的行李赶飞机也不觉得累。我们都是勤奋努力的人，但如果用同样的标准来衡量，那很可能我们三个都不合格。

父母都希望孩子在学习和工作中能够勤奋踏实，但在跟孩子谈这个问题时，怎么说才能说到点子上呢？毕竟勤奋努力是非常主观的概念，每个人的理解和感受都不一样。

对话前，我们不妨先问自己几个问题，以明确自己对于勤奋努力的理解。你可以自己思考，但我觉得如果能和朋友或者另一半讨论一下，或许答案会更明朗。

- 你认为体力劳动和脑力劳动哪个更重要？更重要到什么程度？
- 怎么判断什么时候该放弃努力？什么情况下你会觉得自己就像转轮上的仓鼠——忙忙碌碌却毫无头绪？
- 前第一夫人芭芭拉·布什在她的回忆录中写过这么一段话，"走到人生的尽头时，你不会因为没有通过一场考试、没有多打赢一场官司、没有多做成一笔买卖而后悔。你只会后悔没有多花些时间陪陪你的丈夫、朋友、孩子或父母。"努力工作与人生的意义很难两全，那么你会如何平衡这两个方面呢？
- 如果收获和付出不成正比的话，你会如何反应？比如，你明明已经非常努力了，却没有被录用、没有被提拔，或者得不到相应的认可，那么你会如何看待努力的意义和价值呢？

思考这些问题的答案能帮助我们计划好和孩子对话的方式，与其他人一起讨论问题的答案则能打开我们的视角，让我们了解不同的人对于努力的不同理解。

对勤奋努力有了更加清晰的认识之后，下面我们要做的就是，以身作则。如果家长对孩子只是一味说教，却不能以身作则，孩子才不会听你的，我们常说"言传身教"，身教不仅跟言传一样重要，而且可能还更有效。努力有时候是隐藏的，如果孩子没看到你的努力，不妨直接告诉他你正在经历的事情——"那太难了，我真想放弃，但是我还是……坚持了下来。"父母身体力行是孩子的榜样，当功课越来越难，竞争越来越激烈，团队越来越不好相处，你要求他们做的家务杂事越来越多时，孩子就会效仿父母，让自己的内心变得更坚强。我们要帮助这个年龄段的孩子养成不畏艰难的习惯，这样孩子才能用勤奋踏实、积极向上的态度面对高中毕业以后的难题，比如申请大学，比如找工作。

孩子的驱动力是什么？

努力是怎样的一种机制？人们如何判断哪样才算是努力？森林中有一

棵树倒了，但是没有人听见它倒下的声音，那它究竟有没有发出声音呢？我不知道。一个孩子非常努力，但是没有人表扬他，那他的努力有没有任何意义呢？我不确定。我之所以会思考这些问题，是因为最近有位家长告诉我，他们患有注意缺陷与多动障碍的孩子每天非常辛苦，得做很多专注力和听力训练，虽然这个孩子现在所能做的一切在正常孩子的父母看来，并没有什么大不了，但对于这个孩子而言，那真是难以想象的挑战，值得称赞的是，这位家长会通过言语鼓励或者拍拍肩膀的方式来认可孩子的努力。

我们不得不承认，同普通孩子相比，有些孩子不得不多付出几倍的努力。而且所有10—14岁年龄段的孩子都在为"初中构建工程"（Middle School Construction Project）而努力，这我在第8章已经讲过：要想成为一个成年人，他们需要三样东西——成人的身体、成人的大脑和成人的身份。为这个工程所付出的努力或许并不会让父母欣喜雀跃，但它也是一种努力。我特别能理解孩子在这个过程中的辛苦，而且我希望父母对他们默默的努力要多一些耐心、宽容与认可。

孩子已经适应了为成绩而努力，为表扬而努力的驱动模式，所以他们以为如果没有鲜花与掌声，没有肉眼可见的回报，那这样的努力就是不值得的。因此我们有必要跟孩子谈谈努力的动机。动机有四种：内部动机、外部动机、积极动机和消极动机。下面我们就通过例子来了解一下，在学习过程中，这四种动机是如何共同作用的。

  1. 内部积极动机：孩子努力学习是因为想要学习新的知识，并因此而获得一种自豪感。

  2. 内部消极动机：孩子努力学习是因为害怕不知道答案而在同龄人面前丢脸。

3. 外部积极动机：孩子努力学习是因为想考出好成绩，想得到老师的表扬。

4. 外部消极动机：孩子努力学习是因为害怕成绩不好被父母惩罚，被限制活动自由。

探究孩子的学习动机，对孩子和家长都大有裨益，哪怕孩子还不是很清楚自己的动机，但通过跟父母的讨论，他们至少可以认识到内部动机、积极动机是好的。我们虽然不能指望孩子能一下子把所有的驱动力都转变成内部动机、积极动机，但最后这完全有可能成为自证预言[1]，他们越是能觉察到内部积极动机的强大驱动力，在遇到新的挑战时越有可能下意识地调动这种驱动模式。如果孩子在面对困难的任务时能用内部积极动机来驱动自己，我们应该感到骄傲以支持他们。

在某些时候，上初中的孩子也会因为在学习中遇到困难而抱怨个不停："为什么我非得学这个？将来又用不着。"接下来我们就来看看当孩子觉得学东西无用、发牢骚时，我们应该怎么与他们对话。

B：心平气和地开始

孩子：学代数就是浪费时间。哪有人工作了还用得着代数的？

家长：这个问题太简单了，代数老师就用得着啊。

孩子：哈哈，你这话反而证明我说的有道理。既然学了将来也没用，我干嘛还要花时间学呢？

---

[1] 自证预言（self-fulfilling prophecy）是一种在心理学上常见的现象，意指人会不自觉地按已知的预言来行事，最终令预言成真；也指对他人的期望会影响对方的行为，使得对方按照期望行事。"罗森塔尔效应"就是一种自证预言。

R：与孩子共情

家长：嗨，这都是老套路了，我小时候也会这么说。

孩子：好啊，那你是赞成我的说法啦。那代数不及格没关系的吧。

家长：代数的确很难，这我绝对赞成。不过……给我个机会来改变你对代数的看法吧。

孩子：你可以试试啊！除非你能证明代数以后对我有用，否则我是不会改变想法的。

I：提出问题，收集信息

家长：我就喜欢挑战！好，在阐述论据之前，我得先收集点信息。首先，告诉爸爸，你觉得为什么要学代数？

孩子：说实话，我不知道。我的观点是那玩意儿学了压根没用。

家长：那么，代数是你学过的最难的东西吗？

孩子：是啊。

家长：你还记得自己学走路吗？

孩子：不记得，但我敢保证学走路肯定容易多了，因为人人都能学会。

家长：好。最后一个问题：你觉得学代数最难的地方在哪里？

孩子：真气人。我也学了，也认真听了，可就是听不懂。老师也不解释，每次我问她问题，她就说，"我已经告诉过你应该怎么做了。"

E：重复听到的话

家长：你刚刚说的很有用。也就是说，你觉得难是因为你的接受速度赶不上老师的进度，因为有听不懂的问题，也很难继续坚持。我理解得对吗？

孩子： 是的。不过你还没证明我为什么要学代数呢。

家长： 没错。你接着听我说啊。

F：给出反馈

家长： 从某种意义上来说，你是完全正确的。多数人学了代数，在以后的日常生活中也用不着。我刚刚说只有代数老师会用得到，那是在开玩笑。其实有很多工作都需要代数知识：木匠、电焊工、营养师、建筑师、电工和科学家等。而且，哪怕你不想从事这些工作，也仍然需要学习代数。

很多孩子以为努力学习代数的好处也就是学会了代数，但这种看法并不全面。学会通过思考理出问题的头绪，一步一步地解决问题更重要（间谍就特别需要这项技能）。探索新事物总是好的，因为你不知道自己到底会喜欢什么（要是你对解谜上瘾的话，或许你会喜欢间谍的工作）。但最重要的是，学习代数可以锻炼大脑。

你的大脑现在正处于快速成长的阶段，这个过程会一直持续到上大学。锻炼能让你的大脑变得越来越强大，从而为以后学习新的知识做好准备，其实这跟锻炼肌肉很相像。我刚刚不是问你还记不记得小时候学走路吗？不会走路时，你腿上的肌肉就跟果冻一样，迈开双腿往前走对你来说真是太艰难了！但你会让自己的肌肉更强壮，你看，现在你不仅会走路，还会骑车、冲浪、玩滑板——这多有乐趣啊，比走路可好玩多了。我的观点是，你不能因为一样新的东西学起来很难、学了没用就半途而废，让大脑得到锻炼，这对于你而言益处无穷。如果老师帮不上什么忙的话，还有爸爸啊。不过不要问我代数题，三十年前学的东西我真的什么也不记得了，但正是因为学过代数，我现在才能更好地解决问题——我能想出各种各样的办法给你帮助和支持，请辅导老师也好，看视频学习也好，反正我们总有办法。

好的，我该说的都说完了。你并不一定得心服口服，但你可以仔细想想。你看行吧？

运气好的话，孩子会认真思考你说的话，并认识到无论一门学科有多难，无论它有没有用，都应该努力学习。但孩子也可能会这么回答我们：

孩子： 好吧，我想过了。如果说学习代数能锻炼大脑，为将来学习其他知识做好准备，那我觉得考什么样就不重要了，对吗？就算考试没及格也不能怪我，因为我学它只是为了锻炼大脑。

家长： 很高兴你能考虑那么多。你连"成绩的确重要吗""好成绩的意义何在"这样大的问题都想到了，我很欣慰。成绩之所以重要，因为它能评判你是否掌握了知识。也许你以为数学课上的内容你都听懂了，或者以为自己写的历史小论文非常令人信服，但那究竟是不是事实呢？成绩会告诉你答案。我们需要成绩来评估新知识的掌握情况。我从来就不期望你能样样都出色，不期望你能尽善尽美，我只是希望即使遇到了挑战也能竭力尝试，这样你才能继续变得更强。成绩告诉你，什么时候得更努力一些，或者是不是得换个学习方法。

努力的黑暗面

就像学习代数一样，努力本身就有它的价值，我想这话大家应该都赞成。但一些青少年还未进入高中就开始出现学习倦怠，这可能是因为在某项运动或爱好中投入了过多的时间和精力，也可能是因为学习强度太大，无法实现均衡的生活所造成的。

长期的压力会让个体身心俱疲，从而产生倦怠，对此家长绝不能掉以轻心。倦怠能够让人的免疫系统变得薄弱，让人更容易患上严重的疾病，而且久病不愈，只能通过药物或酒精来缓解痛苦，还会造成情绪的疏离和悲观厌世。

倦怠非常普遍，最近几年医学界注意到了这个问题。2019年，世界卫生组织颁布了修订版的国际疾病分类手册，其中就包括倦怠。世卫组织将倦怠归因为工作压力，但作为青少年的父母，我们知道，青少年的心理状态也是高度紧张，倦怠不是成年人的专利。

人们总是说年轻人有种百折不挠的精神。尽管我们也为自己年轻时的精力和毅力而感到赞叹，但实际上青少年并不是超人，他们也有一蹶不振的时候。没错，青少年确实精力旺盛，但我们不能想当然地以为，无论在什么情况下，只要他们周末能补上一觉，补充点电解质，给他们打打气，一切就万事大吉。如果你的孩子平时在学校各方面都表现得很好，比如很擅长某种运动，很会下象棋，却告诉你他想暂停一段时间，休息一下，那你一定要相信他。如果孩子不说的话，家长也应该过段时间关心一下孩子的情况。在健康面前，什么才能都是次要的。

有的孩子则会逃避倦怠这个问题，这种情况更危险。他们不允许自己休息，在焦虑的驱使下机械地努力学习，内心没有感受到一丝真正的成就感。对于完美的渴求会让青少年陷入长期的痛苦挣扎中。

有时候家长会偷偷告诉我，他们很担心自己的孩子，他们无论取得了怎样的成就都不会由衷地感到开心或满意。于是家长只能不断地想办法补救，凡是能让孩子开心的事，他们都鼓励孩子去做。"也许你可以学跳芭蕾！你肯定能跳得很好！""要不要再去试一次，这次你肯定会领先！"

关于自我价值感的最新研究表明，这种方法不仅达不到效果，还和孩子大脑的工作机制背道而驰。青少年患有厌食症通常是因为他们不懈地追求完美的身材，而医生们一直在寻找方法来帮助患者去除这种不切实际的幻想。科学家发现，完美主义者和非完美主义者的大脑功能有着显著的差别，而这和个体的动机并无关联，一切都是由大脑结构的差异决定的。

对于自己努力所取得的成就，有些人天生就喜欢庆祝。比如被教练选中进了校队、被上司提拔了，他们都会小小地庆祝一下。无论是做些让自己快乐的事情，还是在社交媒体上晒晒自己的好消息、好心情，努力一旦得到了回报，他们就会通过某种仪式来让自己更开心。而有些人虽然也取得了同样的成就，却丝毫不会感到骄傲和有成就感。他们觉得这没什么大不了，只是期待自己以后能做得更好。父母们担心，这是因为孩子的自我价值感很低，但事实并非如此。确切地说，那些孩子之所以不把自己的努力和成就当回事，是因为他们大脑中的奖励中枢非常不活跃。

近些年来，人们越来越关注完美主义的危害，尤其是过于追求完美的女孩，虽然这个问题男孩也有。想想看，有成就却不能给孩子带来满足感，这多叫人心痛啊。如果察觉到孩子有这样的苗头——总是驱使自己不断地努力，却从未发自内心地因为自己的成就而感到满足——那么你可以考虑认知行为疗法，研究表明，该疗法可以有效激活大脑的奖励中枢。尽管有些孩子天生就不喜欢庆祝自己的成就，但我们可以让他的奖励中枢活跃起来。比如，要是孩子在学校上了光荣榜，我们应该趁着孩子表现出不在乎之前，专门抽出一点时间，跟他们一起庆祝一下，不管孩子愿不愿意。我们可以这么说，"我知道你觉得这没什么大不了的，但其实这挺重要啊，我们想跟你一起高兴高兴。今晚我们庆祝一下，怎么庆祝你来决定，好吗？"

我们也可以说,"你上了光荣榜,我觉得你的感受可能和我们的感受不太一样。我们都觉得你很棒,想用掌声(冰激凌、拍拍背,习惯用什么样的方式来表示家人的骄傲,就用什么方式)向你表示庆贺。"抽出一点时间,先强调孩子的成就,再小小地庆祝一下,这个方法可以调整孩子大脑的奖励中枢,从而让他感受到成就所带来的愉悦。

> 抽出一点时间,先强调孩子的成就,再小小地庆祝一下,这个方法可以调整孩子大脑的奖励中枢,从而让他感受到成就所带来的愉悦。

失败的痛楚

有些人的成功来得不费吹灰之力,甚至会让你觉得简直没天理。比如,健身结束之后,你难受得差点没吐出来,而有的人居然能气定神闲,有说有笑地跟每个人打招呼;再比如你像老黄牛一样勤勤恳恳,可上司就是不提拔你,而工作业绩并不出色的同事却能屡屡升迁;再比如大学时毅然辍学创业的同窗——按常理他不应该成功,你还劝告过他——如今人家的业务眼看就要遍布全球了。我们总爱羡慕别人,但或许别人也羡慕我们。我们总是看到自己的不足,总想要去弥补自己的不足,但也许其他人也羡慕我们有那么多优点和好运气。

人们总爱拿自己的成功与别人的成功作对比,总希望别人付出了同样甚至更多的努力,但这只是我们的一厢情愿。作为成年人,我们会有一种挫败感。而青少年则会觉得这是极大的不公。我们应该跟孩子谈谈,这样的不公是司空见惯的,告诉他们,成功与快乐并不是有限的资源,不是说别人分到的多,我们分到的就少,别人成功了,我们就只能失败,愤怒与仇恨也并不能让我们更成功、更快乐。

上文中提到的四种动机也可以用来跟孩子解释，为什么有些人的付出与收获不成正比。或许有些明星运动员是在他们的父母想重现自己当年辉煌的重压下取得了成就，或许班上成绩总是第一的孩子是因为惧怕失败，以至于经常紧张到胃痛才能学习那么好。结果摆在那里，谁都能看见，但动机和努力却没那么显而易见。

最后，也要考虑时机的因素。我的孩子在小学和初中阶段参加了夏季游泳队，有几年他们游得很好，有些年则游得很差。时好时坏，孩子心里肯定有落差，为了帮助他们调整好心态，我干脆把他们游得好的那几年称为"获胜季"，把差的那几年成为"成长季"，以帮助他们形成合理的心理预期——虽然每个夏天都非常努力，但努力不见得会产生同样的结果。孩子们接受了这种模式，即使在成长季他们仍然能刻苦训练。许多父母是这么跟孩子解释的，"今天播下了种子，但你今天吃不了果。"

别做谈话终结者——谈论努力的禁忌

通常在每章的这一部分我会列出若干句会引起孩子不满的话，但关于努力，只有一句话家长千万不能说。

"只要你足够努力，就没有什么是做不到的。"

不要过度贩卖努力，努力不是能包治百病的灵丹妙药。一个人能有多少机会，能否成功受到很多因素的影响，种族、性别、健康状况、机会、拥有的财富以及生活在什么样的地方，努力只是其中的一个因素，不是说努力了就一定会成功。有些人就算非常努力，系统性的不公平势必也会给他们的成功增添许多障碍。有句话说得好，"有些人生下来就在三垒的位置上，就真以为自己会三垒打"，通过这句话，我们可以告诉孩子，出身往往会影响一个人一生的命运。

但在现实生活中，努力的作用被无限夸大，以至于很多人以为一个人只要踏实肯干、勤奋努力，就没有做不到的事情。那些广为传播的励志故事常会让我们泪流满面，比如无家可归的少年靠着自己的勤奋获得了大学奖学金，某位运动员被淘汰后凭借着自己的努力被教练选中，或者谁谁谁把自己的全部家当都投资到创业项目中去，结果不仅造福了大家，也挖到了人生的第一桶金。这种不畏艰难、奋力拼搏的故事总能让人热血沸腾，但它们之所以能一直吸引公众，正是因为故事中的主人公都非比寻常。

在日常生活中，我们有很多机会告诉孩子，勤奋努力不是一剂万能药，它并不能解决所有的人生难题。举个例子，你和孩子在街上碰到一个无家可归的人乞讨。也许孩子心里会以为他之所以乞讨，是因为伸手向别人要钱更省事，他不想自己出力挣钱。这时我们应该告诉孩子，要想养活自己，照顾好自己，努力固然重要，但努力了并不见得一定会成功。一个人的健康状况、家庭背景、受教育程度、学习能力以及支持系统[1]的差异也是重要的影响因素。我们应该跟孩子多聊聊这些，提醒他们，单凭努力不能解决一切问题。

---

1 心理学上的支持系统通常是指个人的"社会支持系统"，即个人在自己的社会关系网络中所能获得的、来自他人的物质和精神上的帮助和支援。一个完备的支持系统包括亲人、朋友、同学、同事、邻里、老师、上下级、合作伙伴等，当然也包括由陌生人组成的各种社会服务机构。

如何让孩子认可自己的努力

· 和孩子一起努力

作业太多，让孩子不堪重负时，我们可以坐到孩子边上，大人忙自己的工作，孩子写作业。陪伴可以让孩子觉得努力也没那么痛苦。

· 小小的成功也要庆祝

我们可以把一项艰难的任务分解成较小、较容易的几部分，每完成一部分，就跟孩子一起热烈庆祝。有位妈妈参加了我在线上发起的育儿讨论小组，她告诉我，儿子学轮滑时经常会很沮丧，因为他觉得自己学得太慢了。这位妈妈告诉儿子，不要老想着自己摔倒了多少次，而应该数数自己爬起来多少次。换个角度看问题能让他更好地为小小的进步而喜悦，这样他才能继续努力，不轻易言弃。

· 肯定孩子的付出

发现孩子很努力时，我们应该表扬他认真积极的态度，表扬他具体的行为。也许孩子的努力程度还达不到我们的预期，但只有通过不断的鼓励，他们才有可能保持长期坚持下去的信心。

· 找理由放松一下

费里斯·布勒[1]说过一句不朽的名言，"人生匆匆，若不停下来偶尔看看周围，你会错过许多风景。"如果说努力的意义在于享受美好的生活，

---

[1] 费里斯·布勒是1986年上映的经典美国影片《春天不是读书天》中的主角，该片由约翰·休斯执导。

那么我们就得教会孩子真的那么做。该欢乐的时候就要欢乐，我们有时也需要和自己所爱的人惬意地待着，不能总是学习工作。

·说说一天的开心事和糟心事

可以趁晚饭时跟孩子聊聊一天的开心事和糟心事，其他时间也行，只要是晚上都可以。这个方法可以让孩子明白，生活总是有波动起伏的，每个人都一样。

·成功与个人价值

如果孩子对自己或者自己的成就不满意的话，那我们得告诉孩子，对父母而言，他们本来就是独一无二的，不需要任何附加条件。要时不时地提醒孩子，他们的价值与成功并无关联。

没时间仔细看书？那来一堂速成课吧。

本章小结

- 大人总爱夸大努力的重要性（尤其喜欢标榜自己当年如何努力）。忆苦思甜固然有趣，但拿孩子跟自己作对比（或者抱怨孩子）并不能让他们变得更勤奋。另一方面，跟大家一样，孩子也会以自己的努力为荣。
- 努力是个很主观的概念。怎样才算努力？这个问题的答案因人而异。同样的事情，一个孩子做起来毫不费力，另一个孩子则要花费很多辛苦。我们得认识到这种差异。

- 通过问以下相关问题，家长可以帮助孩子形成积极努力、不畏艰苦的学习工作态度：

1. 你认为体力劳动和脑力劳动哪个更重要？有多重要？
2. 你怎么知道努力究竟有没有效果呢？怎么知道自己是不是像没头苍蝇一样瞎忙呢？
3. 如何平衡努力工作和陪伴家人、朋友这两者之间的关系呢？
4. 虽然努力了但没有得到预期的结果，你会如何看待努力的意义和价值呢？

- 跟孩子解释四种动机（内部积极动机、内部消极动机、外部积极动机、外部消极动机），这样他们对自己现阶段的驱动力就会有更清楚的认识，将来也能更好地调动内部积极动机。
- 要留意孩子是否出现学习倦怠。如果孩子说需要暂停一段时间喜欢的运动或爱好，务必相信孩子的话。不少人小时候都有爱好，也很有天赋，但长大后却放弃了，就是因为太早地投入了过多的时间和精力。年少时的成功往往是以成年后的快乐、满足和活力为代价的，退一步说，又有几个人能少年得志呢？
- 如果孩子总是觉得自己不够努力，总是觉得自己的成就不值一提，这很可能是因为他们大脑的奖励中枢不够活跃，可以通过认知行为疗法改善这种状况。
- 告诉孩子，如果努力了但是没有得到自己想要的结果，你会怎么处理。

第 13 章

谈论金钱

在这一章，我们将了解到为什么让孩子明白消费过程中的情感因素很重要，为什么青少年喜欢买名牌，如何既能满足孩子对名牌的渴望又能将其控制在家庭预算范围内，如何培养孩子的感恩之心和自控能力，以及如何引导孩子尊重不同家庭的经济状况的差异，不要去评判别人的消费方式。

教小孩子用钱其实并不难，只要他们知道存钱就行。给孩子买个小猪储蓄罐，或者准备几个带盖的玻璃瓶，分别贴上"要存的钱""可以花的钱"和"要捐的钱"的标签，就能让孩子对金钱形成感性的认识，也是很好的理财启蒙课。多数青少年对于存钱这个概念都有了一定的了解，所以到了这个阶段，我们没必要再反复强调这个问题。2002年全美消费者联盟所做的问卷调查发现，"对于美国青少年而言，存钱非常重要，大约90%的青少年有存钱的习惯，虽然36%的孩子承认他们存钱是因为想要买某样东西。将近四分之一（22%）的青少年存钱是为了将来上大学存学费，27%的青少年存钱没有什么特定的目标。40%的孩子说他们会把自己一半甚至更多的钱存下来，75%的孩子有自己的银行存款账户。"

如果说教会孩子承担起自己的财务责任就是教会他们如何存钱、如何花钱的话，那其实并不难。但实际情况是有很多人都已经到了负债的地步自己却不知道，这并不是因为他们不懂得"多进少出"的简单道理，加加减减其实很容易。这跟减肥一样——只算清楚吃下去的食物的卡路里，再减去消耗的卡路里，人就能瘦下来了吗？减肥之所以那么费劲，是因为那是个不完全方程式。我们还得考虑人对食物的渴望、冲动以及各种情感，体重减不下来的人不是不会计算，而是管不住这些自己的渴望和冲动。同理，要想帮助十一二岁的孩子拥有良好的财务健康[1]，我们应该教会他们关注方程式中的情感因素。如果"x"是一个数的话，算起来并不难，但如果"x"是内疚、自我价值或者生存的话，这个方程式就会变得复杂难解。

谈到生存，我得提一下美联储最近一项五年研究的结果：竟然有39%的美国家庭无力支付区区几百美元的意外支出，无论是用现金、储蓄还是信用卡，都无力支付。事实情况是，一方面，很多父母在教导孩子如何支配好自己的零花钱，让他们明白，买那件球衣或是这对耳环是否合理，另一方面，也有很多父母为生计所烦恼，家里的汽车轮胎爆了或者该死的牙疼一直不好的话，他们很可能就会入不敷出。青少年要了解的不仅仅是自己的经济状况，也要看到周围人乃至更多人的生活，他们得知道，在美国，有超过三分之一的家庭在为生计发愁，焦虑压倒了一切其他情感。

---

1 一个人的财务健康状况是指他的财务状况。财务状况良好的人通常信用评分高，按时付账，债务最小化，收入最大化，对未来有计划。

我们不能指望孩子比那些辛苦工作、勤俭持家的人还会精打细算，也不能指望孩子的情感完全不受金钱的影响，这不现实，但我们可以通过一些方法，让孩子以更健康、更轻松的心态来看待金钱。首先，家长要和孩子开诚布公地谈论自己的金钱观念，并去了解孩子的金钱观念。

品牌忠诚

现在回想一下我们上初一的时候，你还记得你那时候穿的是什么衣服吗？还记得对自己的头发是如何深恶痛绝的吗？我敢说，那时候的你看自己哪儿都不顺眼——不是觉得自己太瘦就是太胖，只好用肥大的运动衫罩住身体，天再热也要这么穿。至于头发呢——要么是喷再多发胶、啫喱也不管用，给直发弄出个卷来简直难如登天；要么是天生一头卷发，倒腾了半天，才直了一个钟头又打回原形。脸上的痘痘也越来越多。你要么嫌自己太高，只好耷拉着脑袋，垂着肩膀，就怕有人注意到自己；要么是嫌自己太矮，集体活动时只好踮着脚走路，想显得高点。你讨厌自己沙哑的嗓门，也可能觉得自己的嗓音听起来还是个孩子。在人生的这个阶段，你的自信心跌入了谷底。

你嫌弃自己外表难看，大脑愚钝，情绪也不稳定，觉得自己比别人差很多，那么如何才能在同龄人面前表现出一定的社交自信，在群体中有一席之地，和其他孩子友好相处呢？

答案就是包装打扮，多少年来，孩子们都是这么做的。

我记得我上初中时，盖尔斯（Guess）牛仔是学校里女孩的标配，阿迪达斯运动服是男孩的标配，无论你是胖是瘦，是高是矮，只要你穿的是这两个牌子，你就会被大家所信任，所接受，因为这意味着你知道孩子中间流行什么。"统一着装"是你能掌控的东西，跟别人穿得一样，那你就是跟别人一样的正常孩子。也可能其他学校流行的是别的品牌，总之，在十一二岁这个阶段，名牌服饰昂贵的标价签肩负了一项重要使命——帮助孩子融入群体。

你或许会担心孩子到了这个年龄段会一反常态，突然变得"物质"起来，但其实孩子想买名牌的衣服并不是贪婪的表现，而是需要归属感的体现。与父母疏离所带来的孤独、不安全、怀疑已经让孩子感觉到了压力，他需要在同龄人中找到能接纳自己的群体。一方面，如果孩子看到朋友买了什么好的运动鞋、运动装备或者游戏，自己也很想拥有，大人要认同、理解他的感受；另一方面，即使买得起，大人也不能过分放纵孩子的需求。加拿大心理学家赫布说过一句很出名的话，"同时被激发的神经元也是相互联系的。"按照这个理论，如果孩子年龄较小时就通过购买时尚服饰产品让同学艳羡，那么他的大脑就会把花钱与被接受的需要联系起来。我经常跟家长们说，如果经济实力允许，也愿意花不太多的钱给孩子买他喜欢的名牌产品，那最值得买的是鞋、背包和连帽运动衫，因为这几样东西最耐用，最耐穿。

点到为止，不必把家底都和盘托出

初中生会怎么攀比呢？他们会把自己家的具体情况与别人家的一一比对。"为什么我们不能去夏威夷？人家放春假都去了，就我们没去。""为什么我们不可以养拉布拉多？""为什么我们不搬到跟我差不多大的孩子比较多的，而且有游泳池的小区住？"

我们都知道，十一二岁孩子传话的速度快得很，初中生又喜欢八卦，所以我们不能把家里的经济状况跟孩子和盘托出，那究竟应该如何跟孩子解释呢？把孩子完全蒙在鼓里很显然对他不利，这也是为什么会有不少孩子上了大学后会欠下高利息信用卡贷款的原因。孩子也许只注意到谁家又出去度假了，哪个孩子有自己的游戏房，但对信用卡债务完全没有概念，完全不知道已经有孩子为将来上大学攒学费，谁家支付不起医疗费用，或者谁从父母那儿继承了一套公寓。我们应该跟他解释这些事情。父母多半不愿意告诉孩子自己具体的收入或债务，但我们可以跟孩子聊聊食物和日用品的价格，不同职业的大概薪酬，在我们所居住的市镇（州）的不同区域的房屋租金或是贷款月供是多少。

如果孩子不知道一间游戏室或一条金毛犬要多少钱，那他们就无法理解价值这个概念。我们可以先从家里买的东西入手，让他们明白我们为什么要买某些东西，而不买其他东西。举个例子，要是孩子央求你给他买款新游戏，"这个游戏才要20块钱！我知道你有20块钱，而且这还打折了！"你可以告诉孩子，在你的预算范围内，你觉得什么样的东西买了比较值。"嗯，我现在是有20块钱，它确实也打折了。这个游戏平时卖30块钱，但我不会因为它便宜了10块钱就买。如果说我需要这个新的游戏，而且本来我已经打算好花30块钱买了，这才叫买得值。但既然我们不需要，却挪用了本来留给你野外考察用的20块钱来买，那我们的预算就会出现问题。你平时也存了些钱，你应该用你的储蓄来买这款游戏。"

培养对金钱的正确态度

除了要跟孩子聊聊怎么支配金钱，聊聊他们的感受，孩子在家时，我们还可以通过一些方法来增加他们对于金钱的了解。

学会感恩

孩子之所以会渴望更多的物质和体验是因为他们觉得自己拥有或者经历的还不够多。引导孩子用感恩的心看待生活能够有效遏制过多的欲望。研究表明，父母懂得感恩，孩子才懂得感恩，因此父母表达出自己的感激之情是一个非常好的开端。表达感恩的办法有很多种，但我最喜欢的办法是在厨房里摆一个感恩瓶，边上放上便签和笔，但凡家人心里充满感激之情时，就拿起纸笔，写下原因，然后放到瓶子里。无论是一次愉快的旅行，一次小测验的好成绩，一顿美味的晚餐，还是一次有趣的谈话，都值得记录。新年夜一家人可以坐在一起读这些小纸条，回忆过去一年里美好的时光。

而且，感恩和在群体中的安全感和被支持感也是相关联的。10—16 岁的孩子如果能从父母、老师和同龄人那里感受到更多的支持，那么他们也会更懂得感恩。一个人如果在群体中总是被拒绝，总是觉得格格不入，那么他很难心怀感恩。我们应该问问孩子，怎么做才能给他们提供最好的支持。

设置购买等待期

花钱本身并不是件坏事，但冲动消费、用金钱为自己的不安全感买单，只会让人感觉很糟。我们可以跟孩子一起商量一个合理的等待期，等待期的长短取决于消费金额的大小。在一张纸上画出两栏，一栏是"金额"，另一栏是"等待期"。比方说，如果金额是五块钱，那么等待期或许只要五分钟；如果金额是一百块钱，那么等待期就得一个星期之久。家长可以给出意见，但最后还是要让孩子自己决定多长时间合适。以后孩子想买东西时，可以让他以设定好的等待期为参考。

解释产品市场的运作规则

孩子得知道，很多广告商的目的就是要他们对自己不满。想想也是，如果每个人都有十足的自信，那么那些时髦的衣服、那些气味与众不同的香体喷雾或者让头发超级丰盈的洗发水还卖给谁呢？当消费者对自己某方面的不满达到一定程度时，他们就会通过购买广告中的产品来进行补救，这样广告商和产品制造商才能从中牟利。我们也得跟孩子聊聊大数据时代无处不在的数字营销——反复出现的弹窗广告是根据网络用户的喜好量身定做的，当你在广告中来回看到自己喜欢的鞋时，你就会觉得自己特别需要它，但实际上这只是广告公司利用算法盯上了你，你并不是真的需要它。在美国，一个人平均每天要看5000个广告，我们完全可以跟孩子讲讲销售信息为何能强烈刺激人的购物欲。

记录下一个月的花销

投资银行派杰·杰弗雷德每半年都会针对青少年做一次问卷调查，调查对象大约8000名，目的是了解青少年的消费习惯、潮流风向、品牌偏好和媒体偏好等。该调查发现，在青少年的消费中，食物开销所占的比重最大。这个结果完全在我的意料之中，因为对于孩子来说，吃饭花不了多少钱，却能有机会和同龄人相处，那是很重要的社会经历。十一二岁的孩子光顾商场里的餐厅，光顾星巴克，跟二十几岁的人光顾酒吧没什么两样，其中的乐趣在于被人看见，不知道会遇上什么人，也可能结识新的朋友。孩子们也会在其他地方碰面，参与同龄人的社交活动，就像二十几岁的小年轻一样，没有父母的约束，那种感觉轻松又有趣，所以孩子们会很纳闷，兜里的钱怎么这么快就用完了呢？五美元一杯星冰乐，八美元一顿简餐，积少成多，钱自然就不见了。但即便孩子记录了自己的花销后发现自己的钱已经不住这么个花法，也不必要求他们待在家，那样他们会失去和伙伴相处的乐趣，我们作为父母应该明白孩子参与社交的好处和意义。如果孩子花钱实在太大手大脚，可以建议他先在家做个三明治，到店后只需点杯饮料或点份薯条即可。

即使再兴奋，花钱也要有所克制

十一二岁的孩子一旦拥有了支配金钱的自由，很可能随时随地都想花钱。我们可以参照下面的 BRIEF 对话，跟孩子谈谈金钱、财务独立，如何克制自己的欲望。

B：心平气和地开始

家长： 我说，这段时间当临时保姆挣的钱再加上过生日奶奶给的红包，你荷包一定鼓了不少！

孩子： 对啊！我感觉自己是个小富婆。

家长： 没错，相对来说，你现在确实是个小富婆。这倒挺有趣的。

孩子： 想知道我打算买什么吗？

家长： 当然想啊。

R：与孩子共情

孩子： 嗯哼，购物单我都列好了。我要买个新的手机壳。有款游戏感恩节发布，得先预定着。我跟伊凡说了，周六去商场我请他吃饭，他一点钱也没了，我还打算那天顺便买个棒球帽。我也不知道买什么样的好，到了商场再看吧！

家长：你这单子还挺长啊。我看你激动得很，你第一次能自己支配那么多钱，妈妈挺替你高兴。

孩子：你有什么想买的吗？我可以先借点给你。

家长：你是个大方孩子，妈妈知道。

I：提出问题，收集信息

家长：听起来好像你打算一下子要花很多钱。你想没想过痛快过后是什么感觉？

孩子：呃……因为买了那么多东西所以很高兴？

家长：嗯，也有可能。有些人会很高兴，有些人虽然很享受买到新东西的感觉，但一想到那么多钱没了也会内疚。他们会非常后悔，毕竟钱没了，选择商品的自由也跟着没了。你是想有更多选择的自由，还是想立刻拥有更多东西呢？

孩子：我也不太清楚。但那款游戏我得先预定着！我真的想要那款游戏。

家长：我明白了。你的钱当然由你自己决定怎么花。只要钱够，你都可以买；当然你也可以一样一样地慢慢买，这样花钱的乐趣也会更持久些。要是东西买回来后不想要了的话，你还可以退掉。但你得先问清楚商店的规定。你乐意去商店退货吗？

孩子：我应该怎么说呢？

家长：你就说："我想把这样东西退掉，你们的退货规定是什么？"

孩子：好的。

E：重复听到的话

家长：妈妈很欣慰，你现在当临时保姆能自己挣钱了，以后你干得越多，挣的钱也会越多。存多少钱合适，花多少钱合适，这得靠你自己摸索，毕竟你之前都没管过钱。对吗？

孩子：嗯，是哦——存钱！我怎么没想起来呢。我应该存多少钱合适？一半？

家长：你能这么想很好。不过存多少钱得看你自己，你觉得舒服就行，恐怕这得摸索一段时间。眼下你还是多存点钱，细水长流比较好。由俭入奢易，由奢入俭难，这道理没有错，毕竟钱花出去就花出去了。

孩子：可是我都已经想好了，我真的每样都想要。

家长：我完全理解。最终还是由你决定，不过我能提个小建议吗？

孩子：好。

F：给出反馈

家长：你现在就是特别兴奋，特别激动。记不记得以前你因为买了什么东西而特别兴奋？我记得。当时你多想要个"美国女孩"娃娃啊！但那娃娃可真是贵，于是我们只好一等再等，拿到娃娃那天你激动得快疯了！我知道你很喜欢"萨曼莎"娃娃，买回来后你也非常高兴，但三个月后你就没有当初那么激动了。等待本身就是一种乐趣，它会让人感觉急不可耐，但钱的支配权在你这儿，不能因为兴奋就要立刻把钱花掉。不用着急。深呼吸，先等上一会儿，再决定要不要把自己辛苦挣来的钱花掉。如果你愿意的话，我可以跟你一起画一张表，根据要买东西的金额来确定等待时间。这可以帮助你控制好自己的消费习惯。对于你这个年龄的孩子而言，学会用更多的方法来管理好自己的资源非常重要。

对话时要注重孩子的权利。十一二岁的孩子渴望能拥有自主选择权，而花钱能为他们提供这样的机会。如果我们能把新技能的学习看作是一种帮助孩子培养独立性的机会，孩子也就愿意听我们的建议，因为这些建议和孩子想要实现更多自主权的意愿是一致的。

> 十一二岁的孩子渴望能拥有自主选择权，而花钱能为他们提供这样的机会。如果我们能把新技能的学习看作是一种帮助孩子培养独立性的机会，孩子也就愿意听我们的建议，因为这些建议和孩子想要实现更多自主权的意愿是一致的。

不要评判别人的决定

我们都知道，十一二岁的孩子会莫名其妙地狂妄自大，比如运动队的初中生看了高中生的足球比赛可能会说："等我上了高中，能踢进的球肯定是他们的三倍。"读起书来如饥似渴的初中生也许会说，"写小说有什么难的？挺简单啊。"这个年龄段的孩子不仅对自己的能力很自负，他们还老是想不明白，为什么自己做起来轻车熟路的事情别人居然会觉得难（当然，这只是他们的想象）。

所以这个年龄段的孩子喜欢评判别人。我们在教会孩子基本理财技能的同时，也会看到危险的一面——他们会评判别人的理财或消费选择。他们总是把钱的运作方式想得太简单。正如上文所言，管钱不像做方程式那么简单，孩子也许会想，咱们家能买得起的，别人家也买得起，他们不会考虑到有人要还大学学费贷款，有人要支付高额的医疗费用，也想不到有人能从祖辈那里继承很多财富。财商教育的第二步就是要让孩子知

223

道，每个人支配钱的方式都不一样，那是个人选择，我们不能对别人评头论足。

如果孩子会问下面这些问题，那就说明我们得跟孩子谈谈了。

- 为什么有的孩子成天吃麦当劳、肯德基，却没钱参加野外考察呢？
- 为什么他们开那么好的车可住的房子那么小？
- 你看那家人住那么大的房子，那怎么不把孩子送到私立学校呢？
- 如果缺钱的话，爸爸妈妈为什么不都去上班呢？

BRIEF 对话可以这样进行：

B：心平气和地开始

孩子：爸爸，你知道吗？有的孩子吃学校提供的免费午餐，但脚上穿的可都是贵得离谱的名牌运动鞋。

家长：是吗？我没注意过。

孩子：一双鞋大概得 300 美元。换我宁愿把那些钱花在更健康的午餐上。

家长：看起来是这么回事，但实际情况恐怕比你想得要复杂。

R：与孩子共情

孩子：这话什么意思啊？你不是常说买不起的东西就不买吗！

家长：是的，你能想到我跟你说过的话，这很好。总的来说，这就是我的消费准则，但我可能没解释清楚，其他人是不是也必须这样。我们现在可以聊聊这个吗？

I：提出问题，收集信息

孩子：好啊。

家长：所以，你看，每个家庭的收入不同，消费需求不同，所以消费选择也不同……对吗？

孩子：对。

家长：你设想一下，有个明星到我们家来做客，她很纳闷，为什么我们不跟她一样买一幢豪宅住呢？你告诉她我们买不起。然后她说她知道怎么样能让我们住上豪宅——不要旅游，不要去饭店吃饭，不要买新衣服，把现在住的房子卖了，买套小的房子，这样每年都能省下来不少钱。等20年后，我们就能攒下足够的钱，买一套比现在房子大三倍的房子！你愿意吗？

孩子：应该不愿意。

E：重复听到话

家长：我也不愿意。那你怎么跟她解释呢？

孩子：为了攒钱买套大房子而损失那么多人生乐趣，不值得。

家长：我赞成。活得那么俭省，那么委屈——只是为了盲从别人的选择，不合算。

F：给出反馈

家长：所以这是一样的道理啊，别人也许不如我们有钱，但这并不代表他们不能享受生活。每个人都需要适度的享受。而且，我们没资格去评判别人的消费方式和选择。爸爸只是希望你能理智地消费，但咱们没必要操心别人是怎么花钱的？这样对吧？

孩子： 是的。

一个家庭的经济状况通常会受到前一代或几代的影响，在贫困的家庭出生和成长的孩子要想积累一定的财富会难得多。有个办法能简单易懂地跟孩子讲清楚这个道理，让孩子设想下面这个场景——你的朋友们一直在玩大富翁游戏，已经玩了几个钟头，你来迟了一些，见大家玩也想玩。

朋友们说，"那你来啊！你就拿礼帽那颗棋子吧，正好没人想要。这是你的启动资金，下面轮到你来掷。"真不错，你也能玩了。可你发现，有的玩家已经盖起了酒店，而且大部分的东西已经被买走了。

"这不公平，"你说。"不，这很公平啊，"他们回答。"我们最开始的启动资金都是那么多，大家都一样啊。我们让你玩就不错了，谁让你来晚了呢？"

我们可以借这个机会告诉孩子，那些看起来"公平""平均"的事情实际上并不一定如此，系统性的不公正为公平竞争设置了许多障碍。

别做谈话终结者——谈论金钱的禁忌

"你不能老想着买贵的东西。"

告诉孩子不应该想要什么，这个办法从来就不管用。事实上，只会适得其反，就好像你情绪特别激动时，别人让你"冷静下来"一样。当孩子非常渴望某样东西时，我们不能对孩子真实的感受置之不理，应该跟孩子聊聊他们的渴望：渴望意味着什么？已经持续了多久？经常会有这样的渴望吗？等等。这样可以让孩子自己得出结论，而这个结论正是你所期待的。

第13章 谈论金钱

"那就是浪费钱。"

真相是，孩子想买的很多东西都是浪费钱，但他们就是觉得那些东西很重要。对于孩子而言，能自主支配金钱是令人激动的全新体验，大人至少得认可他们的权力，否则他们只会把你的话当耳旁风。我们可以问孩子一些问题，帮助他们估算一下，买了某样东西他们是能开心几天，还是几个星期，然后看看他们的预计是否正确。长此以往，孩子们就能学会理性消费。

"要是你能……，你就可以买……"

这话本身并没什么错，但如果你想教会孩子理性消费，这句话并不能帮你达到目的。我们应该认可并接受孩子的欲望，感谢孩子乐于跟我们分享自己喜欢的东西，并问问他是怎么打算的。

"这是隐私，不要问。"

我们没必要把具体的家庭财务情况毫无保留地告诉孩子，但如果孩子询问有关金钱的问题，我们应该利用好这个机会。我们小的时候，父母会把收入和开销都说给我们听，工资多少啦，银行里存了多少钱啦，这个月要付多少账单啦等，我们就只能乖乖听着。现在孩子想要了解大概的情况其实很简单，上网就行。十一二岁的孩子喜欢了解社会的运作——想知道各行各业的薪资，可以去招聘网站；想知道房子的价格，就去房地产交易网站；想了解食物的价格，就去购物网站；想知道出门旅行要花多少钱，就去旅行网站。知道怎么搞清楚收入和花费是一项很重要的技能，上网时研究研究这些也挺有趣。

没时间仔细看书？那来一堂速成课吧。

本章小结

- 少跟孩子谈省钱（这个年龄段的孩子都明白省钱的道理，也确实会那么做），多谈谈花钱与情感的关联以及债务问题。

- 这个年龄段的孩子害怕落单，害怕被同龄人孤立，经常会觉得异常孤独，觉得自己有这样那样的缺点，穿戴名牌是他们融入群体的一个重要方式。

- 点到为止，不必把家底毫无保留地告诉孩子。一方面不要让孩子知道父母的具体财务状况，一方面要引导孩子去了解常见花费的大概价格，比如度假、每月房贷、汽车、医疗保险等，他们需要了解这些。

- 家长要以身作则，对自己拥有的东西心怀感恩，对自己没有的东西也不要患得患失。

- 让孩子自己决定合理的等待期，要买的东西越贵，等待期就越长，这个办法可以有效帮助孩子克制购物冲动。

- 对市场营销和广告运作模式的深入了解会让孩子受益良多。

- 让孩子把花销记录下来，这样他们就会能知道"用钱犹如水推沙"这个道理。

- 让孩子了解财务责任的同时，也要学着去理解他人不同的处境，不要去评判别人的消费方式。

第 14 章

谈论性

在这一章，我们会明白为什么在跟孩子聊性、性行为、恋爱等话题之前，有必要自己先想清楚健康的两性关系应包含哪些要素；为什么一定得跟孩子聊聊色情这个问题（怎么聊才会让自己不觉得难堪）；如何帮助孩子去思考约会意味着什么；在触碰别人之前先要征得对方的同意——如何去培养孩子这方面的意识，让他们习惯成自然；怎么去看待孩子喜欢打扮得很性感，喜欢表现出性魅力这两个现象。顺便提一句，各位读者不要有任何怀疑，跟十一二岁的孩子谈这些问题绝对不是超前教育。

终于讲到性了。我相信有些家长会很激动，但更多的家长一定在心里暗暗祈祷我能遵循"少即是多"的原则，把这个话题一带而过，祈祷我能告诉大家"现在谈性，为时太早"。

2012 年的一项研究表明，19% 的家长跟青少年谈论性时会感到难堪，50% 的孩子会觉得不自在。说实话，对于 19% 这个数字我多少有些怀疑，实际的百分比应该高于50%才对。

我们成年人都赞同，健康的性关系是人类体验重要的一部分，我们有责任让青少年知道，哪些方法能帮助他们有意识地去建立好的、有意义的性关系，那些做法会让他们无意中伤害到自己。我认为健康的性关系应以下面几个因素为前提：对人体结构和性安全措施的准确了解；必须以双方的同意为基础，让双方都觉得愉快；坦诚的交流；双方能理性处理意外情况，无论是情感方面还是身体方面。我们对于健康、快乐的性关系的看法是亲子对话的重要基石。所以不妨先花点时间思考一下，如果孩子将来如你所愿，长成了一个健康、性活跃的成年人，我们会有怎样的感受？然后再逆向思考如何跟孩子开始对话。不然的话，你会不知从何谈起，也没有明确的目标。

> 我们对于健康、快乐的性关系的看法是亲子对话的重要基石。我们可以先花点时间思考一下，如果孩子将来如你所愿，长成了一个健康、性活跃的成年人，我们会有怎样的感受？然后再逆向思考如何跟孩子开始对话。不然的话，你会不知从何谈起，也没有明确的目标。

除了跟孩子直接聊聊性这个话题，生活中其实有很多机会可以让孩子间接地了解到我们的价值观。比如，如果跟孩子一起看到电视里有个男人洋洋自得地说他从来不用避孕套，你完全可以借此机会告诉孩子，你认为这个男人是否有能力承担可能出现的后果，这样做好不好。看到新闻里以权谋色的报道时，你可以用它来跟孩子解释为什么性关系必须建立在双方同意、互相有感情的基础上。每天有意识地穿插一些和性话题有关的内容，我们就会慢慢习惯这个话题，不至于"谈虎色变"。

家长越是能以一种客观从容、不卑不亢的态度跟孩子讨论这个话题，孩子就越是愿意听。我们跟孩子分享更多的信息，不仅仅是为了孩子的健康和安全考虑，也是为了他们的快乐和幸福考虑，要是能再多听听孩子的想法，效果就更显著。最近一项研究发现，父母和孩子关于性问题的交流无外乎六种模式：不完全对话、出于安全考虑的对话、全面对话、警告/威胁性对话、等待模式、不对话。孩子们认为，如果父母能更具体一点，能提供明确的指导，采用合作方式的话（也就意味着倾听），谈话质量也会有所提高。孩子们还认为，出于安全考虑的对话和全面对话是最有效的谈话方式，研究结果也表明，对孩子进行性安全教育与青少年最低程度的冒险行为有一定的关联。

下面我们不如干脆迎难而上，先来谈谈色情方面的内容。

关于色情

也许你会纳闷，"我家孩子才11岁，还单纯得很，我真的有必要跟他谈这个问题吗？"孩子第一次接触到色情内容的平均年龄是多大？对于这个问题的答案还存在争议。很多人都觉得是11岁，我也是这么认为的。但通过查阅资料我发现，这一说法并没有实证研究的数据支撑，只是大家普遍这么看。不过倒是有研究指出，孩子主动搜索色情内容的平均年龄是14岁。如果说多数孩子14岁时开始有目的地搜索色情内容，那么就意味着在这之前，相当多的孩子可能已经碰到过色情内容。所以我们有必要在14岁之前先跟孩子谈论这个话题，以避免色情片对他们的性健康和性发展造成不良的影响。

怎么跟孩子谈论色情？考虑到孩子们都不愿意深入讨论这个话题，下面我将简单地给大家提一些关键性的意见，不再给出对话示例。那么如何言简意赅地跟孩子说清楚你的立场呢？我建议家长最好选择不需要跟孩子发生眼神接触的场合，或者大人孩子并排坐着的时候（比如一起开车出门、一起坐在沙发上看电视广告的间歇），这样我们可以很快地转移到下一个话题。刚开始要让孩子放心，我们只是简单讲几句，绝不拖泥带水，比如："嘿，有个事我之前就想跟你说了，我总觉得跟孩子聊聊色情是父母的义务。我保证，就简单说几句，说完咱们继续看电视。"

无论以何种方式开始，都不要拖拉，跟孩子讲清楚两点即可：(1) 色情并不是真正的性爱；(2) 它会误导孩子产生不健康的情感和行为。家长不妨以下面这段话为蓝本，稍做修改，让孩子以为这是你说的。

"色情内容在我们现在生活的世界里几乎无可避免，或许你已经在哪儿看到过了，不过你放心，你不用告诉我。有时候可能就是碰巧——用谷歌搜索信息时会莫名其妙地跳出一些弹窗，或者有的链接看起来没什么问题，结果点开后出来的是些奇奇怪怪的东西。依我看，你迟早有一天会碰上这些不健康的内容，恐怕学校也有孩子会讲，所以我希望你能明白：真实的性爱并不是色情片里那样的，这就好比蜘蛛侠与现实世界中警察的区别。这一点很重要——那些色情片并不真实——如果有人误以为色情片就是真实的性爱，那么他们的性生活一定不会愉快，也不健康，因为他们会把现实与色情片中那些不真实的性行为作对比，更别提有些色情片非常暴力、非常具有侮辱性。我希望你将来能尊重自己的伴侣，能拥有幸福的性生活，因为这是成人生活重要的一部分。我们需要的是准确的信息，可色情片传递的都是错误的信息，我给你买了些讲授性知识的书，你自己看看就好，有什么疑问你可以在书中找到答案。"

讲完后，你可以先看看孩子有没有表现得坐立不安，然后再决定是否继续这个话题。如果你和孩子都没有感觉到不适，那不妨告诉孩子另外重要的一点：色情片开始会让人感觉挺不错。如果一味强调色情片是错的，是下流的，是不道德的，而孩子已经接触过色情片，并且产生了性反应，那么孩子一定会感到困惑和混乱，更糟糕的是，孩子甚至会因为自己的性欲而感到羞耻。我们应该注重孩子健康的性和性欲观念的培养。告诉孩子，开始让人感觉良好（或者说很有诱惑力）的东西也可能是不健康的。比方说，吃垃圾食品会让人觉得非常满足。让孩子假想一下，他只吃过垃圾食品，后来碰到一个他特别喜欢的人，大家约好了去一家小餐馆吃饭，这家餐馆的菜味道又好，又很有营养，但他从来没吃过这些。我们都知道，最简单、最保险的办法就是吃自己熟悉的食物，于是孩子在烤鸡配青豆与炸粟米条中选择了后者。吃完炸粟米条，他觉得饱饱的，但是心里有种油腻感和不满足感。色情片也是如此。如果孩子对于亲密关系的认识是建立在成人色情片的基础上，那么今后孩子的大脑和身体对于真实的、健康的性生活的反应方式就会受到影响。

看吧，言简意赅又温暖贴心的亲子谈话，咱们说到就能做到！

谈恋爱

十一二岁的孩子有浪漫的感情和性意识是完全正常的。有很多公司正是利用了孩子充满好奇、爱想象的心理而赚得盆满钵满。要说获利最多的应该是音乐制作人，想想看，一代又一代的男孩组合吸引了多少疯狂的粉丝。从披头士到单向组合到防弹少年团，音乐人总能为每个乐队成员精心打造出不同的形象，这样一来，几个好朋友就算喜欢的是同一个组合中的不同成员，也不至于内讧。组合里有内向害羞的，有"铁憨憨"型的，有"坏男孩"型的，当然也少不了颜值高，把青少年迷得神魂颠倒的性感偶像。

青少年有性意识，虽然他们的性意识并不那么明显和外露——你看，营销公司早就看穿了这一点，我们做父母的也必须接受。他们会在心里偷偷喜欢上那个人，会幻想浪漫的情节，也会出现性唤起。如果对孩子的真实感受视若无睹，或者认为孩子不该这样，结果只会适得其反。矛盾在于，一方面我们认为孩子的情感层面和生理层面都不够成熟，暂时还不能像成人那样谈情说爱，我们得保护他们，另一方面，孩子之所以如此是由人的生物性决定的，这是我们无法左右的。

父母们有必要深度思考一下为什么我们会感到害怕。你可以问自己，"我究竟怕的是什么？"不能没有任何理由地、简单粗暴地拒绝孩子，应该针对自己的担心，给孩子具体的建议，设置具体的边界。有的家长跟孩子只是干巴巴的来一句，"初中谈恋爱太早了。"这话到底什么意思？是接吻太早了？还是牵手太早了？还是年龄太小所以受不了分手的痛苦？还是说这个年纪不知道如何采用安全措施，也可能会染上性病？把自己内心的恐惧想清楚，谈话的内容也会豁然开朗，这样才能更好地引导孩子，设置合理的边界。我们可以这么说，"你们'在一起'我没意见，但你这个年龄接吻不太合适，太早了。"设想如果孩子受到了来自外界压力，对方提出越界的要求，他会怎么做呢？只有有了明确的行为准则，他们才会消除内心的疑虑，坚持自己的立场。

> 孩子需要我们指明方向，如果家长把谈恋爱看成是祸患，那孩子肯定会对你的话置若罔闻。我们应该从孩子的角度出发，在担心与希望、同意与不同意、正面影响和负面影响之间寻找一个平衡。

我们也得提醒自己，不能被焦虑裹挟。孩子需要我们指明方向，如果家长把谈恋爱看成是祸患，那孩子肯定会对你的话置若罔闻。我们应该从孩子的角度出发，在担心与希望、同意与不同意、正面影响和负面影响之间寻找一个平衡。下面我们就来看看 BRIEF 对话示例。

B：心平气和地开始

家长： 我发现你最近老用手机。还是在跟乔丹聊天吗？

孩子： 唉，是吧。

R：与孩子共情

家长： 我感觉那孩子还不错。他什么样啊？喜欢运动吗？参加社团没有？

孩子： 他人很好，也聪明。他喜欢田径，但今年春天才开始练，所以这个赛季的比赛没参加。

家长： 他田径好吗？

孩子： 我觉得很好！他也是这么说的。

家长： 哈！不错，人是得自信点才好。

I：提出问题，收集信息

家长： 我们年轻时候都叫谈对象，现在是不是叫谈恋爱？

孩子： 我们肯定不是在谈恋爱，只是聊聊天而已。

家长： 哦，那这是不是说明你们互相喜欢对方呢？

孩子： 我想是吧……

家长： 真挺好的。对了，你说他自信、聪明，那他对你好吗？对其他人友善吗？

孩子： 嗯，是的，他人超好。

家长： 那我真是太高兴了。你俩有打算单独见面吗，还是就手机聊聊天？

孩子： 我能跟他单独见面吗？

家长： 看情况。我们可以先看看你有哪些选择。你想怎么做呢？

孩子： 目前就聊聊天吧。可如果他喊我出去玩，不知道你同不同意。

E：重复听到的话

家长： 我很开心你能提前打算，省得到时候措手不及。虽然你也不确定情况到底会怎样，但你愿意告诉我，这很好。你觉得现在我们有没有必要先确定一些准则呢？这样要是他跟你表白或者约你出去玩你就知道该怎么办了。

孩子： 我也不知道……其实这也算不上什么大事。

家长： 我明白你的意思，也尊重你的意见，更不是要催你。但咱们提前商量一下，不然妈妈要是在你喜欢的人面前发火那多尴尬啊。你看呢？

孩子： 好的，嗯，我可不希望你让我难堪。

家长： 我也不想啊。

F：给出反馈

家长： 当你喜欢上一个人，跟他一起出去玩时，你的心灵、大脑和身体都会受到影响，我就简单说说你要注意的几个规则吧。

首先是心灵：你这个年纪的孩子情感比较多变，今天还因为某个人而兴奋雀跃，两个星期后就换了一番光景，你是这样，其他孩子也是这样。你可以敞开心扉去拥抱快乐，但前提是如果情况有所变化，你能处理好难过悲伤的情绪。根据经验，悲伤通常不会持续很久，但如果你悲伤到无法控制自己，以至于影响到了学业或健康，或者因此对人很不友好，那你必须跟我谈谈，或者找专业人士来帮助你处理情绪，这是你得遵守的规矩。你看行吗？

孩子： 可以。

家长： 接着是大脑：喜欢上一个人你会觉得自己满脑子都是他。你无时无刻不在想着他，他也无时无刻不在想着你，开始你会觉得这样挺有意思的，但后来你会发现家人、朋友、自己的爱好全都被挤到一边去了。所以咱们的规矩是，你可以跟他聊天，也可以想着他，但是不能到日思夜想的地步。你得平衡好感情和生活的其他部分，如果做不到，那我只能限定你们聊天或者出去玩的时间。可以吗？

孩子： 可以。

家长： 最后是你的身体：你们这个年纪的孩子如果想一起去哪儿玩，必须是在光线充足的公共场合，黑暗私密的空间不可以，你们可以一起去吃披萨，但不能去电影院。等你上了高中，我们可以再商量一下这个规矩。无论是他来我们家，还是你去他们家，都得待在主要的生活区域，有大人在的地方。要是就想两个人待着，你们可以坐在门廊里聊天或者在客厅玩游戏，我只是偶尔会过去看一眼。你们还太年轻，也是第一次面对这样的感情，得慢慢才能明白怎么样相处比较舒服。我不想让你们操之过急。在初中阶段你们可以牵手或者拥抱，前提是双方都得愿意，就算接吻我也不至于气到发疯，但这是我的最大限度。（出于对家人的尊重，不可以在客厅接吻。）另外，有生理冲动也是正常的，但如果有人勉强你做你不能接受的事情，或者迫使你违背家里定下的规矩，这或许只能说明他不适合你。

好了，基本规矩就这么多。妈妈很高兴，你喜欢的人也喜欢你，而且那孩子确实挺好。你看你要是还想聊，咱们就接着聊，不然就帮我想想今天的晚饭咱们订哪家的外卖好？

先征得别人的同意

我的大学是在中西部一所不大的文理学院念的，那是二十几年前的事了。附近的城市有一所更小的文理学院，比我们学校的人文气息和自由气息还要浓厚。上大学的第一年，我就听说那所学校将要颁布一项新政策，其中有条规定是，所有学生都必须先征得对方的口头同意，才能亲吻对方。每次亲吻都得按照规定来！还是在20世纪90年代！我记得我们学校的同学当时还嘲笑他们学校过于教条。这规定的确让人觉得非常荒唐，非常死板，非常不切实际，而且一点也不浪漫。他们的老师是不是没看过浪漫爱情喜剧？一个大帅哥冷不防地夺走女孩的初吻，这多叫人兴奋啊！可要是帅哥在亲嘴之前还得像三岁小孩征求大人的同意那样征求你的同意，你还会被他迷倒吗？

庆幸的是，这几十年来，人们已经改变了这种看法。我们不再觉得"先征求对方的同意"的做法荒唐可笑，现在，它已经成了性教育不可或缺的一部分。那所学校可以说是先驱者，而先驱往往会被世人所嘲笑，最后大家才能理解他们的做法。

十一二岁的孩子不仅仅应该在性接触前先征求对方的同意。重点在于每个孩子都有身体的自我决定权，谁在什么时候可以触碰他的身体，这是在设置身体的边界。如果父母能早些引入这个概念，遇到非性接触情境时就告诉孩子应该怎么做，那么孩子会更容易接受并熟悉这一概念，这为他们以后的性接触安全提供了保障。

> 如果父母能早些引入这个概念，遇到非性接触情境时就告诉孩子应该怎么做，那么孩子会更容易接受并熟悉这一概念，这为他们以后的性接触安全提供了保障。

第14章 谈论性

有些人对这个概念并不是非常了解，他们会觉得这个规矩一点都不合理，管得太宽。"照这意思，我还不能碰别人了？"如果有家庭成员不认同这一做法，那你得让他明白，我们并不是说不可以碰别人。准确地说，问题应该这么问，"噢，那每次触碰别人之前都得先问一下他喽？"答案是肯定的。"那跟别人击掌之前也得先问一声'我可以跟你击掌吗？'这也太傻了吧。"你可以这么回答，"不用，跟平时一样，把手举起来就行，如果对方不想跟你击掌，他就不会举手，你自然也没法强迫他。"

下面大家要看到的 BRIEF 对话示例，家长和孩子讨论的是网上疯传的一段视频，视频里有个幼儿园老师拿着表格站在教室门口，每个孩子进门时会指着表格告诉老师，自己想用什么方式跟老师说早安——拥抱、轻轻碰拳头、握手、击掌还是跳舞。（https://www.newsflare.com/video/259487/health-education/awesome-teacher-lets-her-kids-pick-a-morning-greeting）

B：心平气和地开始

家长：你看过这个视频吗，真温暖啊。（用手机给孩子看视频。）

孩子：哈，是挺温暖的。

R：与孩子共情

家长：我猜你也挺喜欢的。

孩子：要是我上幼儿园那会儿也这样就好了。

家长：我也这么想呢！如果同事之间也能这样多好。

孩子：是吗？为什么啊？

家长：有些人觉得碰一下别人没多大关系，但我就是不大喜欢不熟的人打招呼时拉我肩膀或者捏我胳膊。我不是说他们是变态啊。

孩子：呃，那是挺奇怪的。

家长：是吧？所以看到视频里这些孩子很早就能明白这个道理，我挺高兴的。

I：提出问题，收集信息

孩子：嗯，这些小孩确实挺幸福的，可等将来上班了，谁还会拿着一张表让他们自己选呢？

家长：哈，没错，的确不太可能，但这么小的孩子就知道先征得别人的同意，我觉得很好。你明白什么叫"征得同意"吗？

孩子：就是等别人说"我同意"，等他先允许。

家长：对。当然，别人也可能会拒绝。你们老师讲过这些吗？

孩子：好像没有。老师说过"上课时不能调皮，你们同意吗？"，这算吗？

家长：大概算吧，不过更多时候我们会用这个方法来划定身体的边界。

孩子：那应该没讲过，可能在家里才需要那样？

E：重复听到的话

家长：我知道你为什么这么说。你觉得在学校大家都在专心学习，而且课程活动安排得也比较紧凑，不用考虑这个问题，是吗？

孩子：是的。

F：给出反馈

家长：我明白了，但其实身体边界这个问题无论在哪儿都存在。幼儿园的小朋友能自己做决定愿不愿意被别人触碰。这很好，可你看幼儿园也是学校啊。

孩子：那你觉得他们可不可以什么都不选呢？

家长：可以啊。也不知道为什么，上了初中的小孩就喜欢动手动脚。比方说从背后突然拍别人一下啊，女孩子们勾肩搭背的啊，还有人见到谁都要来个拥抱。我知道很多孩子这么做只是因为心里高兴，或者想让别人也高兴，但这也是越界。有些人很讨厌这样，却又有口难言。你得注意这一点，要给别人留出足够的空间，要给别人选择的机会。

你也得清楚自己的身体边界，哪种情况下自己觉得比较舒服自在，要是有些做法让你觉得难受，你就说出来。

有些孩子天生就懂得拒绝，知道什么时候该说"我不愿意"。有些孩子则需要大人的鼓励才会明白，拒绝并不是没礼貌的表现。有必要告诉孩子，如果感到不适时，可以告诉对方自己的身体边界。

如果朋友要求孩子做他不愿意的事情，那该怎么办？在领导力训练营中，我会帮助初中生学会如何拒绝。为了避免冲突，大部分这个年龄段的孩子会撒谎。要是有朋友约他出去玩，哪怕他很累，哪怕他想撇开太黏糊的朋友自己待一会，或者宁愿自己在家看书、打游戏，可他仍然不好意思直接拒绝，而是撒谎说："我被爸妈禁足一个月！"或者："阿姨家的猫死了，我今天得去她家参加葬礼。"我们应该鼓励孩子直接干脆地拒绝对方，如果对方的要求比较强硬，那就把答案再重复一遍，不能指望撒谎对方就能放过自己，撒谎根本行不通，尤其是那种不着边际的谎言。其实只需简单说一句即可，"今天不行，不过我希望你能找别人跟你一起，玩得开心！"如果对方进一步施加压力，孩子可以说："今天真不行，不过希望你玩得开心。"

我们在家时也可以跟孩子讲清楚自己的空间边界，有目的地培养孩子的边界意识。每个人都需要身体的触碰，也就是"触摸需求"，或者叫"皮肤饥饿"，在十一二岁这个年龄段，孩子这方面的需求常常得不到满

241

足。孩子小时候每天不知道要被妈妈爱抚多少次，可上了初中后他开始排斥跟父母的皮肤接触，但他的身体仍然有这样的需求。为了满足触摸需求，有些孩子在学校会对同学表现得过度热情，有些孩子在家能很长时间不搭理父母，却又会冷不防地坐到父母腿上。你的孩子会不会太黏着你以至于侵犯了你的空间呢？我们不能拒绝孩子的感情，毕竟他们有时仍需要拥抱等亲昵行为，但我们也需要自己的空间。我们可以清晰明了地告诉孩子自己的空间边界，告诉他们应该怎么做。"我很喜欢看电影的时候咱俩舒舒服服地窝在一起，但你不能一直把腿跷在我身上。我觉得现在并排坐着更好。"

最后，也可以通过个人物品的归属来告诉孩子什么是边界。朝夕相处的兄弟姐妹就喜欢用"你的就是我的"这个思路来解决问题，毕竟孩子都不想吃亏。所以家长要立好规矩，让孩子尊重其他人的物权，想要用别人的东西，得先征得别人的同意。虽然孩子的东西都是我们花钱买的，但有必要给予他们物品的所有权，这样他们小时候就有机会得到锻炼如何去征得别人的同意。

关于外貌

既然谈到性，就不得不提外貌这个话题。迟早有一天父母会发现孩子穿得有些……性感。我们的文化对女性魅力是如此地偏执，所以女孩子们才会学着这么打扮自己。要是你女儿也学着时髦女郎那样装扮，可结果却是东施效颦，看起来很俗艳，而且跟她的年龄一点也不相称，你会怎么做呢？我们都担心孩子会引起色狼的主意，一方面希望孩子能避免不必要的关注，另一方面又怕她会因为自己的身体或者萌动的性意识而感到羞耻。

我们应该坦诚地把内心的矛盾告诉孩子，告诉她永远不要因为自己的身体而感到羞耻，穿什么样的衣服也是由她自己决定的。同时，也要告诉孩子，她已经足够成熟了，能够分辨出什么情况下衣着所引起的关注会让她觉得不适，甚至觉得不安全。虽然这不公平，但现实就是如此。上学时的穿着打扮得符合学校的要求，在一些特殊场合，比如参加合唱音乐会、和奶奶一起去看戏时得穿戴整齐，至于其他时候，孩子可以想怎么穿就怎么穿。让孩子自己做决定，只要她能够处理好别人对她衣着的评价反馈就行。逛街时穿破洞牛仔裤和紧身吊带或许会给人留下前卫、叛逆的印象，但如果是在爸爸发表扶轮国际[1]演讲时穿成这样，未免有些失礼。

外貌与穿搭风格能够反映出每个人不同的选择，每个人在选择时应考虑到普遍的社会契约，因为我们都是群体中的一员。所以我们一方面要给孩子决定的权力，另一方面也要教会他们去判断自己所追求的风格在特定情境下是否合适。

别做谈话终结者——谈论性的禁忌

"我会把你在所有电子设备上的搜索记录都查一遍，要是让我发现你看了什么不该看的内东西，我就给你把网断了。"

这话太严厉，太苛刻，就算孩子已经出现很大问题，这么说也不合适，如果孩子压根就没什么问题，大人只是为了警告他才这么说，那更不合适。孩子会觉得父母在谴责自己，那么以后上网时（偶然）碰到不安全

---

1 扶轮国际（Rotary International），是一个全球性的由商人和职业人员组织的慈善团体，在全球范围内推销经营管理理念，并进行一些人道主义援助项目。

的信息或内容也会不告诉父母。父母应该让孩子明白，我们是他最安全的堡垒，如果在网上碰到色情内容，或者有人给他发裸照（要求他发裸照）时，可以放心大胆地告诉我们，我们一定会伸出援手。

"你看你穿成什么样，都不知道别人怎么想你。"

孩子费心打扮了一番，结果你却说她压根不知道自己做了些什么，这无异于给她当头浇了一盆冷水。咱们不用拐弯抹角，你可以这么告诉孩子，"你这身打扮看着太成熟了，这么穿有些成年人的反应或许会让你觉得不舒服。你先别着急出门，咱们简单聊聊，如果发生那种情况你会怎么做，最后穿什么你自己决定。"

"你还太小了，别成天尽想着女孩子/男孩子/谈恋爱。"

我觉得这话很明显言不由衷。显然，没人能控制别人脑子里想什么，也不能控制别人内心爱的种子什么时候开始萌动。而且，说这话的父母们在孩子才两三岁时还会开玩笑说："嗨，看看谁交了个小女朋友！"年龄小不过是这些父母的借口，他们真正害怕的是孩子会把脑袋里的所思所想付诸行动，而很多父母都不知道对于这个年龄段的孩子而言，哪些行为可以，哪些不可以。记住，孩子们喜欢大人说话明确且具体。虽然我们不能严令禁止孩子心中怀有美好浪漫的情感，但我们可以给孩子设定明确的身体边界。

没时间仔细看书？那来一堂速成课吧。

本章小结

- 研究表明，如果家长在跟孩子谈论性这个话题时能更具体一些，更合作一些，能给出明确的指导，那么谈话质量也会有所提高。
- 性安全教育与具有风险的性行为的减少呈正相关。
- 孩子主动搜索色情内容的平均年龄是14岁。我们应该在14岁之前就跟孩子谈谈色情的问题。不要去强调色情片是不道德的，是下流的，那样可能会让孩子为自己的性意识感到羞耻。我们应该告诉孩子，真实的性爱不是色情片里所呈现的那样，成年后健康的性生活有哪些好处。
- 如果孩子想要谈恋爱了，父母这时应该给孩子定下一些规矩，比如要划定身体的边界，如何处理从未经历过的感情，上课时不能分心，平衡好家人、朋友、兴趣爱好与感情之间的关系。
- 触碰别人的身体前要先征得对方的同意——我们应该经常跟孩子聊聊这个原则，而且赶早不赶晚，最好趁孩子还没有萌发性意识之前就要有目的地引导。拿别人东西之前也得征得同意。我们可以清楚地告诉孩子自己对于空间边界和身体边界的偏好，培养孩子这方面的意识。
- 初中生开始喜欢打扮，尤其是女孩，而且她们的穿着经常会让家长觉得太性感，太俗艳。孩子需要感受到自己对身体和穿搭风格的掌控权、决定权。可以跟孩子谈一谈，她能否接受别人（必要和不必要）的关注，她会如何处理别人的关注。

第 15 章

谈论声誉

在这一章，我们要学习如何让孩子理解声誉这个复杂的概念；如何鼓励孩子着眼于未来，为了未来好的声誉而做出正确的决定。你也会明白，为什么对于孩子而言，诚实并没那么简单。现在青少年索要、发送裸照的现象也越来越普遍，它能毁掉一个孩子的名誉，我们又该如何跟孩子讨论这个问题呢？

美国人都喜欢那种敢于挑战社会期待、勇于接纳自我、富于反叛精神的人物，长久以来，好莱坞利用了大众对于叛逆者的崇拜心理，赚得盆满钵满。从《小妇人》里的乔·马奇[1]到《饥饿游戏》里的凯特尼斯[2]，冲破世俗樊笼的青少年角色既让孩子们为之兴奋，也让他们更有自信，部分原因是电影里的角色多少夹杂了一些想象。多数人，尤其是青少

---

1 电影角色，乔不服输，独立自主，努力追求自己梦想。
2 电影角色，凯特尼斯是个女性英雄形象。

年，常常为了满足同龄人的期待、为了博得同龄人的认可。他们既想打破规则，却又不知道如何做才不会被同龄人冷落和排斥。青少年要想树立和维护自己的声誉，必须知道什么时候应该满足、什么时候又应该忽视别人的期待。

大人可没少给孩子压力。谈到声誉，我们向孩子释放出的总是混乱的信号。我们今天还冲着孩子吼，"谁会管别人怎么想呢！"第二天又会跟孩子嚷嚷，"那不行！别人会怎么看你？！"

更复杂的是，要想弄明白声誉这个概念，首先得理解声誉所关联的是将来别人对你的看法，而大多数青少年往往想不了那么远。十一二岁的孩子真的是活在当下。他们是出了名的自我中心，首先想到的一定是自己、自己的需求，而对于时间，他们也是以现在为中心，过去和将来都可以忽略不计，只有现在最重要，仿佛未来的事情跟他一点关系都没有。

想要帮助孩子走出这种时间思维模式，我们可以跟他解释，"现在的你"能帮上"今后的你"很多忙。声誉就好比银行账户，最开始账户里一分钱都没有，每当孩子做一件有利于他声誉的好事，就等于是往账户里存了一些钱，每当他做了一件不利于声誉的坏事，就相当于账户被取走了一些钱。将来人们做决定时，会以他账户里的存款为判断依据。举个例子，假设有老师说你家孩子考试作弊，把他告到校长那儿去了。校长得处理这事，可她当时并没有在考场，自然也不知道孩子到底作没作弊。那她能怎么办呢？她只能看孩子账户里的存款。孩子是整体一直表现很好，账户里有很多钱，还是经常惹事被叫到校长办公室，账户里老是扣钱呢？她只能以此为根据来做出决断。

是的，这么做并不一定公平，也不一定正确，但大家都这么做。

孩子很难把自己做的事情与别人对他们的看法联系起来，他们以为一个人的声誉是自然而然就有的，并不是有意识、慢慢积累起来的。他们之

> 孩子很难把自己做的事情与别人对他们的看法联系起来,因为他们以为一个人的声誉是自然而然就有的,并不是有意识、慢慢积累起来的。

所以会产生误解,是我们的错。想想看我们平时是怎么告诫孩子的——"一旦犯了什么什么错误,你以后就不用做人了。"为了让孩子做出正确的选择,我们总是恐吓他们,我们总是无意地向孩子释放出信号,要想树立好的名声,一个人必须长年累月小心谨慎,不出任何差错,但一个错误就能让把好名声毁于一旦。

如何处理流言蜚语

议论别人是非会极大地影响一个人的声誉。听到流言蜚语,大人会怎么反应?这很重要,因为父母的意见很有分量,很容易误导孩子。大人不要轻易评论其他孩子,因为我们对于别人家孩子的情况并不是十分了解。比方说,父母跟孩子一起去学校看垒球比赛,他们在看台上偷偷谈论场上的三垒手给人发裸照结果被发现的事。父母的做法会影响孩子对于错误、名誉和后果的看法吗?如何影响?大人以为,其他人的"丑闻"能提高孩子的防范意识,能起到一定的震慑作用,但这只是他们的一厢情愿。实际上孩子觉得八卦、丑闻、不幸统统都跟自己无关,扁平化思维会让他们觉得"那种事不会发生在我这样的人身上"。我们应该做什么?告诉孩子,人是很复杂的。那个三垒手只是做了一个与大人的期望不同的选择。其实她训练非常努力,心地也很好。实际的情况并没有那么简单。同理,设想一下,所有的家长在毕业典礼上都交口称赞某个获得学生运动员奖的孩子，却不知道他平日里在老师或者大人不在场时对同学有多不友好，那么孩子就会觉得，名誉不过是肤浅的评价而已。

如果孩子在你跟前议论别人的是非，你一定要利用这个大好机会教育孩子。我们可以通过以下问题帮助孩子把一个人和他的行为区分开来：

- "他经常这么做吗？还只是这一次犯错了？"
- "那真是个糟糕的决定。你觉得他有没有什么办法能克服这个错误造成的打击，而不是一蹶不振？"
- "你对这件事的反应会帮助他挺过难关，还是会对他造成伤害？"
- "你对情况很了解吗？你确定大家不是在道听途说、捕风捉影？"

简而言之，重点是我们得让孩子知道，他们现在所做的选择必须对未来有所帮助；同时不要轻易谴责或者赞美某个人，在不了解情况时尤其不能这么做。

"既然决定了要成为什么样的人，那就努力去实现"

艾弗特兄弟[1]乐队的《满心疑惑/满心希望》是我最喜欢的歌曲之一，

---

1 艾弗特兄弟（The Avett Brothers）是美国的一支民谣摇滚乐队。

里面的这句歌词放在这一章做小标题特别合适，因为它简明扼要地说清楚了一个复杂的问题。孩子们得明白，别人对他的看法并不完全是由他的声誉决定的，但他可以把声誉看作是一个有利的工具，用它来影响别人对他的看法。家长可以挑自己心情好、情绪好的时候问孩子，"你希望自己在别人的眼中是什么样子？找三个词来形容一下。"跟孩子解释清楚，"运动能力强""有趣"这样的词不算数，要找更深层次的，能描述一个人性格特点的词汇——踏实可靠、值得信赖、宽容大度、忠诚、友好和善、豁达，等等——这些才是贯穿人一生的评判标准。只有知道自己想成为怎样的人，孩子才有对照的标准，在青春早期遇到诸多棘手的难题时，才能用这些标准来约束自己的行为。

关于诚实

> 谁从饼干罐里拿走了饼干？
> 你家的初中生从饼干罐里拿走了饼干！[1]

更过分的是，他们在你面前居然矢口否认。

十一二岁的孩子很喜欢撒谎，这就给咱们关于声誉的谈话不得不再增加一个维度，因为大人和孩子对于好名声的理解不尽相同。举例来说，大人通常会觉得，一个人的名声好不好，诚不诚实非常关键，毕竟诚实是正

---

[1] 这两句话改编自一首非常经典的英语儿歌，这首儿歌节奏明快，朗朗上口，原歌词是："Who took the cookie from the cookie jar？Pig took the cookie from the cookie jar. Who？Me？Yes！You！Not Me！Then who？Horse！Horse took the cookie from the cookie jar…"，如此循环，每个循环都替换上不同的动物。

直的表现。而青少年则认为，正直的定义比这要具体得多，正直就是要对同龄伙伴忠诚，要赢得他们的信赖，而不是跟父母说实话。设想一下，孩子在朋友家留宿，有朋友问他们敢不敢半夜两点钟从窗户爬出去，去按邻居家门铃，结果他们还真这么干了。大人的思路或许是，正直的好孩子就应该老老实实地告诉大人到底是谁领的头，我们觉得正直就是为了诚实而不惜一切代价，而孩子则认为正直是为了对朋友的忠诚而不惜一切代价，你会发现，大人跟孩子谈正直简直就是鸡同鸭讲。回答大人的问题，孩子就不得不违背自己的价值观。

我们仔细来看一下，孩子的"要不惜一切代价而忠于朋友"的价值观为什么会成为亲子之间坦诚交流的绊脚石。斯坦福大学、美国天主教大学、马里兰大学联合做了一项研究，结果发现，绝大部分（高达82%）的青少年会跟父母撒谎，通常至少在一件重大事情上撒过谎。但我们得从不同的角度看待谎言。如果我们把诚实看作是道德的绝对准则，那只会事与愿违，只会助长孩子去捏造"真相"，因为这个标准太高了，他们难以企及。

知道孩子为什么撒谎，才能知道怎么跟孩子讨论诚实这个问题。有时他们是为了保护自己的朋友，不想伤害朋友的感情；有时是因为父母定的规矩太武断、太不公平；有时是怕被父母惩罚，脑袋一热就扯了个谎；更多时候是因为随着孩子年龄的增长，他们需要更深层次地保护自己的隐私，不愿意把什么事都告诉父母。这都正常。如果我们能找到孩子撒谎的深层次的原因，那么对话才能有针对性，才能起到效果，这比成天跟孩子念叨"你绝对、绝对不能撒谎"要管用得多。

需要注意的是，虽然上文所提到的几种谎言有一定的正当性，但研究人员还发现，有两种谎言是父母无法接受的，但青少年同样认为情有可原：一是父母跟自己撒谎，为了报复，他们也跟父母撒谎；二是为了试探

251

父母的底线。好消息是，随着年龄的增长，父母给的自由越来越多，隐私空间也越来越大，孩子撒谎的频率也会越来越低，但如果父母控制欲较强，教养方式死板教条的话，孩子的谎言并不会减少。

如果你觉得诚实是第一位的，那就尽量避免让孩子处于一种只能通过撒谎来逃脱惩罚的处境。有个非常灵验的法则：要是你已经知道孩子会怎么回答你提出的问题，那索性别问。

我因为工作的关系认识了詹姆斯，他的儿子JJ总喜欢把手指陀螺带到学校去，老师说了不允许他还是要带，这让詹姆斯很是头疼。一天早上，JJ跑到楼上去，下楼时詹姆斯看到他裤子后口袋露出了手指陀螺的一角。"你口袋了装的是什么？"詹姆斯问。

"没什么，"JJ直视着爸爸回答。

"没装手指陀螺？"

"我得走了——赶不上校车了！"JJ边嚷嚷，边跑出门。

第二天，詹姆斯给老师发了封邮件，得知JJ昨天不仅带了手指陀螺，而且上课时还玩陀螺，影响其他同学学习，被老师批评了一顿。

我建议詹姆斯应该更直接一点，直接采取行动，而不要旁敲侧击，这样反而给了JJ撒谎的机会。后来又有一次，JJ急急忙忙地"携带违禁品"从楼上跑下来，詹姆斯毫不犹豫地直接让他把口袋里的东西都掏出来，放到厨房台面上。他是这么说的，"你知道学校的规矩，不允许带手指陀螺去教室。我把它放在这，你放学回来再拿回自己房间。"你看，问题就这么轻松地解决了。

我接触的父母们总担心，戳穿孩子小小的谎言会不会有负面影响？他们会不会因此而心理扭曲？当然不会。这个年纪的孩子连一些微不足道的小事都喜欢撒谎，比如"我已经刷过牙了（明明没有）"，或者"那项任务我不用做，教练说让替补去做（实际情况并非如此）"。这可真是矛盾——

第 15 章 谈论声誉

孩子尝试撒谎是成长过程中正常的一部分，可它又会影响孩子的声誉。如果孩子撒谎让你很生气，那应该如何跟他对话呢？

注意：这个话题直接针对的是孩子的性格，因而孩子下意识的反应很可能是为自己辩护。我们最好是以几天前发生的事情或其他孩子的例子为切入点。在下面的对话示例中，家长跟孩子聊的就是几天前发生的事情。

B：心平气和地开始

家长： 我说，你游泳练得怎么样啦？

孩子： 很好啊！今天没有陆上训练任务。

家长： 不错！今天家庭作业多吗？

孩子： 不多吧。

家长： 好，那晚饭后咱们聊个十分钟吧，随便聊聊。

孩子： 好吧……

R：与孩子共情

家长：（晚饭后）我几天前帮你打扫浴室，发现你洗发水的瓶子是空的，现在还空着吗？

孩子： 呃，大概吧。

家长： 我知道你每天要记的事情太多，忘了洗发水没了也正常。怎么样，管理好自己的洗浴用品感觉有困难吗？

孩子： 嗯，我总是记不住。

家长： 我理解。

I：提出问题，收集信息

家长： 你看，我不是一直问你头发洗了没有吗，你的头发看着脏兮兮

253

的，可每次你都说洗了。照这样，咱们得想个更好的办法。你有什么好主意吗，能让自己记得这事？

孩子： 我会记得的。

家长： 嗯……可事实是你记不住。不如我在衣橱门上贴一张洗浴用品清单，要是体香剂、牙膏或者洗发水用完了，你就在上面打个勾，你看呢？

孩子： 这办法行，每次经过衣橱我肯定能看见。

家长： 好极了！那你能说说为什么之前要撒谎吗？

孩子： 我可不想被你喊回去再洗一遍澡，我只是没洗头而已。

家长： 哦哦。

E：重复听到的话

家长： 你老是忘记拿新的洗发水，却撒谎说你洗过头了，所以你是怕我让你再洗一遍澡。

孩子： 是的，对不起。

F：给出反馈

家长： 没事。洗发水没了你老是忘，我倒不是很生气，毕竟你也是才学着自己管理这些东西，不过撒谎我可不太赞成，虽然原因我也能理解。你知道撒谎给我什么感觉吗？

孩子： 挺糟糕的。

家长： 是挺糟糕的。这种谎言看起来不打紧，也没啥危害，但会让人对你的印象变差。你已经是个初中生了，有两件事你得做好心理准备。

第一，我不会强迫你洗头洗澡。就算忘了也不必对我撒谎，你顶着油腻腻的头发，臭烘烘地去上学，最后的结果不外乎两种，要么有人当面说你，要么有人背后议论你。如果你脏到让我无法跟你共处一室的地步，那就得立个规矩，但我不想那么做。

第二，你这个年龄渴望自由，并且自由越多越好。我也想给你自由。可如果你连小事都爱撒谎，那大事上你值不值得信任呢？这我得考虑考虑。这回撒谎是因为你担心我会让你再洗一遍澡，耽误你休息放松。但你看，撒谎的后果可不小，你将来能不能做个诚实的孩子，现在我有点半信半疑。

不过总体来说，你还是能照顾好自己的。我相信有了新办法，你一定能记得及时补充洗浴用品。至于撒谎这事，我建议你思考一下这个问题：你想得到我们的信任，得到更多的机会吗？如果答案是肯定的，那你应该选择做个诚实的人；要是你觉得说实话比撒谎要麻烦，那你就得接受撒谎对你的名誉造成的损害。

好了，下次去超市我会记得买洗发水，你想换个新牌子、新香型吗？

大事撒谎怎么办？

不洗头是小事，可万一父母发现孩子的行为会危急到他们的心理或生理健康应该怎么办？总体来说，我的观念是只要不危害到长期的人生幸福，孩子应该有试险的机会，并从中获得经验。比如说，要是家长发现孩子在朋友家喝酒，醉到在地下室呕吐的地步，那就得强势干预。有句话说得好，"如果觉得孩子的世界太大，那就要把它变小。"有些情况下，父母必须先严格地约束孩子的行为，再同孩子进行有意义的对话。我支持先禁足，让孩子明白点教训，愿意向被波及的人道歉（也就是招待他的那家人），然后再跟孩子谈谈酒精对于发育期的大脑和身体的影响。如果对话双方都比较积极，对话有一定的意义，那么孩子可能会通过好的表现来赢回一定的自由。如果孩子愿意跟父母开诚布公地谈一谈那些他很难面对的事情，那他也能赢回父母的信任。我们得有耐心，不要妄加评判，要鼓励孩子敞开心扉。

在家我们可以处理好孩子撒谎的问题，那么在外面如何管理好孩子的名声呢？我们自己犯了错，都希望别人能给予一定的尊重和隐私空间，那我们也应该这样对待孩子。不要在公开场合谈论孩子的错误。你或许以为这样做能让大家明白事情的前因后果，能替孩子争取到大家的支持，或者帮助孩子重建声誉，可实际上有些人会说三道四。我不是说父母们不需要有疏解情绪的渠道，跟一两个知己聊聊完全合乎情理，只是我们必须慎重，最好只告诉自己最信任的人，这样才能保护好孩子的隐私。孩子有权决定告不告诉外人，因为这是他自己的事。鼓励孩子只跟他最信任的几个人谈论自己的错误，告诉孩子，如果需要，你随时随地愿意倾听。如果有人问起孩子，你不妨直截了当地跟他说，"谢谢你的关心。有些事是挺不容易的，不过他也学到了很多，一切都会好的。"如果对方继续追问，你就说，"我们说好了，他的事就是他的事，我们尊重他的隐私，所以不便告诉你。"然后换个话题即可。

培养孩子的成长型思维模式

世界上没有完美的养育模式，就算有，也不可能让初中生或者高中生一点差错都不出。孩子总归是要犯错的。我家几个孩子都犯过（大！）错。据我所知，没有谁家孩子能做到小错大错都不犯。好的养育方法不是要阻止孩子犯错，而是要教会孩子犯错后能自己站起来，继续前进。告诉孩子犯错是学习的必由之路，那么事情就会轻松很多——这就是"成长型思维模式"——一个人能把错误看成是进步的机会,而不是阻碍进步的拦路虎。

在公共视野中犯了错误的孩子不能有"破罐子破摔"的心态,心想反正自己名声已经不好了,随它去吧。他们应该利用这个机会进行小小的公关,才能有积极作用。孩子难免犯错,我们应该教会他如何诚恳地道歉。喜欢用社交媒体或者刷新闻的孩子见过太多的政治家、公司老总、运动员或者娱乐明星道歉时惺惺作态的样子,他们是为了挽回公众形象和经济损失而道歉,看起来不仅没有诚意,而且十分愚蠢。孩子需要的是更好的榜样——成长型思维模式的道歉。

诚恳的道歉不应该:

- 怪别人误解了你的行为
- 怪别人"玻璃心",太敏感脆弱
- 怪外部因素影响了你的判断
- 不厌其烦地说服别人你很好,只是不巧犯了个错

诚恳的道歉应该:

- 解释你哪里做错了
- 承认自己伤害了别人,并说明是如何伤害的
- 说明你今后不会再这么做
- 接受相应的后果/惩罚

要想让孩子学会这样宝贵的技能,最简单易行的方法就是以身作则。

日常生活中自己犯的小差错都是给孩子示范的好机会。比如你讥讽孩子的穿着，让他觉得很受伤时，就应该诚恳地跟孩子道歉（哪怕你心里再讨厌孩子穿着那件丑陋的 T 恤去参加颁奖晚宴）。

裸照：毁坏声誉还是建立声誉

如果非要我亮个绝活，那我肯定要请一堆小学生和初中生的父母坐到大礼堂里，然后我只要问一个问题，就能把他们区分开（我肯定不是问："你们家孩子上几年级啦？"）。假使有 100 名父母，孩子上小学和初中的各占一半，我只要问一句，"谁愿意站起来说说孩子发裸照这个问题？"就能知道哪一半是小学生的父母，因为他们一定会觉得事不关己，收拾东西赶紧离场，而初中生父母则会看着我说："太好了，咱们谈谈吧。"

目前我们很难找到有关青少年裸照问题的精确数据，一是因为它是最近几年才出现的现象，二是因为数据只能通过自我报告的方式采集，暂时并没有可信度比较高的研究结论。不过在大众文化中，孩子们经常能接触到发性短信和发裸照的内容。《十三个原因》[1]（ *13 Reasons Why* ）是 Netflix 出品的一部极受欢迎，同时争议也很大的剧集，它探讨的正是发送裸照会造成怎样悲剧性的后果；另外一部广受好评的成长电影《八年级》[2]（ *Eight Grade* ）则真诚地将镜头对准了初中女生所面临的社交压力——为了让男孩子喜欢自己，要不要发裸照？且不论成年人或青少年发送裸照是不是如

---

1 该剧改编自杰伊·艾夏的同名小说，讲述了一个女高中生自杀的事件以及她自杀的 13 个理由。
2 影片中的女主人公是个上初中的女孩，她性格内向、安静，因为交不到朋友而焦虑、失落，甚至感到羞耻。

电影、电视剧中所展现的那样稀松平常，但孩子们获得的信息是：那是成长的一部分。而且，孩子们看到现实中陷入裸照风波的明星往往不仅能从事件中走出来，名气还比以前更大了。

刊载在 2018 年《美国儿科医学协会期刊》（*Journal of the American Medical Association Pediatrics*）上的一篇论文指出，14.8% 的美国青少年会发送性短信，27.4% 的会接收性短信，且不管这些数字对你来说是高还是低，至少我接触过的青少年是这么告诉我的，"大家都这样啊。"从校方那里了解的情况来看，父母可能也会觉得实际的比例应该更大。我的在线育儿团体中有位妈妈最近发言说，"我们应该讨论的问题不是会不会有人要求自己的女儿发送裸照，而是它第一次发生在什么时候。"多数家长对她的观点表示认同。既然没有可信的数据，我们只能以《美国儿科医学协会期刊》的数据为基准点，虽然明知实际的数据很可能远超 14.8%。重申一下，这并不意味着所有上初中的孩子都会那么做，但它无疑能说明整体的风气。

也并非只有男孩向女孩提出要对方发送裸照的无理要求，这只是大体的趋势。很多父母告诉我，他们的女儿不断地受到骚扰，最后迫于压力，只好屈服。我知道有个女孩经不住对方的恳求，发了一张裸照，结果对方以此要挟她发更多照片，她完全没想到事态会发展到如此严重的地步。有些男孩向女生索要裸照是为了树立自己有性经验、有能力、成熟的"爷们儿"形象，而女生之所以会同意，可能是希望别人觉得自己乖巧可爱、讨人喜欢。

无论是哪一方，只要参与其中，一旦事情传了出去，名誉就一定会受到影响。同学们不理，家长也不理，这两种情况我都见过。丑闻一旦曝光，通常孩子只能转学，以逃避流言蜚语的搅扰。如果你想用别人的经历来告诫孩子，裸照会让一个人陷入怎样被孤立、被排斥的绝境，不妨上网搜索阿曼达·托德（Amanda Todd）[1]的故事，阿曼达12岁那年上网跟人视频聊天时被一位男子诱导裸露胸部，后来该男子一直用裸照来要挟她，被拒绝后四处散播她的裸照，最后阿曼达自杀身亡。我替阿曼达的家人感到心碎，希望她的经历能让公众理解并同情犯过类似错误的孩子。

我建议所有的家长都应该在孩子上高中前跟他谈谈裸照的问题，最理想的时间节点是孩子刚进入初中时。一起开车出门或者看电视的时候是谈话的好时机，因为这个话题会让孩子有些尴尬。对话示例如下：

B：心平气和地开始

家长：你看你已经上初中啦，我觉得有个事得跟你谈谈，我听说有些孩子会问人家要不雅照，有的孩子也会发。

孩子：呃，我的天啊。（孩子赶紧把头埋到跟前的毯子里。）

家长：放心，我没打算发表长篇大论。不过有几点我得跟你讲清楚，才算尽到父母的义务。咱们简单说几句就OK，要是有什么问题，你以后再问我也行。

孩子：（没作声）

R：与孩子共情

家长：那我就开门见山了。首先，咱们得说清楚，跟你聊这事并不是

1　2012年，年仅15岁的加拿大女孩阿曼达·托德在中自杀身亡，死前她在Youtube上发布了视频，讲述了自己的遭遇。12岁那年，她在网聊时被一位男子诱导裸露胸部，之后该男子屡次要挟她展示裸体。被拒绝后，该男子把裸照发布到网上。阿曼达陷入焦虑、抑郁和恐慌，被迫屡次搬家，但该男子总能找到她，后来阿曼达通过酗酒及吸毒麻痹自己。在她转学的最后一所学校中，她与一个已有女友的男子发生了关系。该男子女友发现后，伙同朋友辱骂、殴打及恐吓阿曼达。陷入绝境的她两次自杀未遂，但此时网上仍然充斥着对她的辱骂和冷嘲热讽。2012年10月11日，阿曼达在家中自杀。她的死震惊了加拿大，引发了广泛的社会讨论。

第 15 章 谈论声誉

因为我觉得你有什么问题,而是因为从数据来看,初中生被人索要裸照的概率挺高,我觉得你得提前有所防范。要是有人跟你提了这种要求,而你心理上又没有任何准备,恐怕很难拒绝对方,所以咱们得先想好怎么办。

孩子:这也太糟糕了。

家长:认真听我说。

I:提出问题,收集信息

(孩子会明显表现出不想讨论这个话题,所以我们不妨直接进入下一个环节。)

家长:你对于这个问题了解多少,有什么想法,我就不问了,我知道你很不自在,那咱们就直接划重点吧。

孩子:呃,还没说完吗?

E:重复听到的话

家长:马上!知道你觉得勉强啦,我保证不啰嗦。

F:给出反馈

家长:关于这个问题,我希望你能明白下面几点。对人的身体感到好奇,这本身并没什么错,但你这个年龄的孩子绝不能向别人索要裸照。我知道现在这种情况比较普遍,很多人也觉得没什么大不了的。电视电影里不也有这样的情节吗,但电视电影里的故事都是编剧设定好的,现实生活中,谁也说不准到底会发生什么事。我得跟你讲清楚具体可能会出现哪些问题。

首先,"天下没有不透风的墙"。你信任对方于是给他发了照片,那他有可能把照片分享给他信任的那个人,这很简单——你信任他,他信任他

261

的朋友。但你仔细想想，他的朋友也可能再分享给别人，照这个速度，很快照片就会被散播出去，很多人都能看到。

其次，咱们得考虑人会记仇。说出来你也许不信，但是人都会变，尤其是你们这个年龄段的孩子。你信任的人可能要不了半年就会跟你反目成仇。他们或许会用裸照来让你难堪，甚至伤害你。

很多父母会经常检查孩子的手机或者监控孩子的社交媒体。你以为你在社交媒体上发的图删了就没了，但实际上它们还是被存储在某个地方，只要截图就能存下来。"好事不出门，坏事传千里"，一旦传了出去，人们就会孤立你。

再就是恐吓胁迫。只要发了一张照片，对方就可能用这一张照片要挟你发更多照片。他会说，"要是你不发，我就把你的裸照发给很多人。"你以为对方绝不会那么做，可万一他手机丢了呢？万一他的"朋友"弄到了照片呢？能发生什么咱们也不确定。

我建议你先想好，要是有人向你提出了过分的要求，你应该怎么回答。我在网上看到很多机智幽默的回答，咱们上网查查就行。总之，得提前准备，说不定这样的事就会发生在你或者你朋友的头上。

我希望你能明白，问题的根源在于那些提出无理要求的人。任何人都不能以此对别人施加压力。人们总是以为错在发裸照的人而不是索要裸照的人，这是不对的。要是有人给你发不雅照，你千万不要再转发出去，应该立刻删除。

最后，如果你知道有谁因为犯了这样的错误而被痛苦所折磨，不要再在他的伤口上撒盐。不要觉得他哪里不正常，还会传染给别人。每个人都会犯错，每个人也都应该有重新开始的机会。

好了，虽然这个话题有些奇怪，也挺复杂，但你可以放心大胆地跟我讨论这个话题。我说完啦！你自由了！感谢收听，现在我要去浇花了。

我们还可以给孩子留出一些空间，让孩子更清楚地明白，这个年龄对裸照很好奇是完全正常的。好奇本身并没有什么问题，但围绕着裸照有太多不可控的因素。顺便说一句，人们总是对于自己掌控范围外的事物充满好奇——我对外太空很好奇，可我是没有能力进入外太空的！因此，得明确告诉孩子，朋友或同学向他索要裸照的做法是错误的。如果对方向孩子施加压力，孩子应该坚定地回答"不行"，就这么简单，也可以半开玩笑地说，"哈，你可真行，你怎么没叫我去抢银行再把钱都给你呢？"

别做谈话终结者——谈论声誉的禁忌

"一个错误就能把你的好名声给毁了。"

干嘛非得这么说呢？孩子需要明白的是一次犯错并不能完全否定一个人。知错就改同样能获得别人的认可，同样有助于建立良好的声誉。

"诚实永远是第一位的。"

你94岁的姨奶奶给你做了件运动衫，她问你喜不喜欢，你最讨厌衣服前面有总统头像，可她偏偏就喜欢这种图案。请问这时候诚实还是第一位的吗？初中生又不是小孩子，他已经明白诚实的定义在不同情境下有着细微的差别。陈词滥调并没有用，应该跟孩子谈谈诚实的复杂性。

"这是未成年人色情犯罪，要坐牢的！"

对于裸照这个问题，很多父母都会这样警告孩子。（对于其他问题，我也经常能听到父母用最糟糕的情况来恐吓孩子。）我并不是反对通过恐吓来阻止孩子犯错这一做法，我只是觉得这根本镇不住孩子，因为家长所说的并不是真实情况。低年级的初中生多少也听说过这方面的消息，高年级的甚至可能自己就索要过或发送过不雅照。严肃地说，很可能多数孩子都涉嫌未成年人色情犯罪。对他们而言，比坐牢更现实（也更可怕）的后果是被人孤立、排斥。应该告诉孩子，一旦裸照散播出去，同学们会嘲笑他，会排斥他。需要注意的是，这是个比较棘手、敏感的话题。新闻中报道过有孩子因为父母发现自己发性短信而自杀，特别是有些父母会威胁孩子，要采取"会毁掉他们生活"的法律行动。父母试图通过高压、粗暴的方法解决不了问题。这个年龄段的孩子脆弱而敏感，他们或许只是通过这个方式来弄清楚自己喜欢谁、自己与别人的关系如何、性会给他带来怎么的感受，这真的很正常，而大人想到的却是孩子丢人现眼、不知廉耻，甚至认为他触犯了法律。

没时间仔细看书？那来一堂速成课吧。

> **本章小结**

- 孩子应不应该在乎别人对他们的看法？什么时候应该在乎？家长释放出的信号会让孩子非常矛盾，我们一方面告诉孩子好的名誉需要长时间的积累，一方面却又说一个错就能把好名声毁于一旦。
- 孩子很难理解现在的行为会怎样影响今后的名誉，因为他们对于时间的认识往往拘泥于现在。
- 议论别人是非会极大地影响一个人的名誉，因而父母对于流言蜚语的处理方式非常重要。如果有人犯错了，我们应该有目的地去引导孩子思考一些问题，比如他是否把各方面的因素和那个人的性格都考虑到了，而不能只看到别人的错误。
- 孩子撒谎的理由五花八门，严重程度也不一样。为了保护朋友或者因为不想伤害别人的感情而撒谎，与为了伤害某人而撒谎，是完全不同的性质。
- 随着孩子年龄的增长，他们享有的自由和隐私空间也越来愈多，撒谎的频率也会越来越小。
- 如果孩子犯了错误不想让人知道，那么家长未经孩子的允许不能把细节告诉其他人，要保护孩子的名誉。
- 要让孩子明白好的、诚恳的道歉应该是什么样，不好的又是什么样，并身体力行。
- 索要、发送和接收裸照在当代青少年中已经成了比较普遍的现象。并不是所有的青少年都如此，但它事关孩子的名誉，所以家长必须跟孩子讲清楚这个问题。要避免使用粗暴、高压的方法，要理解孩子。是的，一旦卷入裸照风波，孩子的名声确实会严重受损，但家长应该明白，它或许只是十一二岁的孩子用来探索新环境、应对新感情的手段。

第 16 章

谈论冲动

在这一章，你会学习到为何冲动对于十一二岁的孩子来说不一定是一件坏事；青少年的冲动分为哪两种；孩子冲动过后（哪怕是危险的举动），我们应该如何处理才能避免把事情变得更糟；怎样对话才能鼓励孩子批判性地思考，才能避免让孩子产生羞耻感；如果孩子不愿意承担风险，总爱思前想后，我们又该如何鼓励他大胆做决定。

电影《我家买了动物园》改编自本杰明·米尔的回忆录，讲述的是在妻子罹患癌症去世后，男主人公和孩子们如何继续面对生活的故事（剧透一下：他们买了个动物园）。电影非常棒，我看过那么多家庭片，只有这部让我记忆犹新。我很喜欢马特·达蒙饰演的米尔这个角色，他让孩子们明白，生活的快乐有时离不开一定程度的冲动。电影中米尔回忆起第一次跟妻子约会时是这么说的，"有时候你需要的只是 20 秒疯狂的勇气，20 秒，别怕丢脸，别怕难堪，我敢保证，只要你能勇敢点，就一定会有美妙的事

第16章 谈论冲动

发生。"这句台词说给电影里的孩子,也说给荧幕外的孩子,但我也会用这句话来激励自己。

我是那种需要别人的一些鼓励才会听从内心冲动的人。记得我跟丈夫特拉维斯开始谈恋爱没多久,一天晚上,我们开车经过北卡罗来纳州夏洛特的闹市区,突然有辆车猛地冲出车流,冲过广场,最后撞到一幢办公楼的台阶上,直到前挡风窗被台阶上的金属栏杆卡住才停下来。特拉维斯见状,立刻把车停住,大步流星地跟着那辆车跑了过去。作为第一个到达事故现场的人,他先大致察看了司机的状况,然后赶紧拨打了医疗救护电话。而我就……在车里傻愣愣地看着。特拉维斯的表现很英勇,又很冲动,这两种性格特点有着奇妙的共生关系,我很感恩世界上能有集这两种性格特点于一身的人。

我跟特拉维斯不一样,我有冲动障碍,做什么决定总要考虑半天。这个性格用在解决难题时倒是挺好,因为反复思考有助于创造性地解决问题;用在准备报告时也挺好,因为我考虑问题比较全面。可如果换成一些简单的事,比如上网买条裤子,我前前后后能挑上几个星期,特别耽误时间,遇到突发危机时,更是一点用也没有。

你也看到了,我丈夫在危机中的表现特别亮眼。一家人出去度假时,他也最会活跃气氛。但他不是很擅长按计划行事。他会说,"把那个计划单撕了,咱们露营去吧。"然后我只好提醒他我们已经有安排了,不能临时改变计划。幸运的是,我们磨合得很好。比方说,要是一家人出去度假,他会给我留足时间,让我列好旅行要带的东西,买好开车时吃的小零食,而我呢,也能接受回到家再洗度假期间攒下来的脏衣服。有时是他的英勇和冲动拯救了我的优柔寡断,有时则是我的细心与耐心拯救了他的心血来潮。我们都需要也喜欢对方的制衡,这也是很好的共生关系。

我们每个人都需要一定水平的冲动和一定水平的克制,而找到最佳的

267

平衡点也是成长的一部分。青少年发展方面的专家经常说青少年的大脑就是容易冲动，这让许多父母不由得担心孩子会惹出麻烦。我建议大家不要被这些关于孩子大脑的解释吓跑，我们应该找些机会跟孩子聊一聊如何去做决定——遇到问题时，孩子有没有先放慢脚步，深呼吸几下？有没有向有经验的人征求意见？有没有列出每种选择的好处和坏处？有时候，比如遇上交通事故，本能的反应是好的；但在有些情况下，如果没有人教会孩子如何结合实际情况，深思熟虑后再做决定，那冲动就是缺点了。无论用什么方式跟孩子探讨这个话题，记住我们的目标都是要更好地理解孩子冲动的源头，鼓励他们思考什么情境下需要克制、需要深思熟虑，而什么情境下需要英勇果断。

冲动！

"你怎么老是用哪个词，我觉得那个词的意思跟你想的不一样。"亲子沟通的障碍很多时候也来自词义理解的差异。

怎样才算冲动的行为？对于这个问题，大人和孩子的看法并不相同，因此"冲动"这个词的含义并不明确。首先我们得和孩子达成一致的看法，得了解青少年冲动的机制和表现形式。

我们不能把冲动简单理解为盲目的行动。更确切地说，冲动是"一种决策方法，是指个体很容易受到当前欲望的影响，在未充分考虑后果的情况下就进行决策"。注意，冲动不是缺乏决策能力，它是一种决策方法。

我们不能把冲动简单理解为盲目的行动。更确切地说，冲动是"一种决策方法，是指个体很容易受到当前欲望的影响，在未充分考虑后果的情况下就进行决策"。注意，冲动不是缺乏决策能力，它是一种决策方法。

你的孩子会心血来潮还是会三思而后行并不重要，重要的是他能慢慢地学会用一种既适合自己，也能让身边亲近的人觉得舒服的方式决策。应该把冲动看作是一个中性的性格特点，既不好也不坏。孩子每天要在那么多复杂的情境中做那么多复杂的决定，只有通过一个迟缓且漫长的学习过程，他才能处理好自己和冲动的关系，这个过程让很多父母感到抓狂。比方说你新买回来的一瓶价格不菲的芳香精油，结果孩子一口气把它全给倒进了浴缸，连问都没问你一句；或者你给他买了件新夹克，他转头就送给了别人；再比如他未经你同意就邀请了30个孩子到你家开派对，而且那还不是他的生日，他是帮他朋友庆祝生日！你想尖叫，想喝酒喝到酩酊大醉，想把头发都扯光。如果孩子的冲动所带来的负面情绪确实难以疏解的话，我建议你可以试试冥想、找一个善解人意的朋友倾诉，或者向专业的心理咨询师寻求帮助。记住，现在孩子行为荒唐反常并不意味着他以后会一直如此。我们得教会孩子该怎么做，要合理有度地、有针对性地惩罚孩子，但大可不必恐慌，不用担心孩子将来缺乏决策能力。

孩子的冲动总是让人猝不及防，但我们可以先了解一下什么时候孩子会冲动、如何冲动，这样心理上也能有个缓冲。最近的一项研究发现了：（1）青少年冲动的两种类型；（2）不同类型的冲动开始减退和达到顶峰的年龄。

我们都有必要熟悉一下这两种冲动类型：

1. 因为缺乏延迟满足能力而产生的冲动
2. 因为想要尝试新鲜事物而产生的冲动

第一种冲动会驱动孩子优先选择即时满足，而不会选择等待更令人有满足感的奖励，这种冲动会随着年龄的增长而减退。家长经常感到失望——孩子们总是要先玩会儿游戏再写作业，或者口袋里有一丁点钱就火急火燎地央求大人开车带他们去商场。但或许你也记得自己上初中那会儿满脑子想的都是要剪一个酷炫的发型——长大之后，你还会那么冲动吗？

孩子对于新鲜体验的渴望与即时满足的需求不同，但它也是影响孩子做出草率、不理智决定的重要因素，这种冲动不会随着年龄的增长而减退，但会在一定的年龄达到顶峰，女孩16岁，男孩19岁。换句话说，随着青少年年龄的增长，即时满足所引起的冲动会稳步减退，但人"对于速度的渴望"，或者说至少对于新鲜、刺激的体验的渴望却不会消失。

"感觉寻求"（sensation seeking）是由心理学家马文·朱克曼（Marvin Zuckerman）于20世纪60年代提出的术语，是指个体对于新鲜体验的需求程度。20世纪90年代，朱克曼修改了感觉寻求列表，以更精确地反映出儿童与青少年的感觉寻求水平。最近的研究发现，青少年的决策主要是受到新体验需求的驱动。这很有道理，因为新的体验不仅能帮助青少年获得新的知识，还能帮助他们发展和锻炼新的技能，而这些是成年后取得成功的必备条件。每次体验到新事物时，大脑就会释放出多巴胺，多巴胺指引大脑前额叶皮层的发展，而前额叶皮层负责的就是你希望孩子能擅长的一些方面——比如风险评估、问题解决和批判性思维。所以，父母们为了保护孩子而阻止孩子体验新的事物，同时又希望孩子会评估风险、会三思而后行——这不就是第二十二条军规[1]吗？十一二岁的孩子需要更多的体

---

1 这个说法来自美国作家约瑟夫·海勒的代表作《第二十二条军规》，经常用来形容任何自相矛盾、不合逻辑的规定或条件所造成的无法摆脱的困境、难以逾越的障碍，表示人们处于左右为难的境地，或者是一件事陷入了死循环，或者跌进逻辑陷阱。

验来锻炼大脑，这样大脑才能更好地处理更多新的体验。

现在你已经明白了孩子的冲动决策通常是由两个原因造成的：要么是缺乏延迟满足能力，要么是寻求新的感觉刺激，那你应该能想象出他在青少年时期的发展轨迹，并根据孩子的年龄与阶段性的特点来调整自己的期待，根据孩子冲动的动机来选择对话方式。如果孩子能了解自己的行为动机，也会表现得更好——因为冲动而伤害到别人，却连自己为什么这么冲动也弄不清楚，这实在太尴尬了——跟孩子解释两种动机能够帮助他们理解自己的行为，然后再告诉他下次怎么做会更好。

年少时谁不曾意气用事

孩子愚蠢的决定通常伴随着一定的后果，冲动与冒险则常常伴随着内疚感与羞耻感。心理学家是这么描述内疚感与羞耻感的区别的：内疚感是一个人感觉自己做了坏事，而羞耻感是一个人感觉自己是个坏人。内疚感能让一个人更加进步，而羞耻感则会让他止步不前。

回想一下你自己上初中时候有没有做过什么蠢事、危险的事或者让人匪夷所思的事，实际上，大多数人都记得很清楚。年少时的意气用事通常和懊悔、烦恼、不安等情绪是紧密关联的，而和愉快的记忆相比，不愉快的记忆往往褪色得更慢。

我曾经请在线育儿团体的父母们回忆自己年少时的冲动。他们很快就给出了许多很有见地的答复。大家干过的蠢事可谓五花八门，有让人听了忍俊不禁的："这事我妈到现在还经常提，因为我和弟弟老是那么干——倒一大杯牛奶，可每次都只喝上几口，剩下来的就一直放在厨房台面上。妈妈冲我们吼了好多次，让我们不要浪费牛奶。可我就是改不掉这毛病，回回都想不起来自己到底想喝多少奶。"

也有让人听了难过的："当时我在一家私立学校上初二，班上有个女孩很受欢迎，但她很凶、人很坏，总喜欢欺负我。于是有一天我用马克笔在洗手间的墙上写了'我讨厌……'，我刚写到一半（写了名），那个女孩的朋友走进来看到了我写的字，无奈之下我只好灵机一动撒谎说我写的是另一个女孩的名字（俩人名同姓不同），可其实我很喜欢那个女孩。这下可惹了大麻烦，事后我还去跟那个女孩道歉。现在回想起来，我仍然觉得自己当时真太差劲了。"

还有拿性命开玩笑的："我跟家附近的小孩发明了一个游戏，一伙人坐在柏油路中间，围成个圈，然后让一个孩子点燃小炮仗的引信，往圈子里面扔，一次扔一个。炮仗说不定会砸到人身上，说不定会从俩人中间飞过去，大家只能祈祷那玩意儿别砸到自己身上。"

有个家长让我特别感动，她说她上初中时犯过很大的错误，违反了校规，她向我们坦白了一切，最后说："那件事让我觉得非常耻辱，但又有点刺激，之前我从来没跟任何人讲过！"

分享年少时的经历会让我们认识到冲动是正常的，是每个孩子成长的一个部分，我们大可不必为此而惶恐不安。这些曾经意气用事的孩子都成长为有责任心、值得信赖的父母。顺便提一句，那个玩炮仗的孩子现在可是一名警察！

父母的反应很重要

如果发现孩子做了一个不明智的决定，浪费牛奶也好，在卫生间涂鸦也好，我们首先得控制好自己的情绪，再做出反应（孩子拿性命开玩笑可不行，大人火冒三丈也正常）。只要不威胁到孩子的人身安全，我们不妨想象一下，如果换作是你 12 岁的时候，父母、老师或者教练会如何反应。哪种处理方法有效，哪种只会适得其反？怎样才能让孩子从经验中学到教训，而不是一味地打压？怎样能让孩子的内疚感发挥作用，而不是让羞耻感阻碍他们的进步？

我们可以用下面几句话作为开场白，鼓励孩子反思：

- 谁也没料到你会做出这种事来，你觉得下面该做什么呢？
- 下次你还会这么做吗？有什么不一样的做法吗？
- 这只是你做的一件事，不能代表你这个人。
- 你的行为总会带来一定的后果，但后果并不意味着你是个不好的人。这只能说明你跟每个人一样，都会犯错。你应该好好想想，下次再遇到类似情况应该怎么处理。
- 看得出你心情很不好。妈妈要说些什么才能让你感觉好点呢？你能自己安慰自己吗？你觉得这是你一个人的错吗？
- 你觉得发生这事是因为你没耐下性子考虑考虑，还是因为你心里特别想去做它？（这个问题是在引导孩子思考两种冲动：缺乏延迟满足的能力所引起的冲动与渴望新的感觉刺激所引起的冲动。）

冲动大爆发

家里有几个孩子的父母每天都要面对孩子的吵吵闹闹，吵着吵着就升级成了情绪的大爆炸。下面我们就来看看遇到这种情况时，父母应该怎么

273

跟孩子谈话。

B：心平气和地开始

家长：有空吗？刚才我听见你跟凯勒布吵吵嚷嚷的。

孩子：你应该跟他说去，别来找我！都是他不好！

家长：好好好，我是要找他的，不过还是咱俩先谈谈吧。

R：与孩子共情

家长：听我说，我知道他有时候会把你惹毛。

孩子：有时候？

家长：你对弟弟有想法当然可以表达。一家人相处有时也没那么容易，咱们都有嫌别人碍手碍脚的时候。

I：提出问题，收集信息

家长：今早我看你俩那架势，好像不是一般的吵嘴。我好像听到了重重的……

孩子：是的，他不让我用卫生间，可那会我上学就要迟到了。他怎么能无缘无故地在里面待那么久。

家长：后来怎么就吼起来了？

孩子：我让他快点，然后他就骂我白痴，故意在里面不出来。

家长：那声音怎么回事？

孩子：（顿了一下）我用书包砸卫生间的门了，因为他理都不理我。

家长：结果有用吗？

孩子：什么有用吗？

家长：用书包砸门啊，砸完他就出来了？

孩子：没有，但我觉得很解气。

E：重复听到的话

家长：嗯，凯勒布占着卫生间太久害得你要迟到了，这让你很不爽。

孩子：我好声好气地请他快点，他还故意在里面磨磨蹭蹭。

家长：这是挺让人恼火的。你说用书包砸门能让你好受点，但我倒觉得想用卫生间的时候里面没有人，那才最爽。

孩子：我也希望我能有自己专用的卫生间。

F：给出反馈

家长：我知道。你心里肯定想，要是凯勒布能听你的，早上能将就你一下多好。但以我的经验，想要别人按自己的意愿行事，那几乎不可能。不过倒也不是没办法，你可以先用洗手间，本来你起得就比他早啊；或者等俩人心情好的时候再找他说说；再不行你也可以到楼下卫生间刷牙。就算他不听你的，咱们总可以想其他办法解决问题。

再者，你拿书包砸门有用吗？不但没用，还让爸爸不高兴。你说，还会有什么后果？

孩子：书包里的东西可能会摔坏。

家长：是啊。要是凯勒布刚巧开门，他的鼻子会被你砸伤。门也可能被你砸坏。这么做很冲动，凯勒布不仅不会赶紧出来，而且爸爸早上的好心情也没了，因为我得为你们担心。要是下回再生凯勒布的气，我希望你能先等上10秒钟再决定怎么做。等过一个星期看看，你能不能坚持15秒钟，然后再30秒。你将来还会遇到很多麻烦的事、麻烦的人，可咱们不能意气用事，得给自己片刻的缓冲时间；咱们要的不是下意识的第一反

275

应，而是最优反应。从现在开始你就学着这么做，等上了高中你就知道有多少好处了。

大人调解孩子闹矛盾就像是在对簿公堂。"原告"哭诉自己受到的伤害，心里如何委屈，控诉"被告"是个坏家伙，公然漠视规则。"被告"则得意洋洋地笑着，脸上一副"有种你拿证据来啊"的表情。这时候你恨不得每人各打五十大板，也顾不得平日里的斯文形象，气得尖叫，"别成天拿鸡毛蒜皮的事来烦我！！"每个孩子都指望着父母能向着自己这边，能火速裁决，严惩对方。但千万别那么做，不要给孩子对簿公堂的机会，我们不是法官，我们应该是明察秋毫的侦探。最好的办法是跟每个孩子单独谈话，让他把事情说清楚，一来，这样孩子没法抱怨"你总是帮他说话！"二来，这也是一个帮助孩子发展个人技能的好机会。我的一位好朋友的心理咨询师跟她说过一句很有见地的话，她又好心告诉了我——"孩子吵闹时，大人先别着急去拉架。先冷眼旁观，好好看戏。"

诱惑

除了诱惑，我什么都能抗拒。　　　　——奥斯卡·王尔德

想要教会孩子克制住体验新鲜事物的渴望很难，可延迟满足却是一种可以用时间来衡量、孩子能够学会的能力。我们可以告诉孩子，"等两分钟再吃。太烫了。"如果孩子按捺不住，那就指着时钟（定时器）告诉他，"两分钟还没到！"这样他就不会急到烫坏自己的嘴皮。但对于新鲜体验的渴望很难量化，难道我们只能跟孩子说，"不要为了寻求刺激而给自己

惹麻烦"吗？这样的建议（指令）听着未免有些苍白无力，更明智的做法是要给孩子明确、具体的建议。

比方说，你发现孩子用钢笔在脚踝那儿画了张笑脸，看着是挺可爱的，但终归不美观，周末还要拍全家福，你希望孩子能把它洗掉。晚上你打开笔记本，浏览了一下网页搜索记录，看起来没什么特别的，可就在鼠标眼看要划到最底下的时候，你的心咯噔了一沉：DIY 纹身贴。你赶紧点开视频看了几秒钟，这下你才知道孩子脚踝上的那张笑脸不是画上去的，是永久纹身！下面该怎么办呢？

下面我们就来看看对话示例。先深呼吸，然后走到孩子房间门口敲门。

B：心平气和地开始

家长：嘿，我能进来一会儿吗？

孩子：（看到妈妈还挺兴奋）你怎么还没睡？

家长：睡不着，心里有事情，咱们能聊聊吗？

孩子：（有点紧张）有什么事吗？

R：与孩子共情

家长：是有点事。今天早上我注意到你脚踝上有个笑脸，当时我什么也没说，我还以为是钢笔画的呢。刚刚我上网看了一下，才发现那是个纹身，我就想跟你聊聊这个。

孩子：你很生气吗？看来我要倒霉了？

家长：我也说不上来现在是什么心情。我只是觉得要说的还挺多，我坐你床上聊会吧。

（孩子掀起被子，给妈妈腾地方。）

I：提出问题，收集信息

家长：我太吃惊了，都不知道该说些什么，你能给我看看脚踝吗？

孩子：其实是很小一块。对不起，我只是觉得好玩，所以就试了一下。既然试了，也不能纹一半就停下来，那样就显得太蠢了。

家长：（紧紧抿住嘴，因为很想说现在那纹身看着确实很蠢）你喜欢吗？

孩子：有点喜欢。

家长：你是怎么弄的？

孩子：卡穆琳的姐姐和她的朋友一直弄这玩意儿，所以给我们也纹了一个。

家长：我看网上说这洗不掉。

孩子：嗯，是的，但过段时间就会褪色。

家长：嗯，我最想知道的是你为什么想要纹身呢？能给我讲讲你前前后后的想法吗？

孩子：我挺喜欢她们的，也想知道这到底疼不疼，因为将来我想纹个真纹身。我也说不清，很多人都有，所以我也有点想试试。

E：重复听到的话

家长：我听你说了好几个"我不知道"和"有点"，你是怕我惩罚你故意轻描淡写，还是因为你做决定之前压根就没仔细考虑。

孩子：我明白，我确实不知道该怎么说。

F：给出反馈

家长：这么告诉你吧，这对我来说可不是小事。想要尝试新的事物本身没任何问题，但对你这个年纪的孩子而言，在身体上永远地留下痕迹是绝对不允许的。我最担心的就是病菌感染。你不考虑永久的、无法改变的后果，就草率地做出决定，同样让我很担心。如果其他事情你也这样处理，你会遭受巨大的伤害。

孩子：纹身也可以清除掉。

家长：没错，但前提是那得花很多钱，而且过程也很痛苦。明天我带你去医院看看有没有感染。回头我们再好好谈谈遇到事情该怎么做决定。我知道你渴望新的体验，你呢，觉得自己长大了不少，但从这件事看，你仍然需要我和爸爸帮助你去判断哪些事可以，哪些事不可以。首先，我得请你先列出一些问题，每次想冒险之前，先问问自己这些问题。你用手机列个单子吧，明天拿来给妈妈看看，到时咱们再讨论。现在赶紧睡觉吧，我爱你。

孩子：哦，你会惩罚我吗？

家长：我还没时间想这个问题，不过从现在开始，你不准去卡穆琳家玩，除非我同意。妈妈希望你能明白，虽然纹身是一个糟糕的决定，但妈妈仍然觉得你很棒。下面我们得共同努力，你要学着去理智地做决定，要保证自己的人身安全，不要事情发生了再追悔莫及。

单凭一个对话很难解决冲动带来的所有问题，所以遇到这样重大的事件时，我建议家长要像急诊室的护士一样，首先根据事情的轻重缓急进行分类，然后再进一步处理。护士的分类标准是：（1）立刻危及生命；（2）紧急，但不会危及生命；（3）次紧急。按照这个方法，我们可以把冲动行为所造成的后果分为三类：（1）立刻威胁健康的危险；（2）严重的、次紧急的危险；（3）可能会产生影响的危险。这样就可以减轻你跟孩子谈话的压力，使你不必要在第一次谈话时就把所有内容都塞进去。

以孩子纹身为例，我之所以认为它会立刻威胁到健康主要是从两方面考虑：第一，感染的风险，第二，立刻会引起感染。第一次谈话过后，我会带孩子去医院，看看到底有没有感染（下一次谈话时才能有理有据），并限制孩子跟卡穆琳等人接触，这就相当于护士给送到急诊室的病人先缠上止血绷带。

处理好迫在眉睫的危险，我才能有更多的时间仔细思考。在接下来的谈话中，我要跟孩子讲讲冲动会带来哪些严重的后果。我会跟孩子讨论在"大家都这么做"的情况下，他应该如何去理解身体的自主权，并从孩子的言语中判断他是否有足够的自我价值感，是否需要心理咨询师的指导。比如，纹身时身体所承受的痛苦是否帮助他缓解了情绪上的痛苦？我还会问孩子，为什么要背着大人偷偷这么做？是以为大人压根不会注意到纹身，还是以为即使被发现了，只要请求大人的原谅就可以？无论如何，征得大人的同意才是明智的做法，而不应该偷偷摸摸。

最后，处理完要紧的危险之后，我们还应该思索冒险行为对于以后的影响。不要抓住孩子的错误不放（不要跟孩子说："你将来一定会后悔在身上纹了个怪里怪气的笑脸！"），尽量把眼光放长远（可以跟孩子说："你好像挺喜欢刺激，挺喜欢冒险的，要是我们不让你参与一些具有冒险性的事儿，你也许下次还会做出同样的选择。"）

不冲动的孩子存在吗？

每次我到学校做讲座，都能碰到一两个父母犹犹豫豫地举起手问，"我家孩子压根不冲动，我应该担心吗？"

大多数来听讲座的父母都是因为自己家小孩"太正常"（喜欢意气用事）而烦恼，听说冒险和冲动对于青春期的孩子而言不仅很正常，而且很有必要之后，他们才放下心来，可极少数的家长倒是会紧张，因为他们的孩子太冷静了——这孩子做什么决定都要思前想后，不累吗？会不会因为太谨慎而错过很多机会呢？

我想说的是，有些孩子会明目张胆地在公共场合采取冒险行为，而有些孩子则是不动声色地在私下里进行，两者没有什么好坏之分。在我们看来，上课时跟自己喜欢的男孩（女孩）借支铅笔算不得什么冲动疯狂的举动，但对于一个紧张兮兮的青少年而言，这可是冒了天大的险。我们没看见，不代表孩子不冲动。如果你真的担心孩子过于谨慎拘谨，不妨参照以下方法去鼓励孩子：

- 经常做些好玩的事，给孩子做个榜样。"我刚把饭烧好，管它三七二十一——把饭菜盖起来，咱们先吃冰激凌吧！好不好！"
- 互换身份。跟孩子发生争论时，不妨互换身份，无论争论的话题是什么。"我该怎么办？"让孩子给你出主意。
- 想象最坏和最好的情况。让孩子想象，如果他冒险了，最糟糕的后果是什么？比如，他参加了班长竞选，最差的情况会怎样？最好的情况呢？不参加又会如何呢？
- 把选择交给命运。做一个决定太难的话，那干脆用抓阄的办法来解决。

别做谈话终结者——谈论冲动的禁忌

十一二岁的孩子会因为冲动而犯错，如果被大人发现的话，他们可能会觉得很丢人、很有负罪感，孩子比较在乎脸面，任何伤及他们自尊的无心之语都会让对话难以进行下去，比如：

"你脑袋里想什么呢？！"

冲动的本质其实就是不经思考，直接采取行动。孩子或许压根就不想回答你这个问题，索性保持沉默。想要了解孩子的想法不如这么说，"跟我说说事情发生时你的感受吧。"

"我怎么能养出你这样的孩子。"

既然事情已经发生了……所以你确实养出了这样的孩子。如果内心感到失望，那就应该直接表达出来，然后再丢给孩子一个"救生圈"："我很失望，你居然会这么做。下面咱们应该怎么办？你想要将功补过吗？需要我的建议吗？"

"你的机会/打算/未来就这么给你毁了。"

我理解家长这么说是想要强调错误的严重性。但这话谴责的语气太重，孩子听了可能会拒绝与父母沟通。不要笼统地强调后果的严重性，要具体、明确，不妨让孩子自己先思考一下冲动的后果，然后针对孩子的思维盲区进行补充。

"你不该这么笨啊，也不该这么不懂事。"

这话简直就是对"聪明"的嘲讽。再聪明的人也有不"聪明"的时候，再有经验的人也有犯错的时候。应该跟孩子这么说："你很聪明。所以我觉得发生了这样的事不是因为你没仔细想，而是因为你没有慢慢去想象可能的后果。跟我说说看，下次怎样才能做得更好。"

第 16 章　谈论冲动

没时间仔细看书？那来一堂速成课吧。

本章小结

- 冲动确实会给人留下不好的印象，但从根本上来讲，冲动并不是不健康的表现，也不一定带有恶意。这世界要是没有意气用事的人，也就没有英雄和创新者。
- 我们没必要去压制孩子冲动的行为，但有必要跟孩子解释清楚，在哪些情境下冲动是好的，哪些情境下需要深思熟虑。
- 冲动并不是缺乏决策能力，冲动也是一种决策方法。
- 青春期孩子的冲动通常有两个原因：一是缺乏延迟满足的能力（随着年龄的增长，这种情况会逐渐改善），二是想要尝试新事物的渴望（女孩在 16 岁、男孩在 19 岁对于新事物的渴望达到顶峰）。
- 我们应该给予青少年独立体验新环境的机会。"感觉寻求"可以刺激多巴胺的分泌，而多巴胺可以促进青少年的大脑发育，能帮助他们学会处理更复杂的情境。
- 没必要因为孩子的冲动就过度担心他们的人身安全，担心他们未来能否成功。几乎每个人在成长的过程中都有过一时冲动（有过疯狂愚蠢的举动），长大之后不也都挺好的吗！
- 处理孩子的冲动行为时，我们可以唤起孩子惭愧、内疚的情绪，但不要让孩子觉得羞耻。问题的关键在于，要让孩子明白下次他应该怎么做，让孩子明白行为只是行为，行为不能否定一个人。
- 采用分类法来处理孩子冲动所造成的后果:（1）立刻威胁健康的危

险;(2)严重的、次紧急的危险;(3)可能会产生影响的危险。第一种情况必须立即处理、迅速处理,后面两种则可以缓一缓,想好了怎么处理再去做。

- 我们没法改变孩子的性格,但如果你担心孩子在做决定时顾虑太多,以至于会错过很多机会的话,那不妨自己给孩子做个榜样,鼓励他们要灵活机动,甚至冲动一下,并给予一定的奖励。

第 17 章

谈论帮助别人

在这一章，我们会了解到为什么对于十一二岁的孩子而言，想要平衡好自己与他人的利益并非易事——特别是看到有孩子被人欺侮时，想要打抱不平非常之难；父母如果能用同理心看待孩子，那么孩子自然也就会关心别人（父母设身处地理解孩子也有助于培养孩子的毅力）。我们还会学习到人类的需求分为哪几种；人类帮助别人的方式又有哪些；耐心温和的聊天能怎样激励孩子敢于为别人发声；怎么样去引导孩子学会让步，从而让家庭的某些传统得以延续。

经过运动场时能主动捡起地上的垃圾；看到坐轮椅的同学穿过拥挤的大厅时会请大家给他让道；帮助上了岁数的邻居照看猫咪却分文不取——要是你的孩子能做到这些，你会不会特别自豪？

当然会！我也一样。培养善良的孩子当然包括教会他们去发现并满足别人的需求。我希望我的孩子能够关心地球、关心社区、关心亲戚朋友，有一天也能关心照顾我。在我们家，我很多不明白的事都是他们解释给我听，尤其是在看电视的时候。随着新科技的不断发展，我的孩子会越来越比我知道得更多，我也会越来越需要孩子的帮助。当然，我也希望孩子成为勇敢坚强、胸怀豁达的勇士，愿意为社会正义而战。

但这很难，十一二岁的孩子满脑子想的几乎都是自己，哪怕是一点小事都可能让他们怒气冲冲，比如埋怨父母又忘了买披萨百吉饼，埋怨父母不能早点下班去朋友家把他接走，他十分钟前就觉得无聊了，等等。

怎样才能把孩子的心思从他们自己身上引开，转而给别人带来幸福感呢？这一章会教给你一些方法帮助孩子看到帮助别人的重要性以及它所带来的满足感。

养育一个亲社会的人

亲社会行为是指做某些事是为了他人的好处，而不是为了求得个人的回报。孩子要是能这样真挺不错……可转念一想，叫一个十一二岁的孩子把他那堆乱七八糟的东西从楼梯脚搬到自己卧室简直比登天还难，都吆喝了十遍了，他还是当作耳旁风——想要激励孩子把这个世界变得更美好，无异于痴人说梦啊。

我们是不是应该等孩子过了以自我为中心的成长阶段，再告诉他们要替别人着想呢？

答案是："差不多吧，但也不完全对。"

如果把十一二岁孩子的社交生活比作大海的话，那这会是一片复杂、多变、让人疲惫，有时还充满了凶险的海域。我们教孩子游泳，告诉他们可以游多远，告诉他们风浪太大时得待在陆地上，还得仔细留意孩子的动向，可即便如此，他难免还是会遇上居心叵测的人，被湍急的海浪卷走，慌乱之中，他把你的叮嘱忘得一干二净。孩子们意气风发地进入了青春期，而我们也对他们寄予了很高的期望，希望他们能做最好的自己，但在陌生海域的惊涛骇浪中，他们总会冲动，总会犯错。我们希望他们善良，希望他们敢于为别人发声，但实际上他们自顾不暇，只有奋力游着才不会沉下去，根本想不到也顾不上去救别人。

> 只要我们一直给予孩子支持，他们就能慢慢地学会替别人考虑。要想培养孩子的同理心，首先他得爱自己，得对自己好。

孩子只有感到自信了、安全了，才会表现出亲社会性，但是十一二岁孩子往往还不那么自信。只要我们一直给予孩子情感支持，他们就能慢慢地学会替别人考虑。要想培养孩子的同理心，首先他得爱自己，得对自己好。这个年龄段的孩子通常以自我为中心，我行我素，这是我们无法遏制的。我们首先应该培养孩子关爱自己的能力，再学着去关爱别人。

同理心

最近我对 312 名青少年的父母做了一项问卷调查，我列出了五种性格特点：同理心、毅力、尊重他人、诚实和感恩之心，然后请他们选出最希望自己的孩子拥有的特点。问卷指令还特别解释了——或许你希望以上五个特点孩子都能拥有，但你必须勾出最重要的那个：结果 55% 的父母选择了同理心，28% 的父母选择了毅力，9% 的父母选择了感恩之心，6% 的父母选择了诚实，只有 2% 的父母选择了尊重他人。

如果你跟问卷中的多数父母一样，也认为同理心是最重要的性格特点，那么你知道同理心并非天生就有吗？同理心是孩子必须学习的技能。怎么才能教会孩子这样的技能呢？

家长可以示范给孩子看，这并不难。比方说吃饭时跟孩子聊聊无家可归的人的生活有多悲惨，或者是给圣犹大儿童医院的孩子捐款，或者是给养老院送些点心——这些善举都非常有爱心。但需要注意的是，这种方法会让孩子以为同理心就是可怜别人。我有时会听到父母说，假如孩子一点不懂得感恩，老觉得自己高人一等，那就让他去收容中心做义工，这样他肯定就会明白自己有多幸运了。没错，做义工的确是善举，但如果家长的初衷是要让孩子意识到他们的生活有多优越的话，那善举就变味成了"观光游"。这会让孩子在帮助的过程中把人划分成"我们"和"他们"，他们会迷信地以为发发善心就能把不幸挡在门外。"我不会像那些人那样倒霉，我跟他们可不一样。"也就是说，孩子们只是可怜他们的不幸，却未能理解他们所有的感受。

"我们"和"他们"之间的距离感是同理心的敌人，而且这种距离感不仅局限于我们不熟悉的人，家庭内部同样存在着微社会的距离感，孩子们要面对家人各种各样的情绪：怨恨、敌对、嫉妒等，想要获得同理心并不容易。家里有几个孩子的父母都知道，要想说服一个孩子从其他孩子的角度看问题有多难。我建议父母应该把孩子推出舒适区，让他们明白，虽然每个人的情况并不相同，但人和人仍然有很多共通之处。让孩子先以家庭为出发点，倾听这些和我们共用浴室、冰箱和游戏机的人的想法，学着妥协、让步，然后逐步建立对别人的同理心。

最近，我在网上看到大家在讨论一个父母们都会遇上的困境：孩子想要放弃某样兴趣爱好时，家长该不该同意？我觉得这个问题跟同理心的发展密不可分。艾米 12 岁的女儿蕾切尔央求着要上马术课，于是艾米给她报了十节课。上到第五节课的时候，蕾切尔开始找理由不去上课，在艾米的再三询问下，蕾切尔才承认她不想上了。钱都已经交了，这让艾米非常生气。蕾切尔原先以为自己喜欢骑马，但事实并非如此，每次骑在马背上她都害怕得要命，紧张得要命。艾米应该怎么办呢？

家长们马上七嘴八舌地议论起来，95%人极力主张艾米应该让女儿把十节课全部上完。

"不然她怎么知道什么叫有始有终呢？"

"半途而废可不行。"

"要是妈妈真答应了，孩子以后才不知道心疼父母辛辛苦苦挣来的钱呢。"

可我倒是觉得报课程花出去的钱类似餐盘中的食物。一顿饭没必要把餐盘中的食物全部吃完，同理，花钱买的课程也不必非得上完。我带孩子看电影不知道有多少次是中途就退场的，孩子们要么坐不住，要么是看之前信誓旦旦地说没问题，结果看了一半被吓得不行，要么是胃不舒服吐了。总之，花在孩子身上的钱不一定能看得到回报。

撇开钱不谈，有的家长会觉得这是磨炼孩子毅力的好机会。艾米怎样才能帮助蕾切尔找到决心和勇气，让她坚持到底呢？其实初中生发展兴趣爱好的过程就跟吃自助餐差不多——重要的不是非得把拿到盘子里的食物全部吃完，而是要勇于尝试新口味。有些孩子去餐馆总是点他们平常爱吃的菜，因为点这些菜最保险，他们不敢尝试新菜式，万一点上来难以下咽怎么办？但在十一二岁这个年龄段，孩子有一项重要的任务就是要找到自己的爱好（父母给报的兴趣班可不算），是时候行动起来了。他们应该尽可能多地去尝试新鲜事物，不要担心盘子里堆的食物吃不完。我们应该鼓励他们参加戏剧试演、大胆地打扮自己、参加新社团——如果要求孩子做事必须有始有终的话，他们很可能就不愿意尝试了。

也有家长说孩子得培养突破挑战的能力。培养毅力与鼓励冒险两者

> 佐以同理心，孩子的毅力才能发展得最好……孩子们需要培养毅力，可当他们感到不安全、不对劲时，我们应该允许他们放弃。

似乎有些矛盾，父母怎么做才能平衡好两者之间的关系呢？我倾向于认为毅力的培养离不开经验的累积，它是经验学习的副产品——随着时间的推移，经验越来越多，孩子面对挑战时会更相信自己。那么孩子怎样才会相信自己呢？他们得听到自己内心的声音，并且能得到他们所信任的人的理解和肯定。也就是说，佐以同理心，孩子的毅力才会发展得最好。

设想艾米向女儿传达的唯一信息是，"既然开始了，你就得坚持到底"，蕾切尔或许会以为她不该相信自己的直觉和感受，那么今后遇到令她觉得不安的状况时，她会很茫然、很疑惑，也不知道如何去听从自己内心的声音。孩子们需要培养毅力，可当他们感到不安全、不对劲的时候，我们应该允许他们放弃。

无论是课外兴趣班、学校的课程还是和朋友的相处，当孩子坚持不下去时，我们首先应该去理解他们。"听起来确实挺困难的，遇到这样的情况，妈妈也很难受。怎么做才能支持你呢？"先鼓励孩子去理清楚自己的感受，并积极地想办法应对。我建议家长要仔细听孩子说说他们具体的难处，并认可他们的感受。然后让孩子想一想，过去遇到过哪些困难他都坚持下来了？可以给孩子一些提示，比如学系鞋带、学骑自行车等。接着让孩子思考，遇到最难的情况时他是怎么做的？这个方法能对孩子起到激励作用，但有时无论我们如何鼓励，他们依然会放弃。

我不知道放弃五节马术课能不能让蕾切尔明白一个宝贵的道理——当感到不安时，她有权决定是继续还是放弃；我也不知道坚持上完那五节课能不能让蕾切尔明白另外一个宝贵的道理——坚持到底你会发现事情没你想得那么可怕。但我敢肯定的是，无论艾米最后的决定如何，亲子沟通的关键都在于同理心，而不是愤怒，所以最宝贵的教训是当孩子举步维艰的时候，我们应该给予情感上的支持。同理心就是一块磨石，能把毅力磨砺出最耀眼的光芒。

帮助的种类

加拿大康考迪亚大学的克里斯滕·邓菲尔德博士（Dr.Kristen Dunfield）是研究人类亲社会行为的专家，他把人类的基本需求和亲社会行为分为几种。他认为人们通常需要三种帮助：

1. 工具性需求
帮助别人做他做不到的事情，比如帮一个手里抱满了书的人开门。

2. 未得到满足的物质需求
发现每个人享有的资源不一样多，并努力去实现资源的平均分配，比方说在往自己盘子里堆披萨之前会先确保每个人都有一块披萨。

3. 精神痛苦的需求
意识到某人正经历情感的痛苦并试图抚慰对方，比方说当家长坐在孩子边上，发现孩子因为学校的任务而感到压力时，会及时给予鼓励。

根据这三种需求，邓菲尔德又把亲社会行为划分为三种方式：帮助、分享和抚慰。

想要让孩子将来成为一名乐于助人的孩子，愿意帮助陌生人、家人、朋友、社群中的人，首先他们得知道亲社会行为受体的感受。如果父母在家庭、在社会上都能给孩子树立亲社会行为的榜样，那么孩子也会越来越亲社会。当孩子在尝试新体验时，我们应该给予孩子支持，跟孩子分享我们的资源（食物、衣物、住所自然不用说，还包括一些小小的自我牺牲，比如在外就餐时看到孩子冷脱下自己的外套给孩子穿上），发现孩子有痛苦的情绪时要给予抚慰——孩子初中三年情绪不稳定是常态，父母有很多机会去锻炼这项能力。

教孩子做一个敢于挺身而出的人

很多家长告诉我，他们希望孩子在学校能与其他人友好相处，更要帮助那些最需要社会支持的孩子。学校也鼓励孩子在看到同学被欺侮时要敢于挺身而出、仗义执言，而不是袖手旁观。

学校对于这种品格的重视和欣赏是近些年来很受欢迎的教育理念。我觉得学校初衷非常好，但对于孩子而言，这并没有看起来那么容易。首先，十一二岁的孩子会有顾虑，万一欺负人的孩子把一股子怒火撒到他身上怎么办？对方说不定会诉诸武力，也可能联合别人孤立他、欺侮他；再者，校园欺凌者一般不会明目张胆，如果对方喜欢偷偷摸摸且比较狡猾，很难察觉，那孩子会很难确定什么时候应该介入。

下面我们就来看看对话示例。

第17章 谈论帮助别人

B：心平气和地开始

家长： 我能问问你的看法吗？新闻里老是有校园欺凌的报道，我挺好奇你的看法，你觉得这确实是个问题吗？还是媒体夸大了呢？

孩子： 这得看人。对于有些孩子来说这是个麻烦事儿，但也不是每个人都会被欺负。

家长： 你们老师说过这事吗？你知道什么叫仗义执言吗？

孩子： 我们会开班会，但老师好像没说过。我知道啊，仗义执言就是敢于替别人鸣不平。

R：与孩子共情

家长： 对。我那个年代的人看待校园欺凌跟现在不太一样，我们那会儿对于仗义执言没什么概念。我觉得要想挺身而出非常难，你明知道自己做的是对的，可又怕那家伙是个混蛋，谁知道他会不会找你麻烦呢？

孩子： 而且我们也可能发现不了。有些人才不会傻到当着大家伙的面欺负人呢。

家长： 你说得太对了。

I：提出问题，收集信息

家长： 那你怎么看待有些孩子在学校被欺负这个问题呢？

孩子： 有的人爱开不友好的玩笑，大家一般都是一笑置之。比方说有人给其他同学起外号，没人会说："哎！你别这么喊！"笑笑也就拉倒了。

家长： 对，有些人想借此伤害别人，要是反应太强烈就正中他们下怀，咱们可不能让他们得逞。那你要是听到有人嘲笑别人太胖，你会怎么做？

孩子： 我觉得就当没听见是最好的办法，但这时候不能笑。

家长： 如果不是当面嘲笑呢？比方说在群聊里或者通过社交媒体

嘲笑？

孩子：有时你会看到帖子下面有人留言说"这么干真蠢"，然后就会有人跳出来反驳说"这一点不蠢"。接着就会有其他人跟帖，几个人一起针对那个挑事的人。

家长：也就是说，网络上公开的欺凌大家会群起反对。那如果是在群聊里呢？

孩子：那倒没人会说什么，大家重新建一个群，不拉他入群就行了。

家长：所以就算大家说了什么他也不知道，因为他不在那个新群里。

孩子：对的。除非有人事后告诉他。

家长：会有人告诉他吗？

家长：有时候吧。

E：重复听到的话

家长：你们现在比我上初中时复杂多了。谁能知道什么时候打抱不平没风险啊？确实有些困难。

孩子：没错。

F：给出反馈

家长：谢谢你跟我聊这么多。我一方面替那些被欺负的孩子捏一把汗，一方面又觉得想要支持他们很难。

我希望你，当然也包括家里的每一个人，在看到别人受伤害时能伸出援手。要是你在学校发现有孩子被欺侮，却又不知道该怎么办，那你可以回来告诉我。知不知道答案我不敢保证，但我可以帮助你分析形势。要是没有人发声，那么恶劣的行径就永远不会停止。单凭一个人的力量是不够的，更多的人需要加入其中。

说到帮助身边的同学，你也不必做出什么惊天动地的英雄举动。看见哪个孩子孤零零没伙伴，你可以冲他温暖地微笑；听到谁被嘲笑了，要是你当时不敢直接说什么，那可以等到事后再安慰那个孩子，"他那样做不对。别听他胡说八道"；要是有人在群聊里背地里说人坏话，你可以说，"我们不应该背后说人不是"，然后换个话题。反正总得有人这么做，我希望那个人是你。

孩子敢于发声的勇气是一点一点建立起来的，而且他们帮助别人的方式通常比较含蓄——只是有些年龄大的孩子会觉得自己是过来人，比较直接。孩子可以通过一些简单易行的方法来帮助别人，如分享资源，为需要的人提供情感支持等。

假期的沮丧

帮助他人的话题可能在假期出现的频率达到最高。我们许多人都会对物质主义和精神价值、社区与家庭以及自我愿望实现与回馈社会的问题感到纠结，并被随之而来的复杂感受所困扰。我的孩子上中学时，这种困惑加剧了节假日中一种让人不安的情绪。

上了初中的孩子仍然喜欢时不时有个惊喜，但让他们高兴起来可不容易——送礼物也好，一家人穿着睡衣舒舒服服地窝在一起看假期特别节目也好——他们可没小时候那么好哄。所以初中生的父母会觉得孤独，不过别太沮丧，到了高中，孩子们还会回到我们身边的。也不要因为孩子的疏离就把家庭好的假期（节日）传统给搁置了，比如新年跟孩子一起做饼干，这些会成为孩子将来美好的回忆，他们会很感激父母让家庭传统得以继续。

我很喜欢《摩登家庭》[1]中克莱尔说的一段话，它给了我很多启示，"养育一个孩子就跟把火箭发射到月球一样。开始你们形影不离，然后忽然间，大概在青春期的时候，他们升入黑暗的外太空，消失不见。父母只能满心期盼着那个微弱的信号，说他们要回来了。"初中生一放假就像脱了缰的野马，跑得远远的，但我们可以通过对话让孩子离我们更近一些。

下面这个对话示例大家可以根据不同的节日酌情修改，以适应自己的需求。

B：心平气和地开始

家长：我看了下日历，你20号就要放寒假了。

孩子：我都等不及了！

家长：我也是！一家人可以一起玩了。

孩子：有什么好玩的吗？

R：与孩子共情

家长：我也想计划点好玩的。不如我们商量一下今年去哪儿玩？

孩子：能去滑雪吗？

家长：滑雪是好，但是花费挺高，今年恐怕是不行了。看看还有其他项目吗？你先说。

---

1 《摩登家庭》（*Modern Family*）是美国一部情景喜剧片。

第 17 章 谈论帮助别人

1：提出问题，收集信息

家长：除了滑雪，你还能想到哪些项目？

孩子：我不想待在家里，我想出去跑跑动动，想去滑雪。咱们就去吧？

家长：我理解，你这么大的孩子是得多动动。让我想想有没有其他你喜欢又不那么贵的活动。咱们可以去滑雪橇，或者开车去山里玩，漂流也不错。

孩子：好啊，那我们就去玩吧。

家长：嗯，我来上网查查。你能帮我做个计划日历吗？让每人都选个日期，选个自己喜欢的活动。这个你来做更好，我做的话你就没有发言权了。我想一家人一起烤饼干，你想滑雪橇或者漂流。统计一下家里其他人想做什么，然后做个日程表。

孩子：不，我不想烤饼干，太麻烦太耗时间了，出去买点不好吗？

家长：只考虑了你的想法而不考虑大家的想法，我觉得这有点不公平。我们家有一些固定的节日传统，咱们不必保留所有的传统，但对我来说最重要的传统就是烤饼干——我们必须延续下去。你最喜欢哪个传统呢？

孩子：当然是节日礼物了。我也挺喜欢做彩纸链条来倒计时节日。

家长：挺有意思——我本来已经打算以后不做彩纸链条了，不过你喜欢咱们就保留着。

孩子：我真的真的觉得一家人穿着同色系的睡衣拍照傻透了。以后能别这样吗？太尴尬了。

家长：噢，我倒是挺喜欢的……但我更喜欢烤饼干，那今年咱们就不用拍照了。我答应你，不过有些事你也不要太坚持哦。

孩子：当然了！

297

家长： 放假还有两星期。除了计划一下每个人喜欢的活动，咱们还应该想想作为家庭我们该如何回报社会。这个季节有很多人需要帮助，咱们得商量一下具体怎么帮助：帮助那些需要食品衣物的人，给孩子们送去礼物，去养老院陪伴老年人……你觉得你最想帮助谁？

孩子： 我现在肯定最想帮助那些没有节日礼物的孩子们。

E：重复听到的话

家长： 你真暖心。那咱们就从这儿着手，咱们可以给孩子们送去礼物。家里每个人也把自己喜欢的活动说一下，你记下来，只要不超出预算，咱们就一起做。不错吧？

孩子： 是啊，那我来查查去哪里漂流比较好？

F：给出反馈

家长： 好啊！这可帮了我大忙了。不过在你查看之前，我还有几句话要说，是关于你的心理期待的。接下来这几年，你也许会觉得出去度假跟以前有些不一样，这是因为你长大了。你不会觉得惊喜了，我听说你这个年龄的孩子都是这样，这很正常。你不会像小时候那样开心、那样兴奋，这听着是挺叫人沮丧的——廉价的塑料玩具、糖果能让一个七岁孩子激动得要死，可十一二岁的孩子很少会那么高兴。不过好消息是——你有我，有爱你的家人，我们会一起想办法让假期变得难忘。我们会保留一些家庭传统，也会有新的传统。你自己要慢慢学着给别人带来快乐，比如给孩子们送去礼物，这同样美好。你会更像个大人，这其实也挺有趣的，比如，你可以跟朋友而不是爸爸妈妈去商场买礼物。以前收到礼物你会很开心，你也会一直收到礼物，但慢慢地，这种开心会被关爱别人、帮助别人所带来的愉悦感取代。

看到孩子们不像以前那么兴奋,父母心里的滋味可不好受,但别忘了,孩子们同样不好受。我们应该接受成长给孩子带来的改变,理解孩子的失望,这样才能缓解孩子沮丧和愤怒的情绪,同时我们也要让孩子明白,一扇门关上,就会有一扇窗打开,他们可以有新的体验,可以帮助别人并心怀感恩。

别做谈话终结者——谈论帮助别人的禁忌

"我觉得你应该做些对的事。"

孩子所处的社会环境微妙且复杂,很多时候,事情并不是非黑即白,而且就算孩子发现有人被欺负了,他们也不清楚应该怎么处理。父母期望孩子能够打抱不平本身没什么问题,但问题在于孩子并不知道该怎么办。孩子帮助弱者并非易事,应该让他跟父母、跟自己信任的人,比如邻居、亲戚、父母的朋友谈一谈,给他出谋划策。有时孩子在学校遇上事之所以不愿意告诉父母,就是因为他担心我们会不理解他,会要求他帮助别人,让他很为难。我们的角色应该是倾听,并在孩子需要时给出建议,但绝不能强迫孩子。

"你这孩子怎么都不知道感恩!"

类似的话我至少得说过一百遍,而孩子呢,并没有因此而变得会感恩。如果一个人自己的需求未得到满足,他就很难满足别人的需求。孩子表现得不知感恩时,不妨问他,"你现在最需要什么?"并认可孩子的需求。然后告诉孩子你最需要什么,请他思考一下,怎么做才能让两方的需求都得到满足。两方能各退让一步，达成一致吗？这么做才能让孩子学会替别人考虑。

"你得改改了，想想别人是怎么做的。"

孩子的自我中心并不一定是长期的性格缺陷，更可能是阶段性的特点。我们应该把这个阶段的自我中心看作是成长的一部分，不要总是指出孩子这方面的错误，而要留心他们什么时候帮助了别人，并及时夸奖。"你自己把脏衣服拿过来了啊，可帮了妈妈大忙了，这下省得妈妈跑了，妈妈背疼呢。你想得可真周到。"没错，这么夸是有些吹捧的感觉，可孩子就喜欢听人夸奖，他们在赞美中成长，在批评中停滞。

十一二岁的孩子很少自然而然就会关心别人、帮助别人，但只要父母能设身处地地理解孩子的困难和烦恼，让他们跟大人一起商量着解决问题，让他们也参与到帮助其他人的过程中来，给他们发言权，那等孩子到了十六七岁的时候就能更好地帮助别人。这样才能帮助孩子提高情商、坚定决心、鼓起勇气，而无论是为自己发声，还是为别人伸张正义，情商、决心和勇气三个素质都必不可少。

没时间仔细看书？那来一堂速成课吧。

本章小结

- 我们都希望能养育出亲社会的孩子（不仅仅考虑自己，也会为他人的利益着想）。十一二岁的孩子天生就以自我为中心（这没关系！），但这只是说他们缺乏从别人的角度思考问题的能力。随着年龄的增长，他们会越变越好。
- 我们应该引导孩子替别人考虑，慢慢发展同理心。我们可以通过三种方法帮助孩子建立亲社会行为：帮助孩子、安慰孩子、与孩子分享。
- 不要利用他人的不幸来让孩子学会感恩。不要让孩子把人分为"我们"和"他们"。
- 同理心和毅力密切关联。毅力就是相信自己能克服一切困难，一个人只有学会聆听自己内心的声音，才能相信自己，才能有必胜的决心，父母只有理解孩子，接纳孩子，他内心的声音才会清晰而坚定。
- 挺身而出，仗义执言——听起来容易做起来难。允许孩子慢慢来，如果孩子害怕跟欺凌者正面对峙的话，可以建议他先私下里给被欺凌者以安慰。只要多加锻炼，他们就会更机智、更勇敢，能做的也更多。
- 对于十一二岁的孩子而言，假期已经不再像小时候那样有魔力，那样令他们高兴，而家长也会有种孤独感。我们可以跟孩子协商一下，保留哪些重要的家庭传统，同时也要引导他们通过新的方式给别人带来快乐

最后：接下来干什么？

在前言部分我就告诉过大家，这本书怎么读、从哪里开始读，可以由读者自行决定。现在这本书已经读完了，我想请大家再次认真地思考一下孩子的未来。上了高中后，孩子们会找到更稳固、更自在的友谊，会发现新的有趣的活动，会利用课余时间打工，会参加更多的社区活动，会郑重地为自己的独立做打算。如果家长能支持孩子的决定，愿意了解孩子的想法而不做任何评判，他们会很乐意与我们分享自己的经历和感受。

我们在勇敢地迈步向前时需要记住以下几点：

常言说，完美是优秀的敌人。孩子还小的时候，会不小心把水泼到身上或者把搭好的积木撞倒，每次我都教他们耸耸肩膀说："哦，好吧，泼了就泼了吧（倒了就倒了吧）！"后来孩子们都学会了，我觉得咱们都得多说说这句话。

你的孩子有没有跟你聊天聊到一半时就甩手走了？——"哦，好吧，走就走吧！"

当你满心希望孩子能敞开心扉时，他会不会只是用"嗯嗯啊啊"来敷衍你？——"哦，好吧，不想说就算了吧！"

你想表现得更好，却发现自己说话呆板得像个机器人一样，或者觉得

最后：接下来干什么？

不知道说什么好，这样的经历你有没有过？——"哦，好吧，随它去吧！"

亲子对话不是考试，你和孩子非得及格才行。它是一种锻炼，就跟练瑜伽一样，用力过度是进步的敌人。不要因为自己的脚步太慢而懊恼，亲子关系的重塑应该是一个缓慢而舒适的过程。假以时日，你和孩子一定能好好地交谈，你甚至都不知道变化是什么时候开始的。大胆地跟孩子交谈吧，更重要的是，要学会聆听。

同时也要聆听自己内心的声音。当孩子开始把其他人、其他事情看得比你还重要的时候，也就是你需要听见自己内心的需求和渴望的时候。你可以捡起自己往日的爱好，也可以发现新的乐趣。不要囿于父母的身份，要多跟朋友和爱人相处，多聊些有趣的事情。

附录：闲聊小对话

通过简短的对话来了解对方的想法和感受是一种有趣、有效、有意义的沟通方式，也能让双方的联系更紧密。围绕下面所列的问题和提示，父母和孩子可以进行简短、愉快、有时还会带来很多启发的交谈。另外，我还给家长们准备了一些有关孩子偏好的问题，我们既然想要改变跟孩子的相处模式，那么搞清楚孩子在面对父母的期待、处理冲突和情绪时的偏好，是很有帮助的。

家长问孩子
- 结合我们家的情况，你觉得你的第一份工作会是什么？
- 要是有机会给一名新生介绍你们学校，你觉得最值得介绍的有哪些，不值得推荐的有哪些？
- 你的朋友们为什么喜欢来我们家玩？你又为什么喜欢去他们家玩呢？
- 你们吃午饭的时候学校广播放什么歌大家最兴奋？

附录：闲聊小对话

孩子问家长

- 你的第一份工作是什么？做过那么多工作，你最讨厌哪份工作？
- 你上高中时哪门功课最好？大学时学的是什么专业，你为什么选那个专业呢？
- 在生我之前，你做过什么特别酷的事没有？
- 你觉得爷爷奶奶（外公外婆）在哪些方面能做得更好？哪些方面已经做得很好了？

双向问题

- 除了家人以外，你还想跟谁待在一起？
- 有没有什么让你很想笑，却又不该笑的事？
- 跟家里其他人比，你最擅长什么？
- 你希望你的朋友能多做点……事？
- 如果明天你彻底自由，什么任务也没有，你最想做什么？
- 你最讨厌哪样家务？
- 你最近在电视上看到或者书里读到哪些恐怖的内容？
- 要是你能重新设计规划我们居住的城市，你会怎么改动？
- 有没有人说你像哪个名人？
- 如果你赢了一场比赛，有机会见到一个神秘人物，你想见谁？不想见到谁？
- 除了家人之外，你跟很多人相处过，你希望自己能像他们中的某一个人吗？为什么？

偏好

- 如果取得了一些成绩的话，你希望得到很多人的关注吗？是不是在不同的场合，你希望获得的关注度也不同？（比如在公共场合和在家情况有所不同。）

- 难过的时候，你是希望得到我的安慰，还是想自己待着？
- 如果一整天都很难受的话，我做什么能让你好受点？
- 如果我觉得你做得很好的话，应该怎样对你表示赞赏？一起举手击掌、给你发祝贺短信、当面表示赞美、送你贵重的礼物，还是度个奢华的假期？
- 在谁跟前夸你比较好呢？是只在家里夸奖、在朋友面前夸奖，还是发条朋友圈让大家都知道呢？
- 当我们争吵时，你是愿意当时就解决，还是等以后再谈？等多久？
- 如果我需要你做什么事，是直接告诉你好还是写在纸上告诉你好？
- 谈事情时是在你房间好，还是在我房间、车里或其他地方更合适呢？
- 如果你和朋友闹掰了，你希望我能跟他们谈谈吗？

不知道和青春期的孩子聊些什么？
扫码免费领取，和孩子闲聊的 5 类话题

致 谢

写作这本书我得到了很多人的帮助,我非常感谢他们。特别要感谢的是:

奎因·戴维森(Quinn Davidson),你做了很多"幕后工作",你甚至都没有具体的职务头衔,因为你一个人包揽了所有工作。正是因为你默默地承担了那么多,所以我才能专心写作。正是因为你,这本书才得以与大家见面。你是我最可靠的伙伴,能与你共事,我觉得非常幸运。

安娜·史普洛–拉蒂默(Anna Sproul-Latimer),我的作品经纪人,感谢你从一开始就对这个项目抱有信心,感谢你跟我在大众文化方面灵魂相伴,感谢她邀请我去霓虹(Neon)文化公司,午餐桌旁那些又酷又聪明、活力四射的年轻人真让我觉得紧张,不过我喜欢这种感觉,我至今也不敢相信,你居然拍了拍身边的座位,说你已经给我留好了位子。

马尼·科克伦(Marnie Cochran),我在哈莫尼(Harmony)出版社的编辑,感谢你非常热情地同意了我的提议,感谢你以闪电般的速度回复我的邮件。你有着新英格兰地区人们特有的善解人意,让人感觉如沐春风,回答起我的问题来又鬼马聪明。

贝丝蒂·索普(Betsy Thorpe),一位优秀的编辑,也是我的长期合作伙伴，感谢你为我加油鼓劲，理解我、支持我，让我相信自己是个有趣的人。你的意见和反馈我会无一遗漏地洗耳恭听。

吉尔·戴克斯（Jill Dykes），这本书的推广营销顾问，你深谙销售之道，感谢你让我的纽约梦和电视梦梦想成真，感谢你给身边的人带来的快乐。

我的 Facebook 上"初中生父母减压社群"的成员（7983 名成员），你们是我每天努力的动力源泉，感谢你们牺牲自己宝贵的时间与我和其他成员分享你们养育青少年的喜悦与挑战。

艾琳·米尔斯（Erin Mills）和温迪·玛丽·诺伍德（Wendy-Marie Norwodd），感谢你们轮流来我家帮忙，当我头晕到没法打字时，是你们听我口述把文字打出来。感谢医生们想方设法缓解我的头晕，省去艾琳和温迪奔波打字之苦。

杰出的心理学家克里斯汀·达利（Kristin Daley）博士、道恩·奥马里（Dawn O'Malley）博士、梅丽莎·米勒（Melissa Miller）博士和阿曼达·麦克高兹（Amanda McGoughts）博士，遇到和心理有关的问题时，我从你们那里获得教益。

Girlology 公司的联合创始人崔西·哈钦森（Trish Hutchison）博士和梅丽沙·赫尔姆斯（Melisa Holmes），很高兴能跟你们成为朋友，对于如何帮助年轻人正确看待身体、性和性向，你们有很多真知灼见。

最后我要感谢我的四人家庭的其他三位成员，特拉维斯、艾拉和迪克兰，你们是我认识的人中最好的人。你们是我忠实的散步伙伴，是勇敢的冒险家，你们喜欢疯狂追剧，喜欢列清单，喜欢修理东西，最擅长给人加油鼓气，感谢你们的支持，我因你们而自豪。

图书在版编目（CIP）数据

青春期关键对话：如何与你的孩子无话不谈/（美）米歇尔·伊卡德著；薛玮译．— 上海：上海社会科学院出版社，2022

书名原文：Fourteen Talks by Age Fourteen: The Essential Conversations You Need to Have with Your Kids Before They Start High School

ISBN 978-7-5520-3718-0

Ⅰ.①青… Ⅱ.①米…②薛… Ⅲ.①青春期—家庭教育 Ⅳ.① G782

中国版本图书馆 CIP 数据核字（2021）第 251956 号

FOURTEEN TALKS BY AGE FOURTEEN:
The Essential Conversations You Need to Have with Your Kids
Before They Start High School
Copyright © 2020 by Michelle Icard
All rights reserved.
This translation published by arrangement with Harmony Books,
an imprint of Random House, a division of Penguin Random House LLC.

上海市版权局著作权合同登记号：图字 09-2021-0990 号

青春期关键对话：如何与你的孩子无话不谈

著　　者：	［美］米歇尔·伊卡德
译　　者：	薛　玮
责任编辑：	周　霈
策划编辑：	刘红霞
特约编辑：	陈朝阳
封面设计：	page 11
内文插画：	亦　邻
出版发行：	上海社会科学院出版社
	上海市顺昌路 622 号　　邮编 200025
	电话总机 021-63315947　销售热线 021-53063735
	http://www.sassp.cn　　E-mail: sassp@sassp.cn
印　　刷：	北京中科印刷有限公司
开　　本：	710 毫米 × 1000 毫米　1/16
印　　张：	20.25
字　　数：	250 千
版　　次：	2022 年 3 月第 1 版　　2024 年 1 月第 5 次印刷

ISBN 978-7-5520-3718-0/G·1171　　　　　　定价：52.80 元

版权所有　翻印必究